.

에밀

Emile

에밀 / J.J. 루소 지음 ; 참교육가이드 엮음. -- 서울 : 산수야,
2007
312p. ; 18.8cm.

원서명 : Emile
원저자명 : Rousseau, Jean Jacques
ISBN 978 – 89 – 8097 – 168 – 8   10370 : ₩6500

370.8 – KDC4
370.1 – DDC21   CIP2003001602

sansuya Classic Book

Jean Jacques Rousseau

에밀

J. J. 루소 지음 / 참교육가이드 엮음

EMILE

산수야

에밀

초판 1쇄 발행	2004년 4월 5일
개정 3쇄 발행	2013년 5월 5일

지은이	J. J. 루소
옮긴이	참교육가이드
발행인	권윤삼
발행처	도서출판 산수야

등록번호	제1-1515호
주소	서울시 마포구 망원동 472-19호
우편번호	121-826
전화	02-332-9655
팩스	02-335-0674

값	6,500원

ISBN 978-89-8097-168-8 10370

이 도서의 국립중앙도서관 출판시 도서목록(CIP)은 e-CIP 홈페이지
(http://www.nl.go.kr/cip.php)에서 이용하실 수 있습니다.
(CIP제어번호: CIP2003001602)

▌독자를 위하여

《고백》 제8권에서 루소는 "에밀을 탄생시키기 위하여 20년 동안 사색하고 3년에 걸쳐 노작(勞作)을 했다."고 밝히고 있듯이 이 책은 단순한 교육론이 아니라 인간론이자 문명비평론이며, 소설 형식의 교육론이다. 또한 그의 풍부한 시적(詩的) 감성을 표현한 문학작품이기도 하다.

루소는 에밀을 통해서 그의 근본이념이자 모든 사상의 출발점인 자연인을 전면적으로 실현하는 방법을 제시하였다. 자연성을 상실한 인간과 부패한 사회제도를 개선하고 혁신하는 일은 우리의 의무인데, 이상적인 사회의 건설이나 정치의 실현도 주체인 인간의 혁신 없이는 불가능하기 때문에 먼저 교육개혁이 선행되어야 한다고 루소는 주장하였다.

루소는 새로운 인간형성의 이론을 가공의 인물인 에밀에게 적용하여 그를 이상적인 인간으로 만들고자 실험하고 탐구한다. 전인적인 교육을 위해서는 태어나서부터 육체적 · 정신적 발달과정에 따라 단계적으로 교육해야 하기 때문에 총5부로 나누어 집필하였다.

제1부에서는 교육총론 및 출생에서 5세까지의 발달을 논하는데, 이 시기는 본능적 욕구의 만족을 요구하는 시기이므로 자연적인 활동과 발육을 방해해서는 안 되며, 특정한 인간을 만들려고 해서도 안 되고 오로지 깊은 애정으로 인간애를 심어주어야 한다고 지적한다.

제2부에서는 5세에서 12세까지의 전형적인 어린이 시기로 언어를 습득하고 경험을 통해 학습하는 소극적 교육의 시기이므로 어린이가 이해하기 어려운 책들은 피하고 감각, 사물 교육, 육체적 훈련에 중점을 두어야 한다고 지적한다.

제3부에서는 12세에서 15세까지의 소년기로 적극적으로 교육을 실시해야 하는데, 이성훈련과 지성을 가꾸는 시기이므로 지식주입에 치중하기보다는 스스로의 노력에 의해 문제를 해결해 나가는 사물 교육, 사실의 관찰에 중점을 두어야 한다고 지적한다.

제4부에서는 15세에서 20세까지에 해당하는 청소년기로 흔히 제2의 탄생기라고 하는데, 이 시기에는 도덕적·종교적 감성교육으로 부패한 사회에 적응하지 않고 역사에서 인간의 자연성을 인식하게 해야 한다고 주장한다.

끝으로 제5부는 결혼기로 여성 소피를 만나 생활을 확립하고 감정의 안정 등 내적 자유를 얻는 완성기로 볼 수 있다. 여기서 여성 교육론에 대하여 루소의 견해를 피력하고 있다.

생각하고 관찰한 바를 순서도, 연결도 없이 그대로 엮은 이 책은 생각할 줄 아는 선량한 어머니에게 기쁨을 선사하기 위하여 쓰기 시작했던 것이다. 처음에는 몇 페이지에 불과한 소책자로 쓰려고 하였으나 써나가는 동안 나도 모르게 주제에 이끌려 어느 사이에 방대한 저서가 되고 말았다. 사실 내용의 어줍잖음에 비해서는 너무 방대하고, 다루고 있는 주제에 비하면 오히려 너무 적다고 생각된다.

나는 이것을 출판할 것인가 말 것인가에 대해서 오랜 시간 망설였다. 그리고 이 글을 쓰면서도 이것을 한 권의 책으로 출판하기에는 너무 빈약하다는 것을 절실히 느꼈다. 그러나 좀 더 완벽하게 개선하려는 노력도 헛되어 결국 그대로 발표하는 것이 나의 의무라고 결심했는데, 일반의 관심을 이 주제로 이끄는 것이 필요하다고 느꼈기 때문이다.

설령 내 생각이 잘못된 것이라 할지라도 내 생각으로 인해 다른 사람의 생각이 올바르게만 움직여 준다면 시간을 결코 헛되이 낭비한 것은 아니라고 믿는다. 이 책을 발표해도 칭찬하거나 변호해 줄 동료도 없으며, 사람들이 어떻게 생각하고 무슨 말을 할 지 전혀 모르는 채 고독한 은신처에서 자신의 저서를 세상에 내던지는 사람은 설령 본인에게 잘못이 있다고 하더라도 세상 사람들이 그것을 검토하지도 않고 진실이라고 받아들이지 않을까 걱정할 필요는 없을 것이다.

나는 훌륭한 교육의 중요성에 대해서는 별로 언급하지 않을 것이며 관습적으로 실시되고 있는 현행의 교육방법이 나쁘다는 것에 대해서도 증명하지 않을 것이다. 수없이 많은 사람들이 증명하여 모두가 다 알고 있는 것으로 이 책을 채우고 싶지는 않다. 다만 오래 전부터 기성교육방법에 대해서 항상 비난하는 소리는 컸지만, 아무도 더 훌륭한 교육방법을 제안하지는 않았음을 지적하고 싶다.

오늘의 문학과 학문은 건설적이기보다는 파괴적이다. 사람들은 대가(大家)의 어조로 비난하지만 새로운 것을 제안할 때에는 그런 자들의 비위에 거슬리더라도 종래와는 다른 방법을 취하지 않으면 안 될 것이다. 오직 공익만을 지향한다는 책은 수없이 많지만 모든 유용한 기술 가운데 가장 유용한 기술, 즉 인간을 훈련하는 기술은 아직도 등한시되고 있다. 내가 다루는 문제는 로크의 저서 《어린이 교육에 대하여》 이래 아무도 다루지 않았던 새로운 것이나, 이 책이 발간된 뒤에도 여전히 등한시 되지나 않을까 매우 우려된다.

사람들은 어린 시절에 대해서 아무것도 모르고 있다. 그러므로 우리가 어린이에 대해서 그릇된 관념에 바탕을 두는 한, 생각하면 할수록 더욱 방황하게 된다. 가장 현명한 학자들도 어린이에 대해 어른이 알아야 하는 것에는 관심이 없이 항상 어린이 속에서 어른을 요구할 뿐, 어른이 되기 전의 어린이가 어떤 것인지를 생각하지 않는다. 이것이 바로 나의 주된 관심사이다. 그러므로 설령 본인의 방법이 환상적이고 불합리한 점이 있더라도 사람들은 반드시 나의 관찰에서 많은 것을 얻을 수 있을 것이다. 여러분은 내가 무엇을 할 것인가에 대해 충분히 파악했다고 믿는다. 그러므로 무엇보다도 먼저 여러분의 제자를 좀 더 주의 깊게 연구하기 시작해야 한다. 왜냐하면 여러분이 그들에 대해서 아무것도 모른다는 사실은 너무나 확실하기 때문이다. 이러한 목적을 가지고 이 책을 읽는다면 이 책은 여러분들에게 전혀 무익하지는 않을 것이다.

이 책의 체계는 자연의 흐름과 비슷한데, 바로 이 때문에 독자들이 당황할지도 모른다. 또 내가 사람들로부터 공격을 받는다면 그것도 분명 이 부분 때문일 것이고, 그 비평이 옳을지도 모른다. 여러분은 내게 이렇게 말할 것이다. "교육론을 읽는 것이 아니라 교육에 관한 어느 몽상가의 글을 읽는 듯한 느낌이다."

그러나 어쩔 수 없지 않는가? 나는 다른 사람의 생각을 쓰는 것이 아니라 나 자신의 생각을 쓰는 것이다.

내 생각은 다른 사람의 생각과는 다르다. 이런 비난은 오래 전부터 수없이 받아 왔다. 그러나 나에게 다른 사람의 눈으로 보고 다른 사람의 생각을 수용하라고 해도 그것은 내 능력으로 되는 일이 아니지 않는가? 내게 가능한 것은 나 자신의 의견에만 집착하지 않는 것이며, 또 나 자신이 다른 사람보다 현명하다는 생각을 거부하는 것이다. 내 생각을 변경할 수는 없지만 의심을 가질 수는 있다. 이것이 내가 할 수 있는 전부이며, 또 내가 하고 있는 것이다.

만일 내가 때때로 자신만만한 말투를 쓴다해도 그것은 독자에게 강요하려는 것이 아니라 의도하는 바를 그대로 알리려는 것이다. 내가 조금도 의심하지 않는 것을 어떻게 의문형식으로 제안할 수 있겠는가? 나는 내 의견을 자유롭게 표현하지만 그렇다고 내 의견에 권위를 내세우려는 생각은 조금도 없다. 다만 여러분의 논리적 근거를 통한 검토와 판단을 기대할 뿐이다. 그렇다고 해서 자신의 의견을 주장할 임무를 소홀히 할 수 없는데, 왜냐하면 내가 남들과 전혀 반대되는 의견들을 가지고 있으므로 나는 그것을 가볍게 다룰 수 없기 때문이다. 따라서 그 원칙들이 진실인지 허위인지를 기필코 알아야 하며 거기에 인류의 행ㆍ불행이 좌우되는 것이다.

사람들은 항상 내게 실용적인 제안을 하라고 말해 왔다. 그것은 사람들이 이미 실행하고 있는 일을 다시 제안하라는 말과 다름없다. 적어도 그것은 현존하는 나쁜 방법과 어떻게든 결부되어 있는 개선된 방법을 제안하라는 모순된 말인 것이다. 그러나 그런 제안은 어떤 면에서는 나의 제안보다 공상적이다. 왜냐하면 그와 같이 결탁된 상태에서는 선만이 타락할 뿐 악은 추호도 개선되지 않기 때문이다.

불완전한 개선방안(改善方案)보다는 차라리 현행방안을 철저하게 따르는 것이 낫다. 그 편이 모순이 덜하기 때문이다. 인간은 동시에 서로 상반된 두 개의 목표를 지향할 수는 없다. 아버지, 어머니들이여, 여러분들이 실용적인 제안을 하라는 것은 결국 여러분이 바라는 대로 제안하라는 말과 같다. 내가 여러분의 의지에 좌우될 수는 없지 않겠는가?

어떤 계획일지라도 두 가지를 고려해야 한다. 첫째는 그것이 절대적으로 선한 것이며, 둘째는 그것의 실천이 용이해야 한다는 것이다.

첫 번째는 계획 자체가 이해될 수 있고 실행할 수 있는 것으로서 그 계획 안에 있는 선(善)이 사물의 본성에 기초하면 되는 것이다. 즉 인간에게 적합하고 인간의 마음에 적용될 수 있는 교육방법이면 충분하다.

두 번째는 여러 특수한 상황에 따라 좌우된다. 그런데 이러한
상황은 사물에 대한 우연적인 관계로 필연적인 것이 아니기 때
문에 끊임없이 변할 수도 있다. 그러므로 스위스에서는 시행 가
능하지만 프랑스에서는 불가능한 교육방법이 있으며, 또 중류층
에게는 적당하나 귀족층에게는 맞지 않는 교육방법도 있다. 그
실행의 성공 여부는 여러 상황에 따라 달라질 수 있으므로 그 방
법은 각 나라의 실정과 각 계층의 형편에 따라 일일이 적용해 보
지 않고는 그 성과를 규정할 수가 없다. 그런데 이 특수한 적용
은 주제와는 본질적인 관련이 없으므로 제외시켰다.

내가 제안하는 것은 인간이 태어나는 곳이면 세계 어디서나 행
해질 수 있기 때문에 이 제안에 따라 교육하는 것이 자신을 위해
서나 타인을 위해서도 최선이라고 생각한다면 그것으로 충분하
다. 만일 내가 이 약속을 이행하지 않는다면 그것은 당연히 내
잘못이다. 그러나 만약 내가 그 약속을 이행했음에도 불구하고
여러분이 그 이상을 나에게 요구한다면 그것은 여러분의 잘못이
다. 왜냐하면 나는 여러분에게 그 이상의 약속은 하지 않았기 때
문이다.

차 례

제 1 부

교육총론 및 유아기

태초에 하나님은 만물을 선하게 창조하였으나 인간의 간섭으로 악하게 되었다. 인간은 어떤 땅에 다른 땅의 산물을 생산하려 하고, 어떤 나무에 다른 나무의 열매를 맺게 하려고 한다. 인간은 모든 자연 상태를 뒤섞어 놓고 개나 말이나 노예를 불구로 만들기도 한다.

인간은 모든 것을 파괴하여 손상시키고 더럽히며 자연을 그 자체로 내버려두지 않는다. 인간조차도 조련마처럼 훈련시키고 마치 정원수처럼 자신의 취미에 맞게 모양을 바꾸려 한다. 그러나 그런 것마저도 없다면 모든 것은 더욱 나빠지는 까닭에 일단 손을 대면 불완전한 상태로 내버려두지 않는다. 이러한 환경 속에서 태어난 인간은 방치할 경우 더욱 비뚤어질 것이다. 편견이나 권위, 필요와 같은 모든 사회제도는 우리의 본성을 억제하여 무엇 하나 제대로 살릴 수 없게 만들 것이다.

상냥하고 열정적인 어머니여! 어린 나무를 보호하면 언젠가는 열매를 맺어 당신에게 보답할 것이니, 스스로 당신의 어린 나무에 울타리를 치시오.

식물은 재배로 인간은 교육으로 만들어지므로 인간의 위대한 능력도 사용법을 모른다면 무용지물이다. 약하게 태어난 까닭에 힘이, 아무것도 없이 태어났으므로 도움이, 분별력 없이 태어났으므로 판단력이 필요하다. 이 모든 것은 교육으로 얻어진다.

이러한 것은 자연교육, 인간교육, 사물교육에 의해서 얻어지는 것으로서 인간의 능력과 내적 성장은 자연교육에 의해서이고, 그 사용법을 가르쳐 주는 것이 인간교육이며 인간을 자극하는 모든 사물에 대하여 경험으로 얻어 지는 것이 사물교육이다. 그러므로 이들 교사의 교육이 서로 모순되지 않고 동일한 목적을 향할 때 비로소 아이는 원만하게 성장할 수 있고 그런 사람만이 좋은 교육을 받은 것이다.

그런데 교육의 세 요소 가운데 자연교육은 우리 힘으로 어떻게할 수 없지만 나머지 교육은 우리가 좌우할 수 있다. 그러나 인간교육 역시 어떤 가정 하에서만 가능한데 어린이들 주위에 있는 모든 사람의 언행을 완벽하게 일치할 수 없기 때문이다.

그렇다면 교육의 목표란 과연 무엇인가? 이미 밝혔듯이 그것은 바로 자연의 목적이다. 완전한 교육을 위해서는 세 가지 교육이 일치해야 하는데 인간의 능력 밖에 있는 자연교육에 나머지 교육을 일치시켜야 한다. 그렇다면 모호한 의미를 지닌 자연이란 무엇인가? 자연이란 습성에 지나지 않는다고 말하는 사람이 있으나, 수평으로 뻗어나가려는 습성을 방해받는 식물도 있다. 이와 같은 식물은 자유로이 되돌려 놓아도 인위적으로 꺾인 상태로 머무르지만 그 식물의 수액(樹液)은 본래의 방향을 바꾸려 하지 않으며, 그 식물이 성장을 시작하면 다시 수직으로 뻗어나 가게 마련이다.

인간의 성향도 이러해서 동일한 조건 아래 생긴 부자연스런 습관을 계속 유지한다. 그러나 상황이 변하면 이전의 습관은 없어지고 자연성이 부활한다. 교육은 확실히 습관에 지나지 않지만 교육받은 것을 망각하는 부류와 그것을 계속 보존하는 부류의 상이성(相異性)은 어떻게 발생하는가? 만일 자연에 순응된 습성만을 자연이란 명칭으로 부른다면 이와 같은 모호한 성격은 훨씬 줄일 수 있을 것이다.

우리는 태어나면서부터 감수성을 갖기 때문에 사물로부터 갖가지 자극을 받는다. 감각을 의식하게 되면 감각을 주는 것을 추구하기도 하고 피하기도 한다. 처음에는 그것이 유쾌한지 불쾌한지를 다음에는 적합한지 부적합한지를 마지막에는 이성의 판단에 따라 행복이나 선이라는 관념에 의해 그것을 구하기도 하고 피하기도 한다. 이 성향은 감수성이 예민해지거나 이성이 발달함에 따라서 더욱 넓어지고 강해진다. 그러나 그것은 습관의 방해를 받아 편견에 의해서 다소 변화하는데, 이러한 변화가 있기 전에 인간내면에 잠재하고 있는 성향이 바로 자연성이다.

그러므로 모든 것을 자연성에 결부시켜야 하는데 만약 이들이 서로 모순되고 대립하거나 자신을 위한 교육이 아니라 타인을 위한 교육이 될 경우에는 어떻게 될까? 그때는 자연이나 사회제도와 싸워야 하며, 인간을 만드느냐 시민을 만드느냐를 선택해야 한다. 동시에 그 둘을 만들 수는 없기 때문이다.

자연인은 온전한 자신의 삶을 살아간다. 그는 단위수이며 절대수인 까닭에 자신이나 동료만으로 관계를 갖는다. 반면 사회인은 분모에 의하여 가치가 결정되는 분자에 지나지 않는다. 그러므로 훌륭한 사회제도라는 것은 인간을 부자연스럽고 의존적인 개체로 만드는 것에 불과하다. 과거 로마의 시민들은 가이우스도 루키우스도 아닌 개체적 로마인이었다. 그들은 오직 조국만을 사랑하고 자신은 돌보지 않았다.

사회질서 속에서 자연감정의 우월성을 유지하려는 사람은 자신이 원하는 바를 모른다. 이런 사람은 항상 욕구와 의무 사이를 방황하는 까닭에 결코 인간도 시민도 될 수 없다. 그는 오늘날 흔히 볼 수 있듯이 자신에게도 타인에게도 쓸모 없는 사람이 되는 것이다.

항상 인간으로서 자기 자신에 충실한 그 무엇이 되기 위해서는 언행을 일치시키고, 자기가 취해야 할 태도를 분명히 하고 불굴의 인내로써 밀고 나가야 한다. 나는 그와 같은 비범한 인간 본보기를 누군가가 보여주기를 기대한다. 그가 인간, 혹은 시민, 또는 동시에 양자가 되기 위해 어떻게 처신하는지 그것을 알기 위해서이다.

이 필연적으로 상반되는 두 개의 목적에 대해 공공교육과 가정교육이라는 전혀 상반된 두 가지의 교육형태가 나타난다. 공공

교육에 대한 이념을 알기 위해서는 플라톤의 《국가론》을 읽는 것이 좋다. 이 책은 정치에 관한 논문 같으나 사실상 오늘날까지 씌어진 가장 훌륭한 교육론이다. 이상국가를 화제로 삼을 때 사람들은 플라톤의 국가제도를 들고 나온다.

공공교육은 이미 존재하지도 존재할 수도 없다. 조국과 시민이란 말은 없어져야 한다. 나는 학교건물을 공공교육기관이라고 생각하지 않는다. 항간의 교육에도 기대하지 않는다. 왜냐하면 현 교육제도는 상반된 두 개의 목적을 동시에 성취하려고 하기 때문이다. 이런 교육은 이중인격자를 길러낼 따름이며, 모든 사람이 위선적이 되므로 이런 노력은 헛수고인 것이다.

이런 모순은 인간의 내적 모순을 야기하여 어느 목표에도 이르지 못하게 된다. 이렇게 해서 인간은 갈등과 고민 속에서 무용한 인간으로 삶을 마치게 된다. 결국 남아 있는 것은 가정교육 또는 자연교육뿐인데 자기만을 위해서 교육받은 사람에게 남을 위한 삶이 가능할까? 이중의 목적을 통합하고 인간의 모순을 제거한다면 인간은 행복에 도달할 수 있을 것이다. 이러한 인간의 가치를 알기 위해서는 인간의 성숙된 성장을 고대하고 인간성향의 발전과정을 관찰해야 한다.

이와 같이 특별한 인간을 만들기 위해서 무엇보다 필요한 것은 자연의 질서에 순응하는 것이다. 그러나 사회질서 속에서는 신분에 맞는 교육이 필요하다. 교육을 받음으로써 얻어지는 편견을 염두에 둘 때 이것은 분명한 사실이다.

그러나 아들이 반드시 아버지의 직업을 이어받아야만 했던 이집트에서는 그와 같은 교육이 하나의 확실한 목적을 가졌으나, 현대사회는 다만 신분서열만 존속될 뿐 그것을 구성하는 인간은 쉴새없이 변하기 때문에 신분서열에 맞게 교육하는 일은 무익한 것이다.

자연의 질서 내에서는 인간은 모두 평등하며, 모든 사람의 천직은 인간의 상태로 남는 것이다. 그렇기 때문에 훌륭한 교육을 받은 사람은 인간에 관련된 어떤 일이든 간에 감당해 낼 수 있는 것이다. 부모가 자식의 직업을 선택하기 전에 자연은 먼저 인간이 되기를 원한다.

우리는 인간과 환경을 연구하여 선과 악을 견디는 사람으로 교육해야 한다. 그러므로 진정한 교육은 교훈을 주는 것보다 실천에 있다. 최초의 교사는 유모였다. 바로(B.C. 116~27 로마 시문학자)는 "산파가 이 세상으로 끌어내고 유모는 양육하고 보모는 돌보고 교사는 가르친다."고 하였다. 이처럼 양육과 훈육과 교육은 그 담당자가 다른 것과 같이 그 목적 또한 다르다. 그러나 훌륭한 교육을 위해서는 한 사람의 일관된 지도에 따르지 않으면 안 된다.

사람은 자녀의 생명을 보호하는 일만을 생각하는데, 정작 필요한 것은 모든 역경을 극복하는 방법, 즉 죽음을 피하는 법이 아닌 살기 위한 방법을 교육시키는 것이다. 기관이나 감각능력 등 우리에게 생존의식을 주는 신체의 모든 부분을 활용하도록 가르치는 것이다. 장수란 긴 세월을 사는 것이 아니라 인생을 가장 잘 체험한 사람을 뜻한다. 젊었을 때 무덤 속에 들어가더라도 훌륭하게 살았다면 오히려 오래 산 사람인 것이다.

우리의 지혜는 모두 비굴한 편견이며 우리의 습관은 굴종과 구속에 불과하다. 문명인은 노예상태에서 태어나 살다가 죽어 간다. 인간의 일생은 사회제도라는 쇠사슬에 매여 있는 것이다. 많은 산파들이 갓 태어난 어린이의 머리를 주물러서 나은 모양으로 만들겠다고 말하는 것을 사람들은 묵인하는 것이다. 우리의 머리는 하나님이 만든 그대로는 만족스럽지 못해서 외형은 산파가 내부는 철학자가 고쳐주지 않으면 안 되게 되었다.

'아이가 어머니 뱃속에서 나와 몸을 움직이기 시작하면 새로운 속박이 가해진다. 아이에게 배내옷을 입히고 머리를 움직이지 못하게 하고 똑바로 펴서 눕힌다. 온 몸을 천으로 말고 묶어서 움직이지 못하게 한다. 숨이 막히지만 않을 정도로 싸매고 배설물이 저절로 나올 정도로 눕혀 주기만 해도 다행이다. 왜냐하면 갓난아이는 배설물을 쉽게 내보내기 위해 고개를 돌릴 자유조차 없으니까(뷔퐁의 《박물지》).'

이렇게 해서 자라려는 신체 내부의 힘은 장애에 부딪친다. 결국 어린이는 태어났을 때보다 뱃속에 있을 때가 더 자유롭고 구속도 덜했다. 어린이를 배내옷이나 수건에 싸두면 혈액이나 체액의 순환이 방해받아 체질이 약해진다. 최초의 감정을 고통으로 느끼는 어린이는 죄수보다 더 비참하게 되고 그 분에 못 이겨

울고 만다. 이 울음이 바로 인간 최초의 소리다. 그들의 자유는 울음밖에 없으므로 고통을 울음으로 표현하는 것이다.

이렇게 지각없고 부자연스러운 관습은 어디서 유래하는 것일까? 그것은 바로 어머니의 첫째 의무인 모유수유를 기피하고 돈으로 산 유모에게 어린이를 맡기는 것에서 비롯된다. 유모는 육체적 건강에만 관심이 있으며, 어린이들의 자연성이나 습관에는 아랑곳하지 않는다.

귀족집안의 어머니는 어린이의 양육을 피해서 도회지의 향락에 빠지고, 유모는 아이를 기둥에 묶어 놓고 일에 열중한다. 이런 상태에 놓인 아이가 얼마나 오래 견딜 수 있을지 모르지만 오래 살 수는 없을 것이다.

어린이를 자유롭게 두면 적절한 신체의 발달에 해롭다고 주장하는 사람들이 있다. 이것은 천박한 지식에 근거한 것으로서 경험적으로 확증된 것이 아니다. 사실 손발을 자유롭게 움직이면서 양육된 아기의 발육이 부진하거나 불구가 된 경우는 없다. 개나 고양이 새끼를 포대기로 싸서 기르지 않더라도 신체발육에 악영향을 미친 일은 없다.

부인들은 아기에게 모유를 수유하지 않고 아이를 가지려고 하지도 않아 다가올 유럽의 운명에 악영향을 끼치고 있다. 과학·예술·철학·도덕은 유럽을 황무지로 만들어 마침내 야수들이 들끓는 곳이 될 것이다.

나는 가끔 자신의 어린이에게 젖을 먹이고 싶어하는 체하는 젊은 여성들의 얄팍한 잔꾀를 보았다. 그들은 교묘하게 남편이나 의사, 특히 친정 어머니가 그와 같은 변덕은 그만두라며 간섭해 주기를 바란다. 따라서 아내가 아이에게 모유 먹이려고 하는 일에 감히 동의하는 남편이 있다면 그 남편은 남자로서 실격이다. 그래서 지각 있는 남편은 가정의 평화를 위해 자식에 대한 부정(父情)을 희생시키지 않으면 안 된다.

그러나 아기는 어머니의 젖뿐만 아니라 따뜻한 보살핌도 필요하다. 어머니의 젖은 대체가 가능하지만 애정만은 대신할 수 없다. 유모가 어머니와 같은 애정을 갖기 위해서는 수많은 세월이 필요할 것이다. 그러나 유모가 진정한 모성애를 갖게되면 또 다른 문제가 발생한다. 즉 어머니의 권리가 양분되며 자기 아이가 유모를 더 사랑하는 경우도 생길 것이다. 그러므로 친어머니에 대한 애정은 은혜이고 양모에게 주는 애정은 의무라는 것을 알게 하는 것이 좋다.

그러나 이런 난점에 부딪힌 어머니는 아이에게 유모를 냉대하는 법을 가르친다. 이렇게 함으로써 아이는 은혜대신 배은(背恩)을 알게 된다. 결국 유모를 멸시하듯 친어머니도 멸시하도록 가르치는 꼴이다.

인간의 첫째 의무를 완수하게 하려면 먼저 어머니가 자신의 의무를 완수하는 것이 좋다. 최초의 타락은 어머니의 타락에서 연유하는 것이니, 모든 도덕적 질서도 자연 본래의 모습도 여기에서 파괴된다. 아이와 함께 있지 않는 어머니는 존경받지도 못하며, 이런 가정은 이미 애정도 형제도 없는 곳이 된다. 모두가 타인처럼 보이며 자기 자신만을 생각하는 무리가 될 것이다.

그러나 어머니가 자녀들을 잘 양육하면 집안은 화목해지고 국가의 인구는 증가할 것이다. 이 최초의 걸음이 애정을 회복하고 악습에 대한 최상의 해독제가 될 것이다. 그리하여 가정생활에서는 신뢰가 회복되고 애정이 깊어질 것이다.

그러나 여성은 어머니 역할을 거부하고 있으며 설령 하려해도 좀처럼 잘되지 않을 것이다. 그것과 반대되는 습관에 젖어버린 오늘날 그러한 구습(舊習)과 싸우지 않으면 안 된다. 반면 소수지만 선량한 천성을 지닌 젊은 여성들은 자연이 명령하는 올바른 의무를 용기를 갖고 수행한다. 그것을 실행하는 여성에게 마음이 끌려 같은 행동을 하는 사람이 많아지기를 바란다.

어머니와 어린이의 의무는 상호적이다. 이쪽에서 의무를 소홀히 하면 저쪽도 태만하게 된다. 어린이는 당위 이전에 어머니를 사랑해야 한다. 만일 습관에 의해서도 본능이 강화되지 않으면 애정은 싹트기 전에 이미 죽어 버리고 결국 자연의 길에서 벗어나게 된다.

이와는 반대로 자연의 길을 벗어나도록 유혹하는 경우가 있는데 양육을 게을리 하거나 아이를 지나치게 귀하게 여겨서 오히려 약하게 만드는 경우이다. 이는 아이를 일시적인 위험에서는 벗어나게 할 수 있을지는 모르나 나약한 유년기를 연장시킴으로써 후에 더 큰 고통을 감수하는 결과를 초래한다.

자연을 관찰하고 자연의 길에 순응하라. 자연은 어린이에게 시련을 주며 고뇌와 비애를 가르친다. 기침, 악성 부스럼, 홍역 등 온갖 질병과 위험이 유아기의 대부분을 괴롭힌다. 갓난아이의 절반이 여덟 살이 채 되기도 전에 죽는다. 어린이는 이런 시련을 거치면서 삶의 뿌리가 한층 더 튼튼해진다.

자연의 법칙이 이러한데 왜 그것을 거역하려 하는가? 자연을 변화시키는 것은 자연의 덕을 파괴하고 자연의 혜택을 없애는 것이다. 지나친 보호를 받고 성장한 어린이는 그렇지 않은 어린이보다 사망률이 높다고 한다. 그러므로 언젠가 겪어야 할 고난에 미리 익숙하게 하고 자연환경의 변화에 신체를 단련시키는 것이 좋다. 어린이의 근육은 유연하기 때문에 생명이나 건강을 해치지 않고도 건강하게 만들 수 있다.

인간의 삶은 나이를 더해 감에 따라 가치도 더해 간다. 그러므로 아이의 생명을 지키려고 주의를 기울일 때는 특히 미래를 염두에 두어야만 한다. 아이가 청소년기에 이르러 겪어야 할 모든 고통을 미리 준비시켜야 한다. 생명의 가치는 증가해 가는데, 어린 시절에 약간의 고통을 면하게 하는 것이 어른이 되었을 때 더 큰 고통을 준다면 그보다 어리석은 일이 어디에 있겠는가?

인간의 운명이란 항상 고통을 수반한다. 자기 생명을 보존하려는 그 자체가 고통이다. 어린 시절에 육체적 고통밖에 모르고 자란 사람은 행복한 사람이다. 정신적 고통에 비하면 육체적 고통은 덜 참혹하고 덜 괴로우며 육체적 고통을 이유로 생명을 포기하는 사람은 극히 드물다. 가장 큰 고통은 우리 스스로 만든 정신적인 고통인 것이다.

어린이는 태어날 때부터 울면서 어린 시절을 보낸다. 어른들은 우는 아기를 달래기 위해 흔들거나 안아주기도 하고 위협을 주거나 심지어 때리기도 한다. 아이의 기분에 맞추기도 하지만 자신의 기분을 위해 아이에게 강요하기도 한다. 그러므로 아이는 명령을 하거나 명령을 받는 것이다. 그래서 말을 배우기도 전에 명령을 하고 행동하기 전에 복종한다. 이렇게 해서 어른들은 어린 마음에 편견을 심고 그것을 자연의 탓이라고 불평하는 것이다.

이렇게 아이는 여자의 변덕과 자신의 변덕에 희생물이 되어 6~7년을 보내고 나면 이해할 수 없는 말이나 쓸모 없는 것들을 기억하게 되고, 인위적인 편견으로 자연성을 몰살당한 뒤에 가정교사 손에 맡겨진다. 그러면 가정교사는 이미 형성된 인공적인 씨앗을 키우면서 행복에 이르는 길이 아닌 다른 것들만 가르친다. 그리하여 어린이는 분별력이 없는 지식을 갖고 노예와 폭군이 되어 허약한 심신으로 무능과 오만과 악덕만을 가진 채 사회에 던져진다.

그러므로 자연 그대로의 모습으로 어린이를 보존하려면 태어나는 순간부터 방치하지 말고 잘 보살펴야 한다. 이것이 성공의 지름길이다. 최고의 유모는 어머니이며, 최고의 교사는 아버지이다. 부모는 자신의 직분에 따라 혹은 방식에 있어 서로 일치해야 하고 협력해야 한다. 어린이에게는 유능한 교사보다도 분별력 있는 아버지의 교육이 더 낫다.

아버지의 의무 가운데 가장 중요한 것은 자식에 대한 아버지로 서의 의무이다. 자식에게 젖을 주어 기르기를 게을리 하는 어머니의 남편이 자식교육을 게을리 한다고 놀랄 일은 없다. 가정이라는 아름다운 그림은 한 획만 잘못되어도 전체의 조화는 깨지고 만다. 부모 곁을 떠나 기숙사나 수도원에서 교육받는 어린이들은 가정에 대한 애정을 느끼지 못하고 결국 이를 보상하기 위해 바깥세상의 나쁜 습관에 빠지게 된다. 이처럼 모든 것은 서로 연관성을 가지고 있다.

자식을 낳고 기르기만 하는 아버지는 자신의 임무 중 3분의 1 밖에 하지 않는 셈이다. 그는 인류에게는 인간을, 사회에게는 사회인을, 국가에게는 시민을 만들어 줄 의무가 있다. 이 세 가지 책무를 수행할 능력이 있음에도 불구하고 그러지 않는 것은 죄악이다. 아버지로서의 의무를 완수할 수 없는 사람은 아버지가 될 권리도 없다. 가난과 일과 세상에 대한 체면 때문에 자식을 자기 손으로 양육하지 못했다고 아무리 변명해도 소용이 없다.

좋은 교사의 자격요건에는 여러 가지가 있지만 내가 요구하는 첫째 자격은 결코 돈으로 살 수 없는 것이다. 그 나머지는 부차적인 문제다. 결코 돈으로 살 수 없는 고귀한 직업은 군인이나 교사의 직업뿐이다. 그렇다면 누가 내 자식의 교육을 맡아 줄 것인가? 그것은 아버지인 당신 자신이다. 그렇게 할 수 없거든 친구라도 되어 주라. 나는 그 외의 다른 방도를 알지 못한다.

교사! 이 얼마나 숭고한 영혼인가? 진실로 한 인간을 만들려면 아버지가 되든지 인간 이상의 훌륭한 존재가 되어야 한다. 그러한 직무를 태연스럽게 돈으로 산 사람에게 맡기려 하다니!

이와 같은 일을 생각하면 할수록 계속 새로운 난관에 부딪친다. 교사는 완벽하게 교육되어 있지 않으면 안 되고 고용인은 고용주를 위하여 훈련받지 않으면 안 되며 어린이에게 접근하는 모든 사람들은 어린이에게 감화를 줄 수 있는 지식의 경험을 사전에 갖추고 있지 않으면 안 된다. 그래야만 학생에게 만족스러운 교사가 될 것이다.

그렇다면 훌륭한 교사를 발견하는 일은 어려운 일일까? 이 타락한 시대에 그런 자격을 갖춘 교사가 있더라도 직접 겪어 보기 전에는 사람 됨됨이를 알 수 없다. 왜냐하면 훌륭한 교사를 구하는 일은 자신이 교사가 되는 것보다 더욱 힘들기 때문이다. 이렇게 되면 외부에서 교사를 구하는 번거로움을 피하게 될 것이고 자연은 절반의 성공을 거둔 셈이 된다.

어떤 사람이 나에게 아들 교육을 부탁하러 온 적이 있었다. 그러나 나는 교사의 의무가 중대하다는 것을 절감하고 있기에, 그리고 나 자신의 무능을 너무나 잘 알고 있기에 그러한 요청은 더더욱 받아들일 수 없었다. 그리하여 나도 실제로 교육에 종사하지 못했으나 그것을 글로 이야기해 보고자 한다.

이러한 계획을 세우는데 있어서 저자들은 실행할 수 없는 방침이나 교훈을 무질서하게 늘어놓는가 하면 설령 실천할 수 있는 것조차도 실례를 제시하지 않음으로써 탁상공론에 지나지 않는다는 것을 잘 알고 있다. 그래서 가공의 제자를 설정하고 본인이 그를 교육하는데 적합한 연령과 건강과 지식, 모든 재능을 가졌다고 가정한 후 제자의 출생 당시부터 그가 성인이 되어 자신 이외의 어떤 안내자도 필요치 않는 연령에 도달하기까지 교육을 이끌어 가기로 결심한 것이다.

이러한 방법은 자신에 대한 확신이 없는 저자가 여러 가지 몽상에 사로잡혀 방황하는 일을 막아준다는 의미에서 유익할 것이다. 왜냐하면 보편적인 교육방법을 탈피하여 자신의 독특한 방법을 제자에게 적용시켜 보면 그 교육이 어린이의 발육과 인간의 마음에 있어서 자연 성장에 적합한지를 곧 알게 된다.

많은 어려움 속에서도 내가 이 일을 시도해 보려고 하는 의도가 여기 있다. 나는 쓸데없는 것을 제외하고 진리라고 느낄 수 있는 진리만을 진술하기로 했다. 그러나 증명을 필요로 하는 규칙에 대해서는 폭넓게 세밀한 실례를 들어가며 설명하고자 한다.

나는 처음부터 에밀에 대해서 별로 언급하지 않았다. 그것은 교육에 관한 본인의 최초 준칙이 종래의 믿음과는 상반됨에도 불구하고 명백한 이론에 근거한 것이기 때문에 이성을 지닌 사람이라면 아무도 거부할 수 없을 것이기 때문이다. 그러나 교육이 진행됨에 따라 에밀은 독특한 지도를 받아 보통 어린이와는 다르고, 따라서 그를 위하여 독특한 방법이 필요하며, 그가 나를 전혀 필요로 하지 않을 때까지 나는 잠시도 떠나지 않고 그를 지켜보기로 하겠다.

　나는 여기서 훌륭한 교사의 자격에 관해서는 일체 말하지 않고 다만 내가 그 자격을 모두 갖추고 있다고 가정하겠다. 결국 자신에게만은 자격을 부여하고 있는 셈이다. 한 가지 지적해 둘 것은 어린이를 교육하는 사람은 가능한 현명하면서도 젊어야 한다. 또 가능하면 교사가 제자와 친구가 되어 함께 즐거워하며 신임을 받으면 더욱 좋겠다. 어린이와 어른 사이는 너무 거리가 있어 도무지 양자를 연결시킬 만한 공통점이 없다.

　여러분의 가정교사는 5년마다 학생을 바꿀 수 있지만, 나의 교사는 제자를 한 명밖에는 두지 못할 것이다. 어린이에게 가르쳐야 할 학문은 하나밖에 없으며, 그것은 바로 인간의 의무에 대한 학문이다. 그래서 나는 인간의 의무를 가르치는 선생을 교사라기보다는 지도자라고 부르고 싶다. 그것은 사물을 가르치는 것보다 지도하는 일이 더 막중하기 때문이다. 또한 스스로 교훈을 발견하는 일도 매우 중요하다.

　조심스럽게 지도자로서의 교사를 선택하는 것처럼 교사에게도 학생을 선택할 권리가 주어져야 한다. 모범적인 교육에는 더욱 이것이 필요하다. 선택함에 있어서 주의할 것은 어린이의 재능이나 성격을 고려해서는 안 된다는 것이다. 그러므로 나는 보통의 어린이를 선택할 것이다. 그것은 그러한 어린이의 교육방법이 보다 일반화될 수 있기 때문이다.

　가난한 사람은 교육이 필요 없다. 가난이 교육을 강요하기 때문이다. 반대로 부자가 받는 교육은 매우 부적합하다. 그런데 자연 교육은 인간을 모든 조건에 적응하도록 해야 한다. 그러므로 수적으로 많은 빈자보다 적은 부자에게서 제자를 선택하기로 했다. 가난한 사람은 자신의 힘으로 인간이 될 수 있기 때문이다.

에밀은 고아이다. 부모가 있어도 문제는 없다. 나는 그의 부모의 의무를 인수받은 까닭에 부모의 모든 권리를 인수받은 것이다. 에밀은 부모를 존경해야 하지만 나에게는 복종해야 한다. 이것이 유일한 조건이다.

이 조건에 또 다른 조건을 덧붙이고자 한다. 그것은 전자의 조건에 포함되는 것인데 에밀과 나는 서로의 동의 없이는 절대로 떨어져서는 안 된다는 것이다. 이것은 매우 중요하다. 결국에는 헤어질 것을 예상한다면 각각 자신의 세계를 가진 타인에 불과한 것이다. 그렇게 되면 제자는 제자대로 교사는 교사대로 서로 귀찮게 생각하며, 사랑이 없는 까닭에 교사의 자애나 학생의 존경은 거의 없게 된다.

그러나 그들이 서로 함께 생활해야 한다고 생각하면 서로 사랑해야 한다는 것을 깨닫고 더욱 친밀해지는 것이다. 그렇게 되면 제자는 복종하는 것을 부끄러워하지 않을 것이며, 교사는 결실 있는 교육에 온갖 정성을 기울일 것이다. 이 계약은 순조롭게 태어나 훌륭한 체격을 갖춘 건강한 어린이라는 예상 하에 이루어진 것이다.

허약하고 불구인 제자를 책임진 교사는 생명의 가치를 증진시킬 시간을 한 생명을 보호하는데 허비하게 된다. 설령 그 어린이가 80세까지 산다고 해도 병들고 허약한 어린이라면 나는 맡지 않을 것이다. 오직 신체의 보호에만 신경을 쓰고 언제나 죽지 않으려는 그런 어린이에게 삶의 기술을 가르친다는 것은 헛수고이며, 또한 가르칠 재간도 나에게는 없다.

육체는 정신의 명령에 복종할 수 있도록 건강해야 한다. 무절제한 생활과 고행과 단식은 서로 다른 이유로 육체를 쇠약하게 만든다. 육체란 약할수록 명령하고 강할수록 복종한다. 모든 관능적 욕망은 허약한 육체 속에 깃드는 법이므로 정욕을 충분히 만족시키지 못하면 더욱 예민해지는 것이다.

허약한 육체는 정신까지도 약하게 만든다. 모든 병을 치료할 수 있다는 의술은 병보다 더 많은 해를 끼치는데 비겁함, 두려움, 맹신, 죽음에 대한 공포 등을 전염시키고 있다. 의술은 육체는 치료하지만 정신은 죽이고 있다. 의술은 시간을 어떻게 사용해야 하는지 모르고 그저 몸보신으로만 세월을 보내는 한가하고 일없는 사람들에게 오락이다. 만약 그들이 영원히 죽지 않는 인간으로 태어났다면 불쌍한 인간이 되었을 것이다. 의사는 그들에게 겁을 주기도 하고 위로를 주기도 한다. 아직 죽지 않았다는 기쁨을 매일 주고 있는 것이다.

여기서 의술의 무익함을 언급할 생각은 없다. 다만 정신적인 면에서 고찰하고 싶을 뿐이다. 사람들은 병자는 치료하면 낫고, 진리는 탐구하면 발견된다고 생각한다. 지식을 일깨워 주는 학문이나 병자를 고쳐 주는 의술은 모두 훌륭하나 사람을 그릇되게 하는 학문과 사람을 살해하는 의술은 나쁘다. 문제의 핵심은 이것들을 분별하는 방법을 배우는 것이다. 진리를 모르고 살아갈 수 있다면 허위에 속지 않을 것이며 자연을 거슬러 병을 고치려고 하지 않는다면 의사 손에 죽는 일은 절대 없을 것이다.

육체의 병보다는 오히려 정신의 병을 위해서 행해지는 이 기만은 육체나 정신 모두에게 아무 도움이 되지 못한다. 그것은 병을 치료하기보다는 오히려 병에 대한 공포심을 심어주고 죽음을 멀리하기보다는 죽음을 예감케 하고 생명을 연장시켜 주기보다는 소모시키는 것이다. 생명을 연장시킨다고 해도 의술이 강요하는 조심 때문에 격리감과 공포심을 조장하기는 마찬가지다. 우리는 위험을 의식하기 때문에 위험을 두려워하게 되는 것이다.

진실로 용기 있는 사람을 찾으려면 의사가 없는 곳, 병의 결과를 모르는 곳, 죽음을 의식하지 않는 곳에서 찾아라. 인간의 마음을 비굴하게 만들고 죽음이 진정 두렵다는 사실을 알게 하는 것은 의사들의 처방과 철학자들의 교훈과 성직자들의 설교이다. 그러므로 이런 사람들을 필요로 하지 않는 학생을 나에게 주었으면 좋겠다.

어린이는 병을 치료하는 방법을 모르지만 대처하는 방법은 안다. 이것이 자연치유법이다. 시간이 지나면 나을 병인데도 인간은 초조와 불안 때문에, 또 약 때문에 얼마나 많이 희생했던가? 인간보다 자연에 더 잘 적응하여 병에 걸리는 일이 적은 동물의 생활방식이야말로 내가 제자에게 교육하고 싶은 것이다.

의학의 영역에서 단 한 가지 유익한 것은 위생학이다. 그러나 이것은 학문보다 오히려 미덕에 속한 교육이다. 절제와 노동이야말로 인간에게 있어서 참된 교사이다. 노동은 식욕을 증진시키고 절제는 과욕의 폭식을 막아 준다. 생명을 보존하기 위한 시간은 생명을 즐길 시간을 잠식한다. 이것이 에밀이 건강해야 하는 이유이며 그를 차후에도 건강하게 기르려는 나의 원칙이다.

생명의 탄생과 함께 욕망이 생겨난다. 갓난아이에게는 젖을 먹여줄 사람 그 중에서도 어머니가 필요하다. 이 경우 어머니에게 여러 가지 지도방식을 가르쳐 주는 것이 필요하다. 그리고 어머니는 누구보다도 잘 할 것이다. 그러나 만일 유모가 필요한 경우에는 우선 좋은 유모를 선택하는 것이 좋다.

부유한 사람들의 불행 중 하나는 모든 일에 잘 속는다는 것이다. 그들이 사람을 잘 판단하지 못해도 그리 놀랄 일은 아니다. 그들을 타락시킨 것은 부(富)이다. 그리고 그들 스스로는 아무것도 하지 않는다. 그들은 유모도 산부인과 의사에게 의뢰한다. 그러나 나는 에밀의 유모를 직접 선택하려 한다.

유모를 선택하는데 무슨 깊은 비밀이 있는 것은 아니다. 그러나 젖의 질이 좋아야하는 것처럼 젖을 주는 시기에 대해서도 심사숙고해야 한다. 처음에 나오는 아주 묽은 젖은 갓난아이의 창자에 남아있는 태변의 찌꺼기를 배설시키는 역할을 하는 음료수와 같다. 나중에 나오는 젖은 점점 진해지면서 그것을 소화시킬 정도로 강해진 어린이에게 영양을 공급하게 된다.

갓난아이에게는 아이를 출산한지 얼마 안 되는 유모가 좋다. 유모는 육체뿐만 아니라 마음도 건강한 사람이어야 한다. 육체적인 면만을 생각하는 것은 사물의 반밖에 이해하지 못하는 것이다. 양질의 젖을 가진 유모의 인격이 나쁠 수 있으므로 좋은 성격은 건강한 체질과 마찬가지로 매우 중요하다. 유모는 젖을 먹임과 동시에 상냥한 마음씨, 청결한 보살핌을 게을리 하지 않을 의무가 있다.

유모를 선택하는 데 있어서 신중해야 할 또 한가지 이유는 유아에게는 유모 외에 보모는 필요치 않기 때문이다. 현명했던 고대인들의 습관으로 유모는 젖을 떼고도 어린이 곁에 있었다. 유모가 자주 바뀌면 어린이는 은연중에 비교하게 되고 유모에 대한 존경심도 식어지면서 결국은 훌륭하게 양육될 수 없다.

유모는 생활방식을 완전히 바꿀 필요가 없다. 급격한 변화는 몸에 해롭기 때문에 나쁜 생활상태에서도 유모의 건강이 좋았다면 굳이 바꿀 필요는 없다. 농촌의 여성들은 육식보다는 채식을 많이 하나 그것은 아이에게 유익하다. 육식을 많이 한 유모의 젖은 아이에게 더 좋은 영양을 공급한다고 많은 사람이 믿고 있으나 실제로 그런 젖은 많은 복통이나 기생충을 유발한다. 반면 초식동물의 젖은 육식동물의 젖보다 달고 맛도 좋으며 건강에 좋다. 또한 초식동물의 젖은 그 본래의 질을 잘 보존하면 부패하는 일도 적다.

그러므로 유모는 평소 먹던 음식물을 변경하지 말고 더 많이 더 좋은 것으로 선택해서 먹으면 좋겠다. 기름기 없는 음식이 변비를 일으키는 것은 요리법에 문제가 있는 것이다. 그러므로 요리법을 개선해야 한다. 유제품에 열을 가해서는 안 되며 야채는 데치는 게 좋다. 어린이에게는 식물성식품이 좋다고 하면서 유모에게는 동물성식품이 좋다는 이론은 모순이다.

공기는 유연한 어린이 피부의 기공에 스며들어 갓 태어난 육체에 강한 영향을 미쳐 평생동안 지워지지 않게 된다. 그러므로 나는 농촌여성을 도시의 방안에 가두어 놓고 아이에게 젖을 먹이는 것보다는 차라리 아이를 시골로 보내 신선한 공기를 마시게 하고 싶다. 그러면 아이는 새 어머니의 환경을 받아들이게 되고, 교사도 그를 따라 시골로 가면 되는 것이다.

인간은 개미처럼 떼지어 살도록 되어있는 것이 아니라 경작해야 할 땅 위에 흩어져 살도록 되어있다. 한 곳에 밀집하여 사는 인간은 타락하기 쉬우며, 허약한 육체와 부도덕한 정신은 집단생활이 빚어내는 결과이다.

도시는 인류를 타락으로 이끄는 심연(深淵)이다. 이곳의 종족은 몇 세대 후 멸망하거나 쇠퇴하고 말 것이다. 그들을 새롭게 소생시킬 수 있는 곳은 농촌이다. 아이를 농촌으로 보내라. 도시에서 잃어버린 그들의 생기를 전원에서 찾도록 해주어야 한다.

아이가 태어나면 보통 미지근한 물에 포도주를 타서 목욕을 시키는데 포도주를 타는 것은 쓸모 없는 짓이라고 생각한다. 사실

수많은 민족들이 갓난아이를 강물이나 바닷물에 목욕을 시킨다. 그러나 우리의 아이들은 허약한 어머니로부터 허약하게 태어나 지나친 보호를 받아야만 하는 체질을 타고난다. 그렇다고 건강한 체질로 만들기 위해 처음부터 시련을 받게 할 필요는 없다.

목욕하는 습관은 결코 중단해서는 안 된다. 이 습관은 근육조직을 유연하게 할 뿐 아니라 기후변화에도 적응할 수 있는 예방 요법으로서도 중요하다. 어린이가 성장함에 따라 뜨거운 물과 차가운 물에 몸을 단련시켜주는 것이 좋다. 이런 단련을 통해서 공기의 온도차에 거의 영향을 받지 않게 될 것이다.

아이가 모태(母胎)에서 나와 호흡을 시작하면 모자나 띠나 배내옷으로 묶거나 꼭 끼게 입혀 구속을 주어서는 안 된다. 공기의 영향을 느끼는데 장애가 될 만큼 덮어서도 안 된다. 어린이는 크고 포근한 요람 속에서 자유로이, 또 안전하게 움직일 수 있도록 해주어야 한다.

우리는 배울 수 있는 능력을 가지고 태어난다. 갓난아이의 운동이나 울음은 순수한 기계적 반사운동으로서 아무런 지각도 의지도 없는 것이다. 그는 외계의 사물에 대해서 아무것도 인식하지 못할 뿐만 아니라 그것을 감각기관에 전해 주지도 못한다. 모든 감각은 한 곳에 집중되어 있고 어린이는 오직 감각중추 속에서만 존재하여 모든 감각을 그 관념에 결부시킬 것이다. 이러한 인간은 일어설 줄도 모르고 몸의 균형을 잡는데도 상당한 시간이 걸릴 것이다.

그는 욕구의 의미나 그것을 충족시킬 수단은 생각해 내지 못하면서도 여러 가지 불만을 느낄 것이다. 우리가 지식발달 순서와 과정을 조금이라도 생각한다면 인간이 경험이나 주위 사람들로부터 어떤 것을 배우기 이전의 자연적인 상태가 바로 무지와 우매의 원시적 상태라는 것을 부인할 수는 없을 것이다.

인간의 교육은 출생과 더불어 시작된다. 말을 하기도 전에 들을 수 있기 전에 이미 교육은 시작된다. 아이가 이미 유모의 얼굴을 알아볼 때에는 많은 것을 터득하고 있다. 인간의 지식과 학문을, 그리고 만인의 공통점과 학자만의 특이점을 가른다면 후자는 전자에 비하여 극히 미미할 것이다. 그러나 우리는 일반적인 지식을 거의 고려하지 않는다. 그것은 자신도 모르게 이성이 생기기 때문이며, 또한 지식이란 일반지식과 비교하여 인정을 받을 때 주목하게되는 것이므로 대수 방정식과도 같은 것이다.

동물도 감각과 욕구를 가진 까닭에 많은 것을 습득한다. 그러나 처음부터 걷고 나는 법을 배우는 것은 아니다. 동물 또한 힘든 연습을 마친 뒤에 비로소 걷고 날 수가 있다. 생명 있고 감각이 있는 것들에게는 모든 것이 교육이다. 어린이가 최초로 느끼는 감각은 순전히 감각적인 것이다. 그들이 지각하는 것은 기쁨과 고통뿐이다.

어린이의 표상감각을 형성시키려면 오랜 시일이 필요하다. 그러나 대상이 확대되어서 크기와 형태를 구별할 수 있도록 되기까지는 어린이가 그 습관에 익숙해져야한다. 결국 욕구는 필요에 의해 생기는 것이 아니라 습관에 의해서 생긴다.

아이에게 꼭 길러 주어야 할 유일한 습관은 어떠한 습관에도 물들지 않는 습관이다. 한쪽 팔만을 잡아준다든지 일정한 시간에 먹고 자는 습관도 길러주어서는 안 된다. 신체에 자연적인 습관을 지니게 함으로써 언제나 자기를 지배할 수 있는 상태에 두어 의지를 굳히고 무엇이든 자기의 의지로 관철할 수 있도록 하여 일찍부터 앞으로 다가올 자유경쟁의 시기에 대비해서 힘을 사용할 능력을 길러 주는 것이 좋다.

아이가 물체를 구별하기 시작하면 보여주어야 하는 사물을 선택하는 일이 중요하다. 물론 새로운 사물은 인간의 흥미를 끌기에 충분하다. 아이는 스스로를 몹시 약하게 생각하고 있으므로 미지의 사물은 무엇이든 두려워한다. 새로운 것을 보아도 예사롭게 보는 습관을 길러주면 그런 공포심은 자연히 없어진다. 거미줄이 없는 청결한 집에서 자란 어린이는 거미를 무서워하며 그 공포심은 성장해서도 없어지지 않는 경우가 있다.

아이가 말을 하고 알아듣기 전부터 교육을 시작해야하지 않겠는가? 나는 아이에게 새롭기도 하고 추하기도 하며 보기 흉한 동물들을 볼 수 있는 습관을 들이기를 원한다. 아무리 무서운 것이라도 매일 보면 무섭지 않게 느껴지는 법이다.

천둥을 무서워하지 않는 어린이도 천둥번개가 사람을 해하기도 한다는 사실을 알고 나면 그것을 무서워한다. 이렇게 이성에 의해서 공포심을 갖게 되면 습관을 들여서 그들을 안심시키는 것이 좋다. 신중하게 서서히 점차적으로 해나가면 어른이건 어린이건 모든 일에 대담하게 대처할 수가 있을 것이다.

인생의 초기에는 기억력이나 상상력이 아직 활발하게 작용하지 않으므로 아이는 감각을 자극하는 물체에 대해서만 주의를 기울인다. 그러므로 처음 단계에서는 그 감각과 감각을 일으키는 물체와의 관계를 명확하게 알려주기만 하면 된다. 아이는 모든 물체를 잡고 만지려고 하므로 이러한 욕구와 활동을 방해해서는 안 된다. 이렇게 함으로써 아이는 사물의 성질을 판단하는 방법을 배우는 것이다.

우리는 운동에 의해서만 우리 이외의 사물이 있다는 것을 배운다. 공간개념을 체득하는 것도 운동에 의해서만 얻어진다. 아이가 바로 곁에 있는 물건과 멀리 있는 물건을 구별하지 못하고 손을 내밀어 잡으려고 하는 것은 공간개념이 아직 형성되어있지 않기 때문이다.

그러므로 아이가 거리감각을 익히기 위해서는 그를 자꾸 걷게 하여 장소에 대한 변화와 거리에 대한 인식을 얻게 해야 한다. 그런 다음에는 아이가 원하는 대로 가도록 내버려두지 말고 여러분이 원하는 곳으로 데리고 다녀야한다.

아이는 욕구를 충족하기 위해 남의 도움이 필요할 때에는 불만이 여러 가지 표정으로 얼굴에 나타난다. 아이들이 우는 것은 이 때문이다. 아이의 감각은 모두 감정적이기 때문에 기분이 좋을 때는 그것을 즐기고 괴로울 때는 그들 특유의 언어로 남에게 구원을 요청한다. 그런데 아이란 눈을 뜨고있는 동안은 무관심한 상태로 가만있지 않고 언제나 감정의 동요를 받고 있다.

우리의 언어는 모두 기술의 결과로 생긴 것이다. 사람들은 오랫동안 자연적이고 모든 인류에게 공통되는 언어가 있는가를 탐구해왔는데, 아이가 말을 하기 이전에 사용하는 언어가 바로 그것이다. 우리는 성인의 언어만을 사용해 왔으므로 아이들의 언어는 완전히 잊어버리고 있다.

아이에게는 소리 외에 몸짓으로 표현하는 언어가 있다. 그것은 얼굴에서 나타난다. 아직 제대로 형태가 잡히지 않은 얼굴에서 얼마나 풍부한 표정이 나타나는지 놀라지 않을 수 없다. 아이들의 표정은 상상도 못할 만큼 빠른 속도로 변하여 그때마다 전혀 다른 얼굴을 보는 것만 같다.

아이들의 안면근육은 확실히 어른의 근육보다 유연하다. 그와 반대로 아이의 생기 없는 흐린 눈은 거의 아무것도 나타내지 않는다. 이것은 육체적 욕망 외에는 아무 욕망도 갖지 않는 시기의 특징인 것이다. 감각은 얼굴표정으로 나타나고 표현은 눈길에서 볼 수 있기 때문이다.

인간의 최초의 상태는 궁핍과 허약이며 최초의 소리는 불만과 울음이다. 아이는 욕구를 느끼지만 그것을 충족시킬 수 없으므로 울음으로써 타인의 구원을 요청한다. 배가 고프거나 목이 말라도 울고, 너무 춥거나 너무 더워도 운다. 현재의 상태가 불편하면 편안하게 해달라고 운다.

아이에게는 단 하나의 언어밖에는 없다. 아이에게는 불편하다는 느낌 외에는 감각이 없기 때문이다. 어린이의 울음으로부터 사물과의 관계와 사회질서를 형성하는 최초의 긴 연쇄사슬이 생긴다. 아이는 불편할 때 울기 시작한다. 그러므로 어른들은 그 욕구가 무엇인지를 찾아내어 충족시켜 주어야 한다. 어른들은 아이가 울음을 그치도록 요람에 넣어 흔들거나 위협하고, 심지어는 때리기도 한다. 어린 아기를 때리는 것은 그 정도가 어떠하든지 순간적으로 미워하는 마음에서 때린 것이기 때문에 어린이는 참기 어려운 상처를 받는다.

아이들의 흥분, 원한, 분노의 감정은 상당한 주의를 필요로 한다. 보에르하베(1668~1738, 네덜란드의 임상의학자)는 어린이의 병은 대부분 경련성이라고 했다. 그 이유는 어린이의 머리는 어른에 비해 크고 신경계통이 널리 퍼져있어 신경이 쉽게 흥분하기 때문이다.

아이는 사물의 저항만 받고 인간의 의지에 의한 저항은 받지 않는다면 결코 반항적이지도 않고, 성을 내는 일도 없이 건강하게 자라난다. 그러나 아이가 하자는 대로하는 것과 아이를 거역하지 않는 것은 큰 차이가 있음을 명심하라.

갓난아기의 최초의 울음은 요청이다. 그런데 여기에 주의를 기울이지 않으면 이 울음은 마침내 명령으로 바뀐다. 아이는 처음에는 도움을 요청하나 나중에는 봉사를 요구하게 된다. 아이가 아무 말도 않고 애써 손을 내밀 때에는 거리감이 없기 때문에 그 물건이 손에 닿을 줄 믿고 있는 것이다. 그러나 그가 손을 내밀며 칭얼거릴 때에는 그 물건을 가까이 밀어주거나 갖다달라고 명령하는 것이다. 첫 번째 경우에는 아이를 물건 가까이 데려다 주는 것이 현명하지만 두 번째 경우에는 울음소리를 들은 척도 하지 마라. 일찍부터 명령해서는 안 된다는 습관을 길러주는 것이 좋다.

아베드 생 삐에르(1658~1743 프랑스의 작가, 성직자)는 어른을 커다란 아이라고 불렀지만 반대로 아이를 작은 어른이라고 할 수도 있을 것이다. 그러나 홉스가 악인을 강한 어린이라고 부른 것은 대단히 모순되는 말이다. 모든 악은 약한 데서부터 발생한다. 그러므로 아이를 강하게 만들면 그들은 선량해진다. 무엇이든 할 수 있는 사람은 결코 나쁜 짓을 하지 않는다.

이성(理性)만이 우리에게 선과 악을 가르쳐 준다. 우리에게 선을 사랑하고 악을 미워하게 하는 양심은 이성과는 독립적이지만 이성 없이는 발달할 수 없다. 우리는 이성의 시기가 오기 전까지 선과 악을 알지 못하면서 행한다. 그러므로 우리와 관련되어 있는 타인의 행동에 대하여 도덕성을 느낄 때는 있으나 우리 자신의 도덕성에 대해서는 느끼지 못한다.

왜 그럴까? 철학은 인간이 천성적으로 악해서 그렇다고 설명한다. 또한 아이는 자신의 무력함을 느끼고 있기 때문에 힘에 벅찬 행동을 해 보인다든가 스스로에게 자신의 힘을 입증해 보이려고 한다고 말할 것이다. 그러나 인생의 순리에 의해서 다시 유년시절의 무력함으로 돌아간 허약한 노인은 극히 작은 변화에도 당황하며 불안해한다. 만일 근본적인 변화에 원인이 없다면 그 같은 무력함이 노인과 아이에게서 차이가 생기겠는가? 그것은 동일한 활력소가 한쪽에서는 발전하고 다른 쪽에서는 소멸해 가고 있기 때문이며, 아이는 삶으로 향하고 노인은 죽음으로 향하기 때문이다. 즉 아이들은 스스로 생명력을 가지고 형성하는 행동보다 시간이 덜 걸리는 파괴하는 행동을 한다. 그것이야말로 어린이의 활동적인 성향에 맞는 것이다.

자연의 창조자는 아이에게 이러한 활동력을 부여한 한편 지나친 힘을 행사하여 해를 끼치는 일이 없도록 힘은 조금밖에 주지 않았다. 아이들은 주위 사람들을 제 마음대로 부릴 수 있는 도구로 알게되면 폭군이 된다. 이것은 아이의 천부적인 지배욕에서 비롯되는 것이 아니라 어른들이 잘못 가르쳐준 탓이다.

인간은 성장하면서 가르침을 더해 간다. 그리하여 차츰 불안이 줄어들고 성격이 차분해진다. 이처럼 영혼과 육체가 균형을 이루어 자연은 인간의 자기 보존에 필요한 운동만을 요구하게 된다. 그러나 명령하고싶은 욕망은 사라지지 않는다.

지배욕이 이기심을 일깨우고 습관이 그것을 강화한다. 이렇게 되면 단순한 변덕이 필요성을 낳게 되고 편견이나 아집이 최초의 뿌리를 박게 된다. 일단 이 원칙만 알게되면 우리는 인간이 자연의 길에서 벗어나는 출발점을 분명히 알 수 있다. 그러면 이제부터 자연의 길에서 벗어나지 않는 방법을 살펴보도록 하자.

제1준칙 : 아이에게는 남아도는 힘이 없을 뿐 아니라 자연이
　　　　 요구하는 것을 행하기에도 부족하다. 그러므로 자연
　　　　 이 그들에게 준 힘은 모두 사용하도록 해야 한다. 그
　　　　 래도 그들은 그 힘을 남용하지는 않을 것이다.
제2준칙 : 아이들의 육체적 필요에 속한 모든 것, 즉 지적인 것
　　　　 이나 체력적으로 그들에게 부족한 것이 있으면 도와
　　　　 주고 보충해 주어야 한다.
제3준칙 : 아이들을 도와줄 때에는 변덕 또는 이유 없는 욕구
　　　　 에는 응하지 말고 필요한 것만 응해 주어야 한다.
제4준칙 : 어린이의 욕구가 자연에서 생긴 것인지 고집에서 생
　　　　 긴 것인지 구별하기 위해 그들의 말이나 표정을 주
　　　　 의 깊게 연구해야 한다.

　이상의 준칙의 근본정신은 아이에게 진정한 자유는 가능한 한
많이 부여하고 지배욕은 줄임으로써 독립적으로 행동하도록 하
는 반면 의타심을 막아 보자는 데 있다. 이렇게 하면 자신의 능
력이 미치지 못하는 것에는 헛된 욕구를 느끼지 못할 것이다.
　손발이 자유롭게 되어있는 아이는 배내옷으로 묶여있는 어린
이보다 울지 않는다. 아이가 고통스러워 울음으로써 도움을 요
청할 때는 가능한 빨리 도와주고 고통을 줄여줄 수 없을 때에는
달래지 말고 그대로 있어라. 그렇지 않으면 아이는 어른의 주인
노릇을 하게되고 모든 교육은 수포로 돌아간다.

아이는 운동하는데 방해를 덜 받으면 별로 울지 않을 것이며, 울음소리 때문에 고통받는 일이 적으면 울음을 그치게 하는데 수고스러움도 적을 것이다. 아이도 위협을 당하거나 달래주는 일이 적을수록 겁을 내거나 고집을 부리는 일이 줄어들어 자연 그대로의 상태에 머물게 될 것이다. 아이가 울기 전에 어린이의 기분을 잘 살펴 대비해 두라는 것이다. 울면 모든 일이 순조롭게 되는데 어찌 울지 않겠는가?

몸이 묶여있지도 않고 아픈 것도 아니며 부족한 것도 없는데 우는 것은 습관과 고집에서 온 것이다. 그런 습관을 고치거나 예방하려면 울음소리에 전혀 귀를 기울이지 않는 것이다. 처음에는 끈질기게 울어대지만 아무도 관심을 기울이지 않으면, 아이는 제풀에 꺾여 더 이상 울지 않게 된다. 이와 같이 하면 어쩔 수 없는 고통으로 인해서 울 때 이외는 울지 않는다.

그밖에 아이가 변덕이나 고집을 부려 막무가내로 우는 경우에 울음을 그치게 하는 확실한 방법이 하나 있다. 그것은 울음을 그칠 수 있게 아이의 기분을 전환시키는 일이다. 그러나 이때 주의해야 할 것은 그 의도를 알아차리지 않게 하면서 즐길 수 있도록 해주는 것이다.

나는 아이들의 말소리만 듣고 그들의 연령을 착각하기도 한다. 듣기로는 10살 가량인 것 같은데 실제 얼굴 모습은 서너 살밖에는 안 되어 보이기 때문이다. 이런 착각을 일으키는 원인은 도시의 아이들이 방안에서만 자라 작은 소리로도 의사표현이 가능하기 때문이다. 그들이 입술만 움직여도 어른들은 금방 그 말뜻을 알아내며, 아이가 서툴러서 잘못하는 말을 계속 되풀이하게 한다. 그리고 항상 같은 사람이 주위에 있어 아이의 말을 미리 알아차리고 짐작해 버린다.

그러나 농촌에서는 사정이 다르다. 농촌의 여성은 항상 아이 곁에만 있을 수 없다. 그래서 아이는 하고싶은 말을 큰소리로 똑똑하게 말해야 한다는 것을 배운다. 또한 상대방과의 거리에 따라 목소리의 강도를 조정하는 법을 배운다. 그래서 농촌 아이는 무엇을 물어보면 부끄러워 대답을 못하는 수는 있어도 일단 대답할 때는 아주 분명하게 대답한다. 그런데 도시의 아이들은 하녀가 통역을 해주어야 할 정도로 분명한 발음을 하지 못한다.

아이들에게 습관으로 굳어질까 우려하는 모든 언어상의 결점들은 염려할 것이 못된다. 그것은 간단하게 고칠 수도 있고 예방할 수도 있다. 그러나 아이가 알아들을 수 없는 소리를 할 때 그것을 그대로 내버려두거나 말할 때마다 음조에 비평하고 용어의 잘못을 일일이 지적하여 기른 아이의 습관은 절대 고쳐지지 않는다.

시골에서 아이들을 자라게 하면 낭랑한 목소리를 가지게 되고, 애매한 발음습관도 없어질 것이다. 또 시골 사람들의 말투를 배운다 해도 쉽게 버릴 수 있을 것이다. 에밀은 내가 아는 순수한 프랑스어를 더욱 분명히 말하고 정확히 발음할 것이다.

아이가 말을 하려고 할 때에는 그가 이해하는 말만 들려주고 발음할 수 있는 말만을 하게 한다. 그렇게 하면 반복훈련도 되고 지나치게 애쓸 필요도 없다. 항상 남이 들어주기를 바라는 마음을 갖게 하면 일종의 지배욕이 생기는데 이와 같은 습관을 들여서는 안 된다. 또한 지나치게 빨리 말을 하도록 해서도 안 되며 스스로 필요에 의해 말하도록 해야 한다.

말을 시작하는 것이 아주 더딘 아이는 다른 아이들만큼 똑똑한 발음을 낼 수는 없다. 그러나 늦도록 말을 못하는 것은 나면서부터 자유롭게 움직일 수 없는 성대를 가지고 태어났기 때문이다. 그러나 사람들은 말의 진도가 느리면 더 성급하게 말을 가르치려 한다. 이것이 말을 더듬거리게 하는 원인이 되며, 자연적으로 내버려두면 서서히 완전한 말을 할 수 있을 것이다.

너무 일찍부터 말을 무리하게 배운 아이는 정확한 발음을 배울 시간도 없으며, 남의 말을 충분히 이해할 여유도 갖지 못하게 된다. 그러나 자유롭게 두면 먼저 발음하기 쉬운 음절을 반복하여 연습하고, 거기에다 점차적으로 의미를 붙여간다. 그리고 그 의미를 몸짓으로 상대방에게 전달한다. 아이들에게 여러분의 말을 사용하도록 강요하지 않으면 말을 잘 관찰하고 충분히 이해한 다음에 사용한다.

아이가 말할 연령도 되지 않았는데 일찍부터 말을 시키는데서 생기는 가장 큰 폐해는, 어른들이 들려주는 이야기나 말을 이해하지 못하는 것이 아니라 다른 의미를 부여하여 사용한다는 점이다. 우리는 때로 아이의 말을 듣고 놀라기도 하는데 이것은 의미의 애매함에서 오는 것으로 아이가 관념도 모르고 하는 말을 어른들이 마음대로 해석했기 때문이다. 이렇게 아이의 말뜻에 주의를 기울이지 않음으로써 이후 정신발달에 큰 영향을 미치게 된다.

그러므로 어린이들이 사용하는 어휘는 될 수 있는 한 수를 제한하는 편이 좋다. 관념보다 많은 단어나 특히 생각할 수 없는 단어를 많이 알게 하는 것은 좋지 못하다. 농촌 사람이 도시 사람보다 일반적으로 더 정확한 사상을 가지고 있는 것은 그들이 사용하는 언어가 적기 때문이다. 그들은 적은 관념을 가지고 있으나 그 관념들을 정확하게 비교할 수 있는 것이다.

유년기의 발달은 모두가 거의 동시에 일어난다. 아이들은 말하는 것과 걷는 것을 거의 동시에 배운다. 이것이 유년기의 제1기인 것이다. 이때까지는 태내에 있을 때와 조금도 다를 바가 없다. 그때는 아무런 감정이나 관념도 없이 그저 감각만이 있을 뿐이다. 심지어 자기가 존재하고 있다는 것조차 의식하지 못한다.

"그는 살고 있다. 그러나 그것을 깨닫지 못한다."(로마의 시인 오비디우스의 《비가》)

제 2 부

5세에서 12세

　지금부터는 인생의 제2기에 들어간다. 정확히 말하면 유년기는 끝난 것이다. 그러나 나는 프랑스 관용어에 따라 다른 이름으로 불릴 때까지 유년(infant)이란 용어를 계속 사용하겠다.

　아이들은 말하기 시작하면 우는 일이 적어진다. 에밀은 '아파'라는 말을 배우게 되면 웬만한 고통 없이는 울지 않을 것이다. 만일 아이가 천성적으로 잘 울더라도 울어봐야 소용이 없다는 것을 알도록 내버려 둘 생각이다. 아이는 아무리 아프더라도 혼자 있을 때에나 다른 사람이 들어주리라는 기대가 없으면 거의 우는 법이 없다.

　아이가 넘어져서 다치더라도 잠깐동안 서서 바라볼 생각이다. 이미 다쳤으므로 아이는 일단 그것을 견뎌야 한다. 상처를 입었을 때 고통을 주는 것은 상처보다는 공포심인 것이다. 아이는 분명히 나의 행동과 판단을 보고 상처의 정도를 판단할 것이기 때문에 내가 침착하고 냉정하게 처신하면 그 또한 냉정한 행동을 취하다가 아픔이 멎으면 상처가 다 나았다고 생각할 것이다. 이렇게 해서 이 시기에 사람은 고통을 견디는 법을 배우게 된다.

나는 에밀이 상처입지 않도록 조심하지 않을 것이며, 그가 전혀 상처입지 않고 고통을 모르고 성장한다면 오히려 난처하게 생각할 것이다. 고통을 견디는 것이야말로 먼저 배워야할 교훈이며 꼭 알아야 할 일이다. 이 교훈을 배우기에 아이는 체격이 작고 연약한 것 같다. 방안의 탁한 공기 속에 그를 가두지 말고 들로 데리고 나가 하루에도 수없이 넘어지게 하라. 그러면 빨리 일어나는 법을 배울 것이며 자유의 기쁨을 느낄 것이다.

스스로 할 수 있는 일이 많아져도 아이는 울 일이 적어진다. 체력의 발달과 함께 그것을 옳게 사용하는 지혜도 발달한다. 바로 이러한 제2단계에서 진정한 한 인간으로서의 생활이 시작되며 자기라는 인식을 가지게 되는 것도 바로 이때이다. 그리고 삶의 매순간을 통해 자의식을 느끼게 한다. 즉 개인은 진정한 독립적 인격을 가진 인간이 되고 행복과 불행의 가치를 분별하게 된다. 그러므로 이 시기부터는 그를 정신적 존재, 또는 도덕적 존재라고 생각해야 할 필요가 있다.

사람들이여! 인간다워져라. 이것이 여러분의 첫째 임무이다. 어린이를 사랑하라. 어린이의 놀이, 기쁨, 본능을 충족시켜 주라. 여러분 중에 웃음이 항상 입가에 맴돌고 마음은 언제나 평화롭던 어린 시절을 아쉬워하지 않는 사람이 있는가? 왜 여러분은 그들에게서 덧없이 사라질 즐거움과 남용조차 모르는 그들의 행복을 함부로 빼앗으려 하는가? 다시 돌아오지 않을 그 짧은 유년 시절을 어째서 고통과 슬픔으로 채워주려고 하는가?

아버지들이여, 당신들은 죽음이 언제 여러분의 자녀에게 닥쳐올지 알고 있는가? 자연이 부여한 그 짧은 순간을 빼앗고 나중에 가서 후회하지 마라. 어린이들이 인생의 기쁨을 느낄 수 있게 되거든 그것을 향유하게 해 주라. 언제 하나님의 부름을 받더라도 인생의 즐거움을 맛보지 못하고 죽는 일은 절대로 없도록 하라.

여러분은 인간의 나쁜 성향을 교정하는 시기가 바로 어릴 때라고 말할 것이다. 또한 고통을 잘 느끼지 못하는 어린 시절에 고통을 겪도록 해야 어른이 되었을 때 고통이 덜하다고 말할 것이다. 그러나 현재의 고통이 미래의 즐거움이 될 수 있다는 확증도 없으면서 어린이로서는 견디기 어려운 고통을 가하는 것은 잘못이다.

우리의 감정은 끊임없이 변화하며 행복이나 불행은 만인이 공유하는 감정이지만, 다만 그 정도가 다를 뿐이다. 그러나 기쁨보다는 고통이 많은 것이 우리의 운명이다. 따라서 인간의 행복이란 소극적인 상태에 불과한 것으로서 고통의 다소에 의해 좌우되는 것이다. 고통의 감정이란 고통으로부터 벗어나려는 욕망과 분리될 수 없으며 쾌락 또한 그러하다. 모든 욕망은 부족에서 비롯되는데 그 부족함이 고통이다. 그러므로 불행이란 욕망과 능력간의 불균형에서 비롯되는 것으로 이것을 조화롭게 하는 사람이 행복하다고 할 것이다.

그렇다면 참다운 행복에 이르는 인간의 지혜란 능력이 감당할 수 없는 욕망은 줄이고, 능력과 욕망을 완전히 대등한 상태로 놓는 것이다. 그때서야 비로소 모든 힘은 활동상태에 들어가고 마음은 안정을 얻은 조화로운 상태에서 사람은 자기에게 알맞은 위치에 놓여지게 된다. 자연은 인간에게 자기보존에 필요한 욕망과 그에 따른 능력만을 주고 그 밖의 능력은 필요에 따라 발휘할 수 있도록 마음속 깊이 숨겨 놓았던 것이다.

인간의 능력과 욕망이 조화를 이루어 불행을 느끼지 않는 것은 원초적인 상태에서 뿐이다. 마음속에 잠재해 있던 능력이 활동하기 시작하면 모든 능력 중에서 가장 활발한 상상력이 눈을 뜨고 다른 능력을 능가하게 된다. 선과 악을 불문하고 우리의 능력의 한계를 확대하고 욕망을 충족시키려는 희망에 의해서 욕망을 자극하고 조장한다. 인간이 현재 위치에 만족하면 강자가 되지만, 그 이상이 되려고 하면 약자가 된다.

현명한 사람은 죽음보다 더 큰 가치를 소중히 여긴다. 설익은 지식과 헛된 지혜로 인해 우리는 죽음을 최대의 불행으로 인식하는 것이다. 정신적 질병은 모두 편견의 결과이다. 우리는 어쩔 수 없이 견뎌야 할 병의 고통보다 그것을 애써 고치려 함으로써 더 많은 고통을 스스로에게 가한다. 자연에 순응하고 인내하고 의사를 멀리하라. 그러면 죽음을 면할 수는 없으나 고통은 한 번만 겪게 될 것이다.

체념의 첫째 법칙은 자연으로부터 받은 것이다. 이 법칙이 무너지면 이성에 의하여 다른 법칙이 생긴다. 그러나 이성에서 이 법칙을 끌어낼 수 있는 사람은 드물며 그런 인위적인 체념은 자연의 체념만큼 완벽하지 못하다. 잠깐 머무는 길손에 불과한 인간이 불확실한 미래는 예견하면서도 확실한 현재를 도외시한다는 것은 참으로 어리석은 일이다.

그대의 존재를 자신의 내부로 국한시켜라. 그러면 여러분은 불행하지 않을 것이다. 자연의 준엄한 법칙을 위반하지 마라. 또 그 법칙에 반항해서 하나님이 준 힘을 낭비하지 마라. 그 힘은 오직 생명을 보존하기 위해 주신 것이다.

그대의 자유와 그대의 능력은 자연의 힘이 미치는 범위 안에서만 발휘될 수 있는 것이지 그 이상을 벗어날 수는 없다. 권력도 그것이 인간적인 편견에 사로잡혀 있을 때는 비굴한 것이다. 자기의 의사대로 행동하는 사람이란 자신의 의지를 사용하는데 남의 손을 빌릴 필요가 없다.

그러므로 행복 중에서 제일가는 행복은 권력이 아니라 자유다. 참으로 자유로운 사람은 자신이 할 수 있는 것만을 바라며 자신의 의사대로 행한다. 이것이 기본원칙이다. 문제는 이것을 유년시절에 적용시키는 데 있다. 교육의 모든 원칙과 이념은 여기에서 비롯된다.

사회는 인간을 자꾸만 더 약하게 만들고 있다. 사회는 인간이 자신의 능력에 대해 갖는 권리는 박탈하고 능력 자체를 욕망에 비해 부족하게 만든다. 그래서 인간의 욕망은 능력에 반비례하여 커지는데 어린이가 약한 존재라는 이유가 여기에 있다. 그래서 어른은 보다 많은 의지를 가지고 있으며 어린이는 보다 많은 환상을 지니게 마련이다. 환상이란 타인의 도움 없이는 충족될 수 없는 욕망을 뜻한다.

자연은 어린이의 약한 상태를 부모의 애정으로 보완하지만 이 애정은 때때로 과하거나 부족하거나 남용될 우려가 있다. 오늘날의 문명사회에서는 어린이가 소유하지 않은 욕망까지 어린이에게 부여함으로써 약한 어린이를 더욱 약하게 만들고 있다. 뿐만 아니라 부모는 자연이 요구하지 않는 것을 어린이에게 요구하기도 하고, 어린이가 자신의 의지를 실행하기 위해 가지고 있는 작은 힘마저 부모의 뜻을 따르는데 소모하게 하며, 어린이와 어른의 상호 의존관계를 예속관계로 바꾸어 놓음으로써 어린이를 더욱 약하게 만들고 있다.

현명한 사람은 자기의 위치에 머물러 있을 수 있으나 어린이는 자기 위치를 모르기 때문에 자신의 위치를 지킬 수가 없다. 어린이를 자신의 위치에 머물도록 하는 일은 어렵지만 그렇게 할 수 있도록 하는 것이 바로 어른이 해야하는 일이다. 어린이는 어린이여야 한다. 어린이는 자신이 약하다는 것을 깨달아야 하지만 그렇다고 해서 그것 때문에 고통받아서는 안 된다. 어린이는 어른에게 의존해야 하지만 복종하게 해서는 안 된다. 어린이에게는 요구를 해야지 명령해서는 안 된다.

그러나 욕구가 능력을 벗어난다면 어느 누구든 자기가 하고 싶은 일을 하더라도 행복하지 못할 것이다. 이런 상태에서는 어린이도 마찬가지이다. 어린이는 자연상태에서도 불완전한 자유밖에는 누리지 못한다. 이런 점은 사회상태에 있어서 어른들이 누리고 있는 불완전한 자유와 유사하다. 부자도 귀족도 왕도 모두 자신의 고통을 덜기 위해 유치한 허영심을 품고 자만에 빠진다.

이에 대한 고찰은 중요한 것으로서 사회제도의 모순을 해결하는 실마리가 된다. 의존은 자연에서 비롯되는 사물에 대한 의존과 사회에서 비롯되는 사람에 대한 의존의 두 가지가 있다. 전자는 도덕성이 없으므로 자유를 해치거나 악덕을 낳지 않으나 후자는 무질서함으로 모든 악덕을 자아낸다. 이와 같은 의존관계에서 주인과 노예는 서로를 타락시킨다. 사회의 이러한 병폐를 교정할 수 있는 방법은 법을 세우고 개개인의 의지적 행위를 능가하는 현실적인 힘으로 일반의지를 굳건히 하는 것이다.

어린이를 사물에만 의존토록 하라. 그러면 어린이의 교육이 자연의 질서를 따르게 될 것이다. 어린이에게 나쁜 짓을 못하도록 금지할 것이 아니라 사전에 방지토록 하라. 어린이가 요구한다고 해서 그 욕망을 언제든지 들어주지 말고 필요한 것만 해주라. 어린이에게 무엇을 시키더라도 복종이라는 의식을 하지 않도록 하며 무엇을 해줄 때도 지배의식을 갖지 않도록 하라. 모든 일에 자유를 느끼도록 하라. 도움을 부끄럽게 느끼고 한시바삐 남의 힘을 빌리지 않고 스스로 해낼 수 있게 되기를 갈망하도록 하라.

어린이의 의지가 우리의 잘못으로 인해서 손상을 입지 않는다면 어린이들은 결코 무익한 일을 원하지는 않을 것이다. 어린이가 뛰고 싶어하면 뛰게 하고 달리고 싶어하면 달리게 하고 소리를 지르고 싶어하면 소리를 지르도록 내버려둬야 한다. 그들이 하는 행위는 모두 힘을 기르기 위해 몸을 단련하기 위해 필요한 것들이다. 그러나 자신의 능력으로 할 수 있는 일인데도 도움을 청할 때는 그것이 자연에서 오는 필요인지 오직 생명의 과잉에서 오는 필요인지를 신중하게 구별해야 한다.

어린이가 원하는 바를 말로써 표현할 수 있음에도 불구하고 이것저것을 달라고 하면서 울 때에는 단호히 거절해야 한다. 그렇지 않고 말로써 요구할 때는 즉시 들어주어야 한다. 단지 어린이가 운다고 해서 요구를 들어주면 그것은 우는 것을 장려하는 꼴이 되어, 결국은 어른들의 선의를 의심하게 만들 것이다. 어린이는 어른이 친절하지 않다고 믿으면 심술을 부리고 어른이 약하다고 생각하게 되면 고집을 부릴 것이다.

특히 주의해야 할 일은 어린이에게는 버릇없는 건방진 말투를 가르쳐서는 안 된다는 것이다. 부유한 가정의 점잔빼는 교육은 어린이들을 거만한 명령조의 말만을 사용하게 하여 공손한 말이나 부탁조의 말을 못하도록 한다. 나는 에밀이 건방진 것보다는 차라리 무뚝뚝한 편이 낫다고 생각한다.

누구를 막론하고 자신의 본질을 떠나서 참으로 행복할 수 있는 사람이 있다고 생각하는가? 인간을 모든 고통으로부터 벗어나게 하려는 것은 인간을 인간의 본질에서 벗어나게 하려는 것이 아닐까? 진정한 행복은 고생을 알고서만 느낄 수 있다. 이것이 인간의 본성이다. 육체가 너무 편안하면 정신은 퇴폐 한다. 고통을 알지 못하는 자는 인간다운 사랑의 감정이나 연민의 정도 느끼지 못할 것이다. 그들은 감동할 줄도 모르고 사람들과 사귀지도 못할 뿐만 아니라 동료들 간에도 괴물 취급을 받을 것이다.

어린이를 불행하게 만드는 가장 확실한 방법은 원하는 것이 있으면 그 즉시 손에 넣을 수 있도록 버릇을 들이는 것이다. 왜냐하면 그의 욕망에 비해 여러분의 능력에는 한계가 있어 결국은 점점 커지는 욕망을 채우지 못한 어린이는 더 큰 불행 속에 빠지게 된다. 여러분이 신이 아닌 이상 어린이의 눈에 보이는 모든 것을 충족시켜줄 수는 없지 않은가?

인간의 욕망이 증가함에 따라 그에 따르는 수단도 증가한다는 홉스의 말은 어느 정도 진리이다. 그러므로 무엇이든 원하기만 하면 얻을 수 있는 어린이는 자신을 우주의 주인으로 또 모든 사람을 자기의 노예로 생각한다. 그리고 마침내는 상대방이 무엇인가를 거절하면 어린이는 그것을 반역행위로 여길 것이다. 그리하여 어린이는 모든 것이 불의라는 생각에 천성이 비뚤어지게 되고, 모든 사람을 미워하고 감사할 줄 모르며 조금이라도 반대하면 화를 내게 된다.

만일 이런 지배와 압력의 관념으로 불행해진 어린이가 성장해서 다른 사람과의 관계가 확대되고 증가되면 과연 어떻게 되겠는가? 모든 사람이 자기 앞에서 굴복하고 뜻대로 움직이는 것만 보아온 그들로서는 일단 사회에 첫발을 디디면서부터는 모든 사람에게서 저항을 느끼고 제 뜻대로 될 줄 알았던 세상의 압력이 자신을 짓누르고 있다는 것을 알아차리면 얼마나 큰 놀라움을 맛보겠는가? 결국 그들은 자신의 무능력을 알아차리고 비겁해지고 소심해져서 비굴한 인간으로서 어린 시절에 철없이 우쭐대던 것만큼이나 추락하고 말 것이다.

다시 근본법칙으로 되돌아가자. 자연은 어린이를 사랑 받고 도움 받도록 만들었지 지배와 두려움의 대상으로 만들지는 않았다. 어린이를 그 자체로만 생각해 본다면 이 세상에서 어린이처럼 약하고 가엾고 또 주위 사람들의 지배를 받는 존재가 어디 있으며, 동정과 주의와 보호를 필요로 하는 존재가 어디 있을까?

어린이가 그처럼 사랑스럽고 귀여운 얼굴로 사람의 마음을 사로잡는 모습은 사실 주위 사람들에게 그의 연약함에 관심을 끌어 언제고 동정과 도움을 받을 수 있도록 하려는 것이라고 생각되지 않는가? 이 세상에서 건방진 어린이만큼 가소로운 존재도 없지만 겁에 질린 어린이만큼 애처로운 존재도 없다.

이성을 갖춘 연령이 되면 사회의 노예가 되는데 왜 미리부터 사적인 예속까지 가하려고 하는가? 비록 잠시동안이라도 자연이 우리에게 부여하지 않은 구속에서 벗어나 인생을 즐길 수 있도록 해주자. 그래서 얼마동안이라도 노예상태에서 오는 악덕으로부터 벗어나게 하자. 엄격한 교사들이나 자식의 노예가 되어있는 아버지들이여! 그대들의 방법을 자랑하기 전에 먼저 자연의 방법을 배우라.

실제적인 문제로 돌아가자. 어린이가 이성의 시기가 되기 전에는 도덕적 존재라든가 사회적 관계의 관념은 아무런 의미가 없다. 그러므로 그러한 관념을 표현하는 말은 되도록 사용하지 못하도록 해야 한다. 일단 그릇된 관념이 어린이의 머리 속에 박히면 성인이 되어서도 시정할 수 없고, 오히려 오류와 악덕의 씨앗이 되는 것이다.

이 최초의 걸음을 특히 중시하여 어린이가 감각적인 사물을 통해서만 자극을 받아들일 동안에는 감각의 세계에만 머물도록 해주는 것이 좋다. 그리고 어린이에게 눈으로 보고 손으로 만질 수 있는 물적인 세계만을 볼 수 있도록 하라. 그렇지 않으면 어린이는 여러분의 말에 전혀 귀기울이지 않거나 도덕적인 세계에 대해 평생 지울 수 없는 그릇된 환상적인 관념을 스스로 만들어내고야 말 것이다.

어린이와 대화를 함으로써 이성을 길러주어야 한다는 말이 신빙성이 있다고는 생각하지 않는다. 인간의 능력 가운데 이성이란 다른 모든 능력을 합쳤을 때만 이룩되는 것으로 가장 복잡하고 더디게 발달하는 것이다. 그런데 이것을 가지고 기초능력을 발달시키는데 사용하고 있다니! 가장 훌륭한 교육이란 이성적인 인간을 만드는 것이다. 그런데 그 이성을 가지고 어린이를 교육시키려 한다. 이것은 일을 끝에서부터 시작하려는 것과 같고 작품을 가지고 도구를 만드는 것과 같다.

만일 어린이가 이성을 깨닫고 있다면 교육시킬 필요가 없을 것이다. 그러나 사람들은 아주 어릴 때부터 어린이들이 알아듣지 못하는 말로 이야기함으로써 무슨 일이든 말로만 때우도록 길들이고, 들은 것은 모두 확인하려는 버릇을 길러주며, 자신이 선생과 마찬가지로 현명하다고 생각하게 하여, 따지기 좋아하는 반항아가 되게끔 가르치고 있는 것이다.

자연은 어린이가 어른이 되기 전에는 어린이로 있기를 바란다. 만일 이 순리를 바꾸려 한다면 설익고 맛도 없으며 곧 썩어버리는 속성 과일을 만드는 꼴이 될 것이다. 유년기에는 그들 특유의 보는 법, 생각하는 법, 느끼는 법이 있다. 이러한 그들 특유의 방법을 어른의 방법으로 대치시키려고 하는 것은 미련하고 무분별한 일이다.

여러분은 제자들에게 복종의 의무를 설득시키고자 할 때 그 설득에 힘과 위협을 더하고 심지어 비위를 맞추거나 보상을 약속하기도 한다. 그래서 어린이는 이익에 마음이 끌리거나 힘에 강요당하고서도 이성에 의해 깨달은 것처럼 행동한다. 그렇게 되면 어린이들은 복종은 자기에게 유리하고 반항은 손해가 된다는 것을 잘 알게된다. 그리하여 어린이들은 복종치 않는 자신의 행위가 남에게 발각되지 않으면 자신의 잘못을 시인하지 않다가 탄로가 날 때는 즉각 자신의 잘못을 시인한다. 그에게 의무를 이해시킬 수 있는 사람은 이 세상에 아무도 없다.

그러나 어린이들은 벌에 대한 공포, 용서받을 수 있다는 막연한 희망, 귀찮게 치근대는 일에 못 견디거나 어떻게 대답해야 좋을지 난처하여 어른들이 바라는 대로 무엇이든 알았다고 시인해 버린다. 그러면 어른들은 어린이를 설득시켰다고 생각할지 모르지만 사실은 그저 어린이를 지겹게 했을 뿐이고 소심하게 만들었을 뿐이다.

그 결과는 어떻게 되겠는가? 첫째로 어린이에게 이해할 수도 없는 의무를 강요함으로써 여러분이 행사한 압제에 적의를 품게 하고 여러분을 기피하도록 만든다. 다음으로는 상을 받거나 벌을 면하기 위해서 감정을 숨기고 거짓말을 하도록 가르치는 셈이 된다. 법이라는 것은 양심에 있어서는 의무적인 것이지만 어른에게 있어서는 구속력을 가진다고 여러분은 말하겠지만, 그 어른들이란 교육에 의해 망쳐진 어린이일 따름이다. 어린이에게는 힘을, 어른에게는 이성을 사용하는 것이 자연의 질서이다.

여러분은 제자를 그 연령에 따라 다루어 그를 본래의 위치에서 벗어나지 않도록 해야 한다. 그러면 그는 지혜를 알기도 전에 지혜가 가르쳐 주는 교훈의 가장 중요한 것을 실천하게 될 것이다. 결코 어린이에게 명령을 해서도 안 되며 어른들이 어린이에게 어떤 권위를 행사하려 한다는 생각을 갖지 않도록 해야 한다. 오직 어린이는 약하고 어른은 강하다는 사실을 깨닫게 하여 어른의 뜻에 복종하지 않을 수 없게끔 해야 한다.

일단 거절한 것은 절대로 번복해서는 안 된다. 아무리 떼를 쓰더라도 마음을 움직여서는 안 된다. 그러나 어린이에게 해줄 수 있는 일은 보채기 전에 아무 조건 없이 즉시 들어주는 것이 좋다. 들어줄 수 있는 일은 기꺼이 들어주고 거절해야 할 때는 반드시 유감을 표시하는 것이 좋다.

이렇게 하면 어린이는 원하는 것을 얻지 못하더라도 인내할 줄 아는 침착한 사람이 될 수 있을 것이다. 왜냐하면 인간본성은 사물의 필연성에 대해서는 인내할 수 있어도 타인의 악의에 대해서는 그러지 못하기 때문이다.

즉 어린이에게는 아무것도 강요하지 말든지 처음부터 완전히 복종시켜야 한다. 중도(中道)라는 것은 있을 수 없다. 어린이들은 가능한 것과 불가능한 것의 한계를 제대로 구별하지 못하므로 여러분은 그 범위를 확장 또는 축소할 수도 있다. 어린이들은 그러한 일에 불평하지 않는다. 여러분이 끊임없이 주고있는 속박은 제자들의 활력을 자극하고 있다. 그들은 여러분들로부터 받았던 속박 때문에 기회만 있으면 그것을 보상받으려 한다.

자연에서 오는 본능적 충동은 언제나 올바르다는 것을 원칙으로 하며, 인간의 마음속에는 근원적인 사악이 없으므로 악이 어떤 경로를 거쳐오는지를 설명할 수 있을 것이다. 인간에 있어서 유일한 자연적인 감정은 자기애로서 그것은 타인과는 무관한 것이므로 본래는 선한 것이며 유익한 것이다. 그러나 그것은 어떤 것과 관계를 맺게될 때 선한 것이 되기도 하고 악한 것이 되기도 한다. 그러므로 어린이가 행하는 모든 것을 선한 것으로 만들려면 타인과의 관계로 인한 행동에서 벗어나 자연이 요구하는 바를 행동하도록 해야 한다.

탐욕스런 사람의 눈으로 볼 때에는 사악하게 여겨지는 것도 이성의 눈으로 볼 때에는 그렇지 않을 때가 있다. 그러므로 어린이들을 자유롭게 행동하도록 내버려둘 때에는 튼튼한 가구를 놓아두는 것이 좋다. 시골에서 자라는 에밀의 경우에도 그의 방은 일반 농부의 방과 다른 것은 아무것도 없다.

만일 여러분이 조심했음에도 불구하고 어린이가 무엇인가를 함부로 다루며 유용한 물건을 부쉈다고 하더라도 그것은 여러분이 부주의해서 생긴 일이므로 어린이를 꾸짖거나 벌주어서는 안 된다. 마치 가구가 저절로 부서진 것처럼 행동하라.

여기서 나는 감히 교육 전체를 통해서 가장 위대하고 가장 중요하며 가장 유익한 원칙을 말하고자 한다. 그것은 시간을 아끼지 말고 오히려 낭비하라는 것이다. 인생에서 가장 위험한 시기는 출생으로부터 열두 살까지인데 이 시기는 모든 악덕과 오류가 싹트는 시기이며, 또한 그것을 근절시킬 수 있는 방편도 아직 갖추지 못한 시기이다. 만일 어린이가 젖먹이 단계에서 바로 어른의 시기에 도달한다면 오늘날의 아동교육이 정당화될 수도 있다. 그러나 자연적인 발육질서를 따른다면 전혀 다른 교육이 필요하다.

어린이들의 모든 정신기능이 정상적으로 갖춰지기 전에는 어린이들로 하여금 그들의 정신을 쓰지 못하도록 해야 한다. 왜냐하면 그들은 영혼의 눈을 뜨기 전에는 눈앞에 인도의 빛을 제시해도 보지 못하기 때문이다. 관념의 광야에서 희미한 이성의 길을 따르는 것은 어린이들에겐 무리이다.

그러므로 초기 교육은 소극적인 교육이어야 한다. 즉 악덕이나 정신적 과오로부터 어린이들의 마음을 보호해 주는 것이다. 열두 살까지 어린이들에게 아무것도 시키지 않고 그저 건강하게만 기를 수 있다면 그들은 편견도 습관도 가지지 않을 것이다. 이러한 어린이는 이성적인 눈을 뜨게되면 가장 현명한 지혜를 가진 인간이 될 수 있을 것이다. 이렇게 여러분은 처음부터 아무것도 하지 않음으로써 훌륭한 교육성과를 거두게 될 것이다.

사람들은 어린이들을 어린이로 만들지 않고 박사로 만들려고 하기 때문에 꾸짖고 교정하고 벌주고 위협하고 비위를 맞추고 약속을 하고 이치를 따지는 일은 빠를수록 좋다고 생각한다. 여러분의 제자들에게 도리를 납득시키려 하지 말며 그의 마음에 없는 것을 설득하려 하지 마라. 왜냐하면 어린이가 싫어하는 일에 도리를 내세우다보면 오히려 도리라는 것을 짜증스럽게 여기게 되어 미리부터 그것에 불신감을 불러일으키게 할 뿐이다.

어린이의 신체나 기관, 감각들은 훈련시키는 것이 좋지만 정신만은 될 수 있는 한 오랫동안 내버려두라. 모든 감정에 대해 올바르게 평가할 수 있는 판단력이 싹트기 전에는 감정을 나타내는 것을 경계하여 외적 인상을 차단해 주어야 한다. 그리고 악의 발생을 막기 위해 선을 장려해서도 안 된다. 선이란 이성의 빛으로 밝혀져야 비로소 선이 되는 것이다. 모든 것은 늦을수록 이익이 된다고 생각하면 틀림이 없다. 아무것도 잃는 것 없이 목적을 향해 나아가는 것이야말로 큰 수확을 얻는 것이다. 어린이 속에서 유년기가 무르익도록 내버려 두라.

이 시간은 낭비가 아니라 가장 유익한 시간이 될 것이다. 아동기에 시간을 투자하면 그가 성장했을 때는 이자가 붙어서 되돌아올 것이다. 현명한 의사는 먼저 환자의 체질을 충분히 검토하고 난 후 처방을 내린다. 그러나 치료를 서두르는 의사는 실패하는 경우가 많다.

그러면 어린이를 마치 무감각한 존재나 자동인형처럼 길러야 하는데 그를 어디에 두면 좋을까? 무인도에서 기르는 것이 좋을까? 그를 모든 인간으로부터 격리시키는 것이 좋을까? 또래의 어린이들이나, 부모, 이웃, 유모나 가정부, 하인이나 교사조차도 보면 안 되는 것일까?

나는 이 교육의 어려움을 잘 알고 있으며 인정도 한다. 그러나 그 어려움을 방지하려고 하면 어느 정도는 예방할 수도 있다. 나는 도달해야 할 목표를 제시했을 뿐이지 반드시 도달할 수 있다고는 말하지 않았다. 그러나 그 목표에 가장 근접한 사람이 가장 성공한 사람이라고는 말할 수 있다.

한 인간을 만들기 전에 스스로 인간이 되어야 한다. 제시해야 할 모범이 여러분 속에서 발견되어야 한다. 그러기 위해서는 먼저 여러분이 모든 사람들로부터 존경받고 사랑받도록 노력해야 한다. 여러분이 만인의 선생이 되어야만 어린이의 선생도 될 수 있을 것이다. 그리고 그런 권위는 금전으로부터가 아니라 미덕에 대한 존경심에서 우러나와야만 충분한 것이라고 할 수 있다.

어린이는 어린이로서의 본분을 지키게 하고 아버지는 관용을 갖게 하라. 행복한 결혼에 도움을 주고 남에게 상처를 주는 일을 막아 주라. 정의가 거부당하고 권력자에게 억압받는 약자를 위해서 여러분 제자의 부모까지도 동원하여 그를 도와 주라. 올바르고 인간적이며 친절한 사람이 되라. 금품만을 베풀지 말고 자비를 베풀어야 한다. 사람을 사랑하라. 그러면 그들도 여러분을 사랑할 것이다. 사람을 위해 봉사하라. 그들 또한 여러분을 위해 봉사할 것이다. 그들의 형제가 되라. 그러면 그들도 여러분의 형제가 될 것이다.

그리고 에밀을 시골에서 기르려는 이유들 중 하나는 비천하고 타락하고 유혹적인 도시의 악풍으로부터 멀리 할 수 있기 때문이다. 또한 시골에서는 교사가 어린이에게 보여주고 싶은 사물을 보다 자유롭게 선택할 수 있기 때문이다. 시골 교사의 말이나 모범 등은 도시에서는 지닐 수 없는 권위를 가지게 될 것이다. 시골 교사는 모든 사람으로부터 인간다운 존경과 대우를 받음으로써 바람직한 모습으로 제자들 앞에 설 수 있다. 비록 악습을 고치지는 못해도 수치스런 일은 삼가게 될 것이다. 우리의 목적에 필요한 것은 오직 그것뿐이다.

여러분 자신의 잘못을 남의 탓으로 돌리지 마라. 어린이들이 좋지 않은 것을 목격하더라도 그것은 여러분이 가르치는 나쁜 것보다는 그들을 덜 망칠 것이다. 항상 군자처럼 훈계만 하고 스스로 선이라고 믿고 있는 관념을 어린이에게 주입함으로써 전혀 무가치한 관념을 수없이 어린이에게 심어준다.

어린이에게 가르치고 나서 곧 그가 하는 말을 들어보도록 하라. 어린이가 마음대로 질문하고 제멋대로 하도록 내버려두라. 그러면 여러분이 가르친 내용이 어린이들 머리 속에서 이상하게 왜곡되어 있는 것에 놀랄 것이다. 결국 여러분이 침묵하거나 어린이가 침묵하게 되는데, 여러분이 침묵해버릴 경우 어린이는 어떻게 생각할까? 그 순간부터 교육은 끝나고 어린이는 더 이상 배우려하지 않고 여러분의 허점만 찾으려고 할 것이다.

열성적인 교사들이여, 단순하고 신중해지되 말은 삼가시오. 다시 말하거니와 나쁜 교훈이 될지도 모르니 될 수 있으면 좋은 교훈이라도 가능한 한 뒤로 미루시오. 자연을 따랐더라면 인간 최초의 낙원을 이룩할 수도 있었을 이 지상에서 순진무구한 어린이에게 선과 악을 구별할 수 있도록 해 주려다가 되려 악마로 만들게 될지도 모르니 주의하시오.

격한 감정은 그것을 보는 어린이에게 지대한 영향을 미친다. 왜냐하면 감정의 표출은 두드러지기 때문에 어린이에게 충격을 줄뿐만 아니라 관심을 기울이게 하기 때문이다. 특히 분노는 큰 소란을 동반하기 때문에 그런 광경을 본 어린이는 놀라서 틀림없이 이것저것을 질문할 것이다.

대답은 간단하다. 어린이의 감각을 자극한 것으로부터 대답을 끄집어내면 된다. 어린이는 붉어진 얼굴, 번뜩이는 눈, 험악한 몸짓을 보게 될 것이며 고함소리도 듣게 될 것이다. 여러분은 숨

김없이 말해주어야 한다. 이 사람은 가엾게도 열병에 걸린 모양이라고. 이렇게 말함으로써 여러분은 어린이에게 병이라는 것과 병의 결과에 대한 관념을 단 몇 마디로 가르치는 것이다. 왜냐하면 병 또한 자연에서 비롯하며 인간을 속박하는 것이므로 어린이 자신도 거기에 매여 있다는 것을 깨달아야 하기 때문이다.

그러나 이러한 관념이 장래에 어떻게 나타날지 두고 봐야 한다. 반항하는 어린이가 있으면 병자 취급을 하여 마음을 안정시키고, 어린이 스스로가 마음에서 솟아난 악을 싫어하고 두려워하도록 해야 한다. 그러면 어린이는 그 혹독함에 대해 자신을 악에서 구해주기 위해 어른들이 부득이 취한 엄격한 수단으로 생각할 뿐 가혹한 벌로는 생각지 않을 것이다. 그 대신 여러분이 흥분하여 냉정한 태도를 잃었을 경우에는 과오를 솔직하게 인정해야 한다. 특히 중요한 것은 어린이가 이상하게 행동하더라도 곧바로 지적하거나 남 앞에서 책망하지 않는 것이다.

나는 지엽적인 문제는 제쳐두고 단지 일반적인 원칙만을 설명하고 그것이 어려울 때만 실례를 들 생각이다. 나 역시 이 사회에서 열두 살이 될 때까지 대인관계와 인간행위의 도덕성에 대하여 아무런 관념을 심어주지 않고 어린이를 키운다는 것은 불가능하다고 생각한다. 그러므로 그러한 관념들은 가능 한 한 늦게 심어주는 것이 좋다. 그렇지만 그것이 불가능할 경우에는 당장 필요한 관념만을 가르치는 것으로 충분하다.

우리의 첫째 의무는 우리 자신에 대한 의무이다. 우리의 근원적인 감정과 움직임은 자기보존과 자기 안락에 관련되어 있다. 그러므로 최초의 정의감도 자신이 행해야 하는 정의로부터 오는 것이 아니라 자신에게 적용되는 정의로부터 유래한다. 그렇기 때문에 어린이에게 의무에 대해서만 말하고 권리는 말하지 않으며 어린이가 필요로 하는 것과는 정반대 되는 일이나 그들이 이해할 수 없는 일, 또 그들이 관심을 가질 수도 없는 일부터 말하는 것은 일반적인 교육방법이 갖고 있는 또 하나의 문제이다.

그러므로 나는 과격한 성격의 어린이를 지도하게 되더라도 이렇게 생각할 것이다. '그 어린이는 사람이 아닌 사물을 향해서 도전하려는 것'이라고. 그리하여 어린이는 자기보다 연령이나 힘이 우세한 사람은 누구든지 존경해야 한다는 것을 경험을 통해 배우게 된다. 그러나 사물은 자기 자신을 방어하지 못한다. 그러므로 어린이에게 주어야할 최초의 관념은 자유의 관념이 아니라 소유의 관념이다.

어린이는 무엇인가 자기 것을 가지고 있어야만 소유의 관념을 이해할 수 있다. 그러나 장난감이나 옷가지와 같은 것을 예로 들어도 어린이는 그것을 소유하기까지의 과정을 모르므로 아무 소용이 없다. 남이 주어서 가지고 있다고 말해도 소용이 없다. 왜냐하면 준다는 것은 소유를 의미하기 때문에 그가 소유하기 이전에 이미 누군가가 소유했던 것이다. 그리고 우리가 그에게 설명하고자 하는 것은 소유의 원리인 것이다. 더욱이 주는 것은 일종의 계약인데 어린이는 아직 계약이 무엇인지 모르고 있다. 그러므로 우리는 소유의 기원으로 거슬러 올라가지 않으면 안 된다. 왜냐하면 소유에 대한 최초의 관념은 거기에서 비롯되기 때문이다.

다루기 힘든 어린이가 무엇이든지 닥치는 대로 부순다고 하자. 그렇다고 화를 내서는 안 된다. 부서질 만한 물건은 손이 닿지 않는 곳에 두어야 한다. 어린이가 자기가 쓰는 가구를 부순다고 해서 즉시 다른 것으로 바꾸어 주어서도 안 된다. 그로 하여금 결핍에서 오는 불편과 손해를 느끼게 해야 한다. 자기 방의 유리창을 깨뜨려도 내버려 두라. 어린이가 저지른 일에 불평하지 말고 먼저 그 자신이 불편을 느끼도록 하라. 그래도 유리창을 깬다면 어린이에게 화를 내지 말고 담담하게 말하라.

"그 창들은 내 것이다. 내가 애써서 갈아 끼운 것이니 유리가 깨지는 일이 없었으면 좋겠다." 그리고는 어린이를 창이 없는 어두운 곳에 가둬 놓되, 그가 큰 소리로 울면서 야단법석을 떨더라도 모른 척 해야 한다. 여러 시간 동안 내버려 두어 자신의 잘못된 행동을 뼈저리게 느끼게 한 후 사람을 보내 용서를 빌면 내보내 주겠다는 암시를 준다.

그것이야말로 어린이가 바라는 것이다. 그대가 그곳으로 가면 어린이가 그대에게 그것을 제안할 것이다. 여러분은 제안을 받아들이며 다음과 같이 말한다. "참 좋은 생각이다. 그렇게 하면 우리 둘 다 좋지 않니? 왜 진작 그런 좋은 생각을 하지 않았을까?"하고. 그리고 나서는 다시 반복해서 다짐하거나 맹세하게 하는 일 없이 다만 반갑게 어린이를 껴안아주고 그의 방으로 데리고 가라.

이 방법에 의해 어린이는 약속의 성실성과 맹세의 효력에 대해 어떻게 생각하겠는가? 이미 삐뚤어져 있는 어린이가 아니라면 이런 방법을 쓰는데도 일부러 계속해서 유리창을 깨는 어린이는 없을 것이다.

우리는 이제 도덕적인 세계에 들어섰다. 계약이나 의무와 더불어 속임수와 거짓이 생겨난다. 해서는 안 될 일을 했을 경우 남에게 들켜서는 안 될 것 같은 일은 숨기려 든다. 이익을 위해 약속을 하게 되면 보다 더 큰 이익을 위해 그 약속을 어기게 된다. 그리고는 약속을 빠져나갈 수단을 강구하여 숨기거나 거짓말을 하게 된다. 이렇게 함으로써 인생의 여러 가지 불행이 그 과실과 함께 시작된다.

이미 말한 바와 같이 어린이들에게는 벌을 벌로써 징계하지 말고 자신이 저지른 나쁜 행위의 자연적인 귀결로써 그들에게 돌아가게 해야 한다. 그러므로 거짓말에 대해 결코 야단치지 말아야 하며, 그 대신 거짓말로 인해 생기는 모든 나쁜 결과, 즉 진실을 말할 때조차 믿지 않는다든가 하여 거짓말을 하게되면 이런 결과가 생긴다는 것을 그들의 머리 속 깊이 박히도록 하라. 그러나 거짓말을 한다는 것이 어린이들에게 있어 무엇을 의미하는지를 먼저 설명하기로 하자.

거짓말에는 두 종류가 있다. 과거 사실에 대한 거짓말과 미래에 대한 당위의 거짓이다. 전자는 일반적으로 사실과 다른 것을 고의로 말하는 거짓말이고 후자는 일반적으로 사실상 마음에 품은 것과 반대되는 의도를 말하는 거짓말이다. 이 두 가지는 때때로 한 가지 거짓말 속에 함께 들어있는 때도 있으나 두 거짓말의 차이점은 다음과 같다. 어쩔 수 없이 남의 도움을 필요로 하거나 끊임없이 남의 은혜를 받고 있는 사람은 남을 속이는 것에 관심이 없다. 반대로 남이 모든 것을 있는 그대로 보는지 어떤지에 대해 무척이나 관심을 갖는다. 상대방의 선입견에 의해 자신이 손해보지나 않을까 염려하기 때문이다.

따라서 사실에 대한 거짓말은 어린이들로서는 자연스러운 것이 못된다. 그러나 복종의 법칙이 거짓말을 해야 할 필요를 만든다. 어린이는 고통스럽기만 한 복종에서 벗어나기 위해 또는 벌이나 꾸지람을 피하기 위해 거짓말을 하게 된다. 자연스럽고 자유로운 교육을 한다면 어떻게 어린이들이 거짓말할 필요가 있겠는가? 여러분이 어린이를 꾸짖지도 않고 벌하지도 않고 강요하지도 않는데 어째서 어린이가 친구에게 말하듯이 스스럼없이 모든 잘못을 솔직하게 말하지 않겠는가?

당위에 관한 거짓말은 한층 더 부자연스러운 것으로서 자유를 해치는 거짓말이다. 어린이는 현재를 넘지 못하는 한정된 시야를 가지고 있기 때문에 어린이의 약속은 그 자체가 무효인 것이다. 즉 어린이가 장래를 약속한다는 것은 아무것도 약속하지 않은 것과 동일한 것이다. 만약 내일 창문에서 뛰어내린다고 약속하면 과자 한 봉지를 주겠다고 하면 그들은 즉시 수락할 것이다. 따라서 법률은 어린이와의 약속을 전혀 인정하지 않는다. 그러므로 어린이에게 약속의 이행을 요구할 때에는 그 약속을 하지 않아도 마땅히 해야 될 그런 일에 국한시켜야 한다.

약속을 굳게 해야 할 때에도 나는 그 쪽에서 먼저 제의하도록 할 것이다. 그리고 일단 약속을 지키면 그렇게 함으로써 얻어지는 이익을 보여주고, 어길 때에는 그렇게 함으로써 초래되는 손해나 불편을 느끼도록 할 것이다. 에밀의 행복한 생활을 독립시켜 줄수록, 즉 남의 의지나 판단에 얽매이는 일이 없게 할수록 그는 거짓말에 대한 흥미를 잃어버릴 것이다.

성급하게 가르치려고 하지 않으면 성급하게 요구하지 않게 되고 적당한 시기가 올 때까지 차분히 기다릴 수 있다. 그러면 어린이는 조금도 손상 받지 않은 채 자연스럽게 성장할 것이다. 그러나 경솔하고 무능한 교사가 무분별하게 약속만 만들면 어린이는 약속을 소홀히 하거나 잊어버리며, 마침내는 무시해 버리고, 약속하고 약속을 깨뜨리는 것을 장난처럼 함부로 하게 될 것이다. 그러므로 어린이가 약속을 충실히 지키게 하기 위해서는 경솔한 약속을 삼가야 한다.

이제까지 거짓말에 대해 상세히 말한 부분은 다른 모든 의무에 대해서도 적용될 수 있다. 사람들은 어린이에게 미덕을 가르치는 것처럼 보이지만 실제로는 부도덕을 나쁜 일을 금하지만 실제로는 나쁜 일을 가르치고 있다. 사람들은 신앙심을 길러준다고 어린이가 싫증이 나도록 교회에 데리고 간다. 그러나 어린이는 하나님께 기도 드리지 않아도 되는 시간을 갈망하게 된다. 자신은 남에게 적선하지 않으면서 어린이에게는 사랑의 마음이 우러나도록 적선을 하게 한다. 적선이라는 것은 적선의 가치를 알고 그 필요를 아는 어른들이 할 일이지 선행의 진정한 뜻을 모르는 어린이들이 할 일은 아니다. 어린이에게 있어서 돈이란 그 가치를 모를 경우 한낱 쇠붙이에 지나지 않는다.

사람들은 그런 문제에 있어서 또 하나의 방법을 쓰는데 그것은 어린이가 준 물건을 다시 되돌려 주는 것이다. 그럼으로써 어린이는 자기가 준 물건이 되돌아 올 것을 알고 있기 때문에 무엇이든지 남에게 주는 습관이 생길 것이다. 어린이가 후한 마음을 가지는 경우란 자기에게 소용이 없는 물건을 줄 때와 되돌아 올 것이 확실한 물건을 줄 때이다.

이와 같이 하여 "가장 인심이 후한 사람이 언제나 가장 많은 이익을 차지한다는 것을 경험에 의해서 어린이들이 믿도록 하라."고 로크는 말했다. 이것은 어린이들을 겉으로만 인심이 후한 척 하고 실제로는 인색한 욕심쟁이로 만드는 것과 같다. 로크는 "이렇게 해서 어린이들은 인심을 후하게 쓰는 습관을 들이게 된다."고 말했다. 그러나 이것은 달걀 하나를 주고 소 한 마리를 가지려는 고리대금업자의 인심과 다를 바 없다.

그러나 정말로 좋은 것을 주어야 할 단계에 이르고 보면 습관의 문제가 아니게 되며, 어린이들은 되돌려 받을 수 없게 되면 주려고 하지 않게 된다. 문제는 손의 습관이 아니라 마음의 습관이다. 현재 어린이들에게 가르치는 그 외의 모든 미덕도 이와 마찬가지이다.

교사들이여! 가식을 버리고 덕이 있고 선량하라! 여러분의 모범적인 행동이 어린이의 기억 속에 살아서 그들 마음속까지 스며들도록 하라. 나는 제자에게 자선을 하라고 말하기 전에 나 스스로 그가 보는 앞에서 자선을 실천해 보일 것이다. 그러나 그 행동을 모방하지 못하도록 할 것이다.

모방에서 오는 덕행은 원숭이 흉내에 불과하며, 선한 행위도 스스로 판단해서 도덕적으로 행할 때만이 선행이지 남을 따라서 한다는 식의 모방에 근거한 행위는 선행이 될 수 없다고 나는 생각한다. 그러나 어린이는 아직 아무것도 모르기 때문에 일단 좋은 행위를 모방하게 하여 습관화시킴으로써 마침내는 분별력과 선에 대한 사랑으로 선행을 할 수 있도록 해야 할 것이다.

여러분이 시행하는 교육의 모든 규칙 가운데 덕행과 풍습에 관한 모든 사항은 앞뒤가 뒤바뀌어져 있다. 어린이에게 가장 적합한 동시에 모든 연령에서도 가장 적합한 유일한 도덕적 교육은 남에게 절대 해를 끼쳐서는 안 된다는 것이다. 선한 일을 하라는 교육도 결국은 '남에게 해를 끼쳐서는 안 된다' 는 가르침을 따라야 한다. 선한 일은 악한 사람도 하고 있다. 다만 악인은 백 명을 희생시켜 한 명을 행복하게 할 뿐이라는 사실이 다르다.

가장 숭고한 미덕은 가장 소극적이면서도 가장 어려운 것이다.

남에게 절대로 해를 끼치지 않는 사람은 필경 남에게 선한 행동을 할 것이며 대담한 정신과 강인한 성격을 소유한 인격자나 가능한 것이다. 그리고 그 정신과 성격을 갖기까지는 몸소 실천함으로써만 얻어질 수 있는 것이다.

이제까지 나는 어린이에게 교훈을 주어야 할 때 여러분이 반드시 명심해 주기를 바라는 몇 가지 유의점에 대한 본인의 생각을 설명하였다. 그러나 올바른 교육을 받은 어린이에게는 그럴 필요가 없다. 왜냐하면 어린이에게 악의 씨를 마음속에 심어주지 않는 한 악해지지 않기 때문이다. 그런데 이런 일은 어린이가 본연의 위치에서 벗어나 어른들의 잘못을 배우는 기회가 많아지면 많아질수록 더욱 자주 일어나는 예외인 것이다. 그러므로 세상과의 접촉이 많은 어린이는 조기교육이 필요하다.

이와는 정반대의 또 다른 예외가 있다. 즉 나면서부터 풍부한 천성으로 자기 연령 이상으로 월등한 사람의 경우이다. 세상에는 한평생 어린이 상태를 벗어나지 못하는 어른이 있는 것처럼 어린이의 시기를 거치지 않고 나면서부터 거의 어른이 되어있는 사람도 있다. 그런데 곤란한 것은 후자의 경우는 드물고 분별하기도 어려울 뿐더러, 어머니들이란 자기 아이가 어쩌면 신동일지도 모른다고 착각한다는 점이다. 더욱이 발육의 과정상 정상적인 징후들까지도 비상한 천재의 자질로 생각한다. 한 어린이가 어린이다운 행동만 하다가 우연히 비범한 말을 했다고 하여 놀랄 일인가? 그런 일이 한번도 없다면 도리어 놀랄 일이다.

어린이가 기발한 생각을 하고 훌륭한 말을 하는 것은 우연히 어린이 손에 다이아몬드가 쥐어진 것과 같다. 그러나 이러한 생각과 다이아몬드가 어린이의 것이라고는 할 수 없다. 어린이가 하는 말은 어른의 말과 같은 의미를 가지지도 못할 뿐더러 의미의 연결성도 없다. 어린이가 생각하는 어떠한 것에도 정견(定見)이나 확신이 없다.

소위 여러분들이 신동이라고 부르는 어린이를 주의 깊게 살펴보아라. 때로 명석함이나 재치도 발견되지만 대체로 그의 정신은 여느 아이보다도 흐릿하고 맥이 없어 보인다. 그는 분명 어린이에 지나지 않으며 때로는 하늘 높이 올랐다가 곧바로 바위 끝 둥지로 떨어지는 새끼 독수리인 것이다.

그러므로 어린이를 외형에 관계치 말고 연령에 맞춰 다루고 그 능력을 지나치게 훈련하다가 되려 지쳐서 소모되지 않도록 주의하라. 만일 어린 두뇌가 뜨거워지면 자연스럽게 발효하도록 내버려두고 절대 자극하지는 마라. 그리고 최초의 정기가 증발하면 나머지는 압축 보존하여 해가 갈수록 참된 열과 힘이 되도록 하라. 그러지 않고 만약 조심성 없이 이 연소하기 쉬운 증기에 도취되어 버린다면 김빠진 찌꺼기밖에 남지 않을 것이다.

우둔한 어린이는 자라서 보통의 인간이 된다. 그러나 어린 시절에 있어 진짜 어리석음과 겉보기엔 우둔한 듯한데 사실은 강한 영혼을 예고하는 가짜 어리석음을 구별하기란 참으로 어려운 일이다. 그러나 참된 관념을 소유할 수 없는 어린 시절에는 둔재란 그릇된 관념만을 받아들이고 천재란 그릇된 관념만을 발견하기 때문에 어떠한 관념도 받아들이지 않는다는 차이점이 있다.

양자를 구별할 수 있는 유일한 표징은 우연에 의존할 수밖에 없는데 천재는 그의 능력에 적당한 관념에 우연찮게 마주치게 될 것이나 둔재는 언제나 마찬가지일 것이다. 어린이를 너무 성급하게 판단하는 사람은 큰 잘못에 빠지게 될 것이다.

유년기를 존중하라. 그리고 좋은 일이건 나쁜 일이건 간에 너무 성급하게 판단하지 마라. 예외적인 것일지라도 오랫동안 스스로 증명되고 명확하게 될 때까지 기다려서 비로소 그에 대한 특수한 교육법을 채용하도록 하라. 자연을 대신하지 말고 자연의 순리에 따르라.

시간은 중요하지만 시간을 잘못 사용하게 되면 아무것도 하지 않는 것보다 더 시간을 낭비하게 되는 것과 마찬가지로 잘못된 교육은 차라리 아무 교육도 받지 않는 것보다 지혜와 더욱더 멀어진다는 것을 명심하라. 어린이가 아무 하는 일 없이 유년기를 보낸다고 여러분은 걱정할 것이다. 그러나 실은 이 시기보다 더 바쁜 시기도 없을 것이다. 다만 유년기를 이성이 잠자는 시기라고 생각하라.

표면상으로 쉽게 터득하는 것이 어린이들이 파멸하게 되는 원인이 된다. 사실 쉽다는 사실 그 자체가 아무것도 배우지 못하고 있음을 뜻한다는 것을 사람들은 모르고 있다. 어린이들의 매끄러운 두뇌는 거울과 같아서 모든 것이 내부로 스며들지 않고 반사된다. 기억력과 추리력은 본질적으로 다른 능력이지만 이 둘이 합쳐질 때라야 비로소 둘 다 진정으로 발전하게 된다.

이성이 싹트기 전의 어린이는 관념이 아닌 심상만을 받아들인다. 관념이란 상호 연관되어 규정된 사물의 개념인데 반해, 심상은 감각의 대상이 되는 순수한 그림으로 홀로 존재할 수 있으나 모든 관념은 다른 관념의 존재를 전제로 한다. 상상할 때는 볼뿐이지만 이해할 때는 비교하기 마련이다. 우리의 감각은 순수하게 수동적이지만 우리의 지각이나 관념은 판단을 내리는 능동적인 근원에서 생긴다.

그러므로 어린이들은 판단력이 없기 때문에 진정한 기억력은 없다. 어린이가 기억하는 것은 소리와 형태와 감각뿐이며 관념을 기억하거나 연관성을 포착하는 일도 드물다. 그들의 지식은 단지 감각의 영역 안에서만 존재하며 이해 가능한 단계까지는 도달하지 못한다. 그들의 기억력도 이와 같이 불완전한 것이다.

그렇다고 해서 어린이들이 어떠한 종류의 추리력도 갖지 못한다고는 생각하지 않는다. 오히려 어린이들은 자신이 잘 알고 있는 것이라든가 뻔히 보이는 이익과 관계되는 일에는 항상 훌륭한 추리력을 동원하고 있다. 그러나 그들에게 없는 지식을 마치 있는 것으로 간주하거나 이해조차 하지 못하는 일에 대해 추리하게 하려는 것이 어른들이 저지르고 있는 실수이다. 말하자면 미래의 이익이나 행복, 존경 등에 주의를 갖게끔 하려는 것은 무용한 것이다. 이러한 것들은 어린이들의 영혼과는 한치의 인연도 없는 것들이다. 그러나 내가 여기서 말하는 것은 유년기 교육에 한해 그렇다는 것을 기억해 주기 바란다.

만일 어학이 단순한 어휘공부, 즉 그것을 표현하는 문자나 소리에 관한 공부에 불과하다면 그것은 어린이에게 적당하다고 하겠다. 그러나 언어란 기호가 바뀌게 되면 그것이 표현하는 관념마저도 바뀐다. 정신은 언어에 의해 형성되고, 사상은 관용어의 색채로 물들여진다. 이성은 공통되지만 정신은 각 국의 국어에 따라 고유한 형태를 갖는다. 이것은 각 국의 국민성이 상이한 것의 원인이 될 수도 있고 결과가 될 수도 있다.

습관에 따라 익힌 하나의 언어만이 어린이가 어른이 될 때까지 갖게되는 유일한 형태이다. 그런데 두 가지 형태를 가지려고 하면 관념의 비교가 필요한데 관념이 거의 없는 어린이에게 이것이 가능한 일이겠는가? 나는 5·6개 국어를 할 줄 아는 천재소년을 본 적이 있지만 그는 5·6개의 사전을 사용하면서도 항상 독일어로만 말하였다. 어린이는 단 한 개의 국어밖에는 알지 못한다. 여러분들은 단어를 바꾸게 할 수는 있어도 국어를 바꾸게 하지는 못할 것이다.

도무지 뭔지도 모를 기초지식을 암기하기가 무섭게 교사는 학생들에게 프랑스어를 라틴어로 번역하는 법을 가르친다. 한 수 더 떠 키케로의 문장을 산문으로, 베르질리우스의 시구를 운문으로 옮기는 법을 가르친다. 그렇게 되면 그들은 라틴어를 할 줄 안다고 믿는다. 누가 감히 여기에 대해 이론을 내세우겠는가?

모든 학문에 있어서 사물에 대한 관념이 없으면 그것을 표현하는 기호는 무의미하다. 그런데 사람들은 기호만을 가르칠 뿐 사물의 뜻은 이해시키지 못한다. 사람들은 어린이에게 지리에 대해서 가르친다고 생각하면서 실은 지도를 보는 법밖에 가르치지 않는다. 어디선가 다음과 같이 시작되는 지리책을 본 기억이 난다. '세계란 무엇인가? 그것은 마분지로 만든 공이다.' 바로 이것이 어린이들의 지리학이다.

2년 동안 지구의와 세계지리에 관해 배우고 난 뒤 그 지식으로 혼자서 파리에서 쌩드리까지 갈 수 있는 어린이는 하나도 없을 것이다. 또한 아버지의 정원도를 보고 꼬불꼬불한 길에서 헤매지 않고 혼자서 다닐 수 있는 어린이도 없을 것이다. 지구상의 모든 나라들이 어디에 있는지 소상히 알고 있다는 꼬마 박사들의 실태란 바로 이런 것이다.

어린이에게 역사를 가르치는 것은 더더욱 잘못이다. 역사란 단순히 사실의 묶음이므로 어린이에게 충분히 이해될 수 있다고 사람들은 생각한다. 그러나 사실이란 도대체 무엇을 의미하는 것인가? 역사적 사실의 결정 요인들은 아주 쉽게 포착되므로 그 관념을 어린이의 정신 속에 쉽게 형성시킬 수 있다고 생각하는 것일까? 사건에 관한 인식과 그 사건의 원인과 결과에 관한 인식이 분리될 수 있다고 생각하는 것일까? 만일 인간의 행동을 단순히 외부적이고 육체적인 움직임만으로 생각한다면 역사에서 배울 수 있는 것은 아무것도 없다.

말뿐인 학문이 없다면 어린이에게 적합한 학문도 없을 것이다. 진정한 관념에는 진정한 기억이 있어야 한다. 어린이에게 아무런 의미도 없는 기호의 목록을 그들의 머리 속에 넣어 본들 무슨 소용이 있겠는가? 기호란 사물을 학습함에 따라 익히게 되는 것인데, 어린이가 똑같은 기호를 두 번씩이나 배워야 할 필요가 있는가? 게다가 그들에게는 무의미한 말을 마치 학문이기나 한 것처럼 생각하게 함으로써 얼마나 위험한 편견을 그들의 머리 속에 심으려 하는가? 어린이가 사물이 지니는 가치도 모른 채 말만으로 그것을 알게된 듯싶어 만족하게 되면 결국 판단력을 그르치게 된다.

　이래서는 안 된다. 자연은 모든 종류의 인상을 받아들일 수 있도록 어린이의 두뇌를 만들었는데 왕들의 이름이나 연대기, 문장학, 천문학, 지리학 따위의 어린이에게는 전혀 무의미한 것들로 유년기를 메마르게 해서는 안 된다. 어린이들이 갖는 두뇌의 유연성은 그들이 이해할 수 있고 그들에게 이로우며 그들의 행복과 관련된 모든 관념들이 일찍부터 그들의 두뇌 속에 지울 수 없는 문자로 새겨져서 일생동안 그들의 존재와 능력에 적합하게 처신할 수 있도록 하기 위한 것이다.

　책을 통해서 공부하지 않는다고 해서 어린이의 기억력이 잠자고 있는 것은 아니다. 어린이는 보고 듣는 것에 자극을 받아 그것을 기억하며 사람들의 말이나 행동을 마음속에 기록한다. 그를 둘러싸고 있는 모든 것이 한 권의 책이며 그 책에 의해서 어린이는 자연스럽게 자신의 기억을 풍요롭게 하면서 언젠가 자신의 판단이 그것을 활용할 수 있을 날을 기다리는 것이다.

어린이의 정신에 기억력을 길러주는 참다운 기술은 기억의 대상을 잘 선택하는 것이고, 그들에게 이해될 수 있는 것들을 끊임없이 제시해 보여주는 것이며, 그들이 몰라야 하는 것은 숨겨두는 것이다. 이러한 방법을 통해서 어린이는 분별 있는 건전한 인간, 건강한 신체와 건전한 사고를 가진 인간, 어릴 때에는 칭찬을 덜 받지만 성인이 되면 존경을 받는 인물로 될 것이다.

에밀은 소박하고 재미있는 라 퐁텐(1621-1695 프랑스 17세기 4대 시인)의 우화라 할지라도 결코 암기해서 배우는 일은 없을 것이다. 사람들은 우화를 어린이의 도덕책이라고 찬양한다. 그러나 그것은 어린이를 즐겁게 해 줌과 동시에 속이고 있으며, 거짓말에 현혹되어 진실을 보지 못하게 하며, 어린이에게 교훈을 즐거운 것으로 가르치려다가 오히려 교훈의 이익을 방해하고 있음을 어른들은 상상조차 하지 못하는 것이다.

우화는 어른들에게는 교훈이 될 수 있다. 그러나 어린이에게는 있는 그대로의 진실을 적나라하게 말할 필요가 있다. 모든 어린이는 라 퐁텐의 우화를 배우지만 그 뜻을 이해하는 어린이는 단 한 명도 없다. 그 뜻을 이해한다면 더욱 해로우리라. 왜냐하면 우화에 담긴 도덕은 뒤섞여 있어서 그들의 연령에 적합하지 않기 때문에 어린이를 미덕이 아닌 악덕으로 이끌기 때문이다. 여러분은 이것을 역설이라고 말하겠지만 그 여부를 검토해 보자.

우화는 그 속에 담겨져 있는 교훈에 대해 어린이가 이해할 수 없는 개념들이 포함되어 있으며, 우화의 시적인 표현법 자체는 외우기는 쉽지만 이해하는데는 방해가 되어 결과적으로 흥미 때문에 명료성이 희생되어 우화의 뜻을 아는 어린이는 하나도 없다고 말할 수 있는 것이다.

라 퐁텐의 우화집 속에서 어린이다운 순박성이 한층 빛나는 우화는 대여섯 편밖에 없다고 생각한다. 나는 이 가운데 모든 연령대에 유용하며 어린이들이 가장 잘 이해하고 흥미로와 하는 첫 번째 우화를 예로 들겠다. 이것은 사실 어린이가 이해할 수 있고 즐거워할 수 있으며 어린이들을 가르치는 것을 진짜 목적으로 삼는다고 가정하면 이 우화는 확실히 걸작품이다. 그러므로 이제부터 이 우화를 읽어 가면서 약간의 검토를 시도하는 것을 용서해 주기 바란다.

까마귀와 여우

까마귀 선생, 앉아 있다, 나무 위에

'선생' 이란 말은 무엇을 뜻하는가? 고유명사 앞에서 어떤 의미를 지니는가? 까마귀란 무엇인가? '앉아 있다, 나무 위에' 란 무엇인가? 우리는 보통 그렇게 하지 않고 '나무 위에 앉아 있다' 고 말한다. 여기서 도치법에 대해 설명해야 하고 산문과 시에 대해 설명해야만 한다.

치즈 한 쪽을 주둥이에 물고서

어떤 치즈인가? 스위스산? 영국산? 또는 네덜란드산 치즈인가? 만일 어린이가 까마귀를 본 적이 없다면 까마귀 얘기를 한들 무슨 소용이 있겠는가? 설령 보았다 해도 까마귀가 주둥이에 치즈를 물고 있다는 것을 어떻게 생각할 것인가? 항상 자연 그대로의 모습을 묘사하도록 하자.

여우 선생, 그 냄새에 이끌려

또 선생이다. 하긴 여우란 계략에는 도통한 선생이니 딱 어울리는 호칭이다. '이끌려'라는 고어는 시에서나 쓰일 뿐 이제는 더 이상 쓰이지 않는 낱말임을 설명해야 한다. '그 냄새에 이끌려!' 숲 속이나 동굴 속에 있었을 여우에게 냄새가 전달될 정도라면 까마귀에게는 굉장한 냄새가 났을 것이다. 이런 식으로 제자에게 확실한 증거로써만 수긍케 하며 남의 이야기에서 진실과 거짓을 판별할 줄 아는 올바른 비판정신을 길러 줄 셈인가?

까마귀에게 이런 말을 했다.

'이런 말!' 여우도 말을 하며 그것도 까마귀와 같은 말을? 조심하기 바란다. 대답하기 전에 자신의 대답을 음미해 보라.

여! 안녕하십니까, 까마귀 님!

'님!'이란 말이 경어라는 것을 알기도 전에 어린이들은 이것이 조롱으로 쓰인다는 것을 알게 된다. 이 말을 설명하기 전에 더 많은 설명이 필요하다.

당신은 참으로 우아합니다! 당신은 참으로 아름다워 보입니다!

쓸데없는 군말이다. 어린이는 같은 의미가 반복되는 것을 보고 비겁하게 말하는 법을 배운다. 만일 이런 허튼 소리가 기교를 부리는 여우의 계획적 의도라고 말한다면, 그런 변명은 제자들에게 통하지 않는다.

정말이지 만일 당신의 목소리가

'정말이지!' 그렇다면 때로는 거짓말도 한단 말인가? 만일 여러분이 어린이에게 여우는 거짓말을 예사로 하기 때문에 '정말이지' 라고 밖에 말하지 못하는 것이라고 가르쳐 준다면 어린이는 어찌해야 좋을지 모르리라.

그대의 깃털에 어울린다면

'어울리다' 니! 이 말은 무슨 뜻인가? 성질이 전혀 다른 목소리와 깃털을 비교하다니? 성질이 서로 다른 것을 비교하는 법을 어린이에게 가르쳐야 할텐데 그들이 얼마나 이해할까?

당신은 이 숲 속의 빈객들 중 봉황일 것입니다.

봉황이란 무엇인가? 우리는 여기서 터무니없는 고대 신화의 세계로 말려든다. '이 숲 속의 빈객!' 얼마나 과장된 비유인가?

아첨꾼은 말을 고상하게 꾸며서 한층 솔깃하게 들리도록 품위를 돋군다. 그러나 어린이가 이러한 기교를 이해할 수 있을까?

이 말에 까마귀는 기뻐 어쩔 줄 몰라

널리 알려진 이 표현을 깨닫기 위해서는 이미 강한 감정들을 경험했어야만 할 것이다.

자기의 아름다운 목소리를 들려주기 위하여

이 시구와 우화 전체를 이해하기 위해서는 먼저 어린이가 까마귀의 아름다운 목소리란 어떤 것인지를 알고 있어야만 한다는 점을 잊어서는 안 된다.

주둥이를 크게 벌리다가 먹이를 떨어뜨리고 말았다.

이 구절은 정말 멋있다. 이 말만으로도 정경이 떠오른다. 까마귀가 보기 흉한 주둥이를 벌리자 치즈가 나무 아래로 떨어지는 모습이 눈에 선하다. 그러나 이런 아름다움을 어린이가 이해할 수 있을까?

여우는 그것을 집어 들고 이렇게 말했다. 여보게 착한 선생!

여기에서 착하다는 말은 바보라는 뜻으로 변하였다.

잘 기억해 두게나. 아첨꾼은 모두

이는 일반적인 격언이다. 우리는 이미 어떻게 생각할 수 없는 형편이다.

아첨하는 소리를 듣는 자의 덕택에 산다네.

열 살짜리 어린이가 이 말의 뜻을 이해하는 일은 결코 없다.

이 교훈은 틀림없이 치즈 한 쪽의 가치는 있을 거요.

이 말은 알아들을 수 있을 것이고, 그 의미 또한 대단히 훌륭하다. 그러나 교훈과 치즈를 비교할 줄 아는 어린이는 없을 것이고 치즈보다 교훈이 더 좋다고 생각하는 어린이도 없을 것이다. 그러므로 이 구절은 빈정거림에 불과하다는 것을 어린이에게 이해시켜야 한다.

까마귀는 부끄럽고 창피하여

또 다시 군소리인데 이번에는 변명의 여지조차 없다.

다시는 아첨에 넘어가지 않으리라 맹세했으나 때는 늦었다.

맹세의 의미를 제자들에게 가르치려고 한다면 얼마나 어리석은 교사이겠는가?

　

상세한 설명을 해 보았으나 이 우화 속에 함축되어 있는 관념을 분석하여 그 관념을 구성하고 있는 기본 관념들로 환원시키기에는 아직 불충분하다. 그러나 어린이에게 우화를 이해시키기 위해서 이러한 분석이 필요하다고 어느 누가 생각하겠는가?

또한 도덕성 문제를 따져 볼 때 열 살난 어린이들에게 자신의 이익을 위해서 아첨을 하거나 거짓말을 하는 사람이 있다는 것을 가르쳐 줄 필요가 과연 있을까? 그러나 치즈가 모든 것을 망쳐버리고 만다. 사람들은 어린이에게 치즈를 떨어뜨리지 않는 법을 가르치기보다는 남의 부리에 있는 치즈를 떨어뜨리게 하는 것을 가르치는 경우가 더 많기 때문이다.

어린이들은 우화에서 배운 것을 실제 생활에 적용하게 되는 경우 언제나 저자의 의도와는 반대로 한다. 그리고 자신의 결점을 조심하기보다는 남의 결점을 이용하려는 경향이 있다. 앞의 우화에서 어린이는 까마귀를 바보 취급하고 여우를 좋아하게 된다. 개미와 매미의 우화에서는 개미를 교훈의 표본으로 제시할 생각이겠지만 어린이들이 보고 배우려고 하는 것은 매미이다.

어린이들은 항상 좋은 역할만 선택하려고 한다. 그것은 자존심에서 비롯되는 선택으로서 극히 자연스러운 것이다. 그러나 어린이들에게 이것은 얼마나 끔찍스런 교훈이란 말인가? 남이 요구하는 것을 거절하는 어린이만큼 인색한 괴물도 없을 것이다. 그는 사람들이 무엇을 요구할 것인지 알면서도 그것을 거절할 줄 아는 그런 어린이인 것이다. 개미는 보다 더 심한 짓을 한다. 개미는 어린이에게 거절하면서 비웃는 것까지 가르친다.

사자가 나오는 우화에서 사자는 대부분 화려한 역할을 하기 때문에 어린이는 반드시 사자를 모방하려 한다. 그러나 모기가 사자를 공격할 때는 사정이 또 달라져서 어린이는 모기가 되고자 한다. 그리하여 그들은 정정당당하게 대항할 수 없는 상대를 만났을 때는 바늘로 찔러 죽이는 것을 배우게 된다.

야윈 늑대와 살찐 개에 관한 우화에서 어린이들은 저자가 의도하는 절제의 교훈을 배우지 않고 방종한 생활태도를 배운다. 항상 얌전해야 한다고 잔소리만 듣던 한 소녀가 이 우화를 읽고 슬퍼서 우는 것을 보았는데 처음에는 그 이유를 몰랐다. 그 소녀는 속박 당하는 것이 싫었으며 자기가 늑대가 아닌 것이 슬펐던 것이다.

그러므로 첫 번째 우화는 어린이들에게 비열한 아첨을 가르치고, 두 번째 우화는 비인간적인 몰인정의 교훈을, 세 번째 우화는 부정의 교훈을, 네 번째 우화는 풍자의 교훈을, 다섯 번째 우화는 독립정신의 교훈을 남길 것이다. 이렇게 서로 모순된 교훈이 과연 어떤 성과를 가져다 줄 것인가? 그러나 어쩌면 내게는 전적으로 우화에 반대하는 논거가 되는 것이 일반인들에게는 우화를 옹호하는 이유가 될지도 모른다.

사회에는 말로써 하는 교훈과 행동으로 하는 교훈이 있어서 전자는 교리문답 속에 있고 후자는 어린이용으로는 라 퐁텐의 우화 속에 있으며, 어머니용으로는 라 퐁텐의 콩트집에 들어 있다. 독서는 어린이에게 해가 되며 어른들이 어린이에게 줄 수 있는 유일한 일거리이기도 하다. 에밀은 열두 살이 되어서야 책이 무엇인지를 알게 될 것이다. 이 글을 읽을 정도는 되어야 하지만 그 전에는 독서란 그를 귀찮게 할 따름이다.

자신의 눈앞에 없는 사람과 말을 나누며 감정과 의사를 서로 교환하는 기술 등은 모든 연령층의 사람들에게 유용한 기술이다. 이런 기술이 어찌하여 유년기에는 고통의 씨앗이 되는 것일까? 그것은 어린이에게 강제로 그 기술을 습득하게 하고, 그들이 전혀 이해할 수 없는 것에 그 기술을 사용하도록 하기 때문이다. 그러나 그 기술을 어린이 자신의 기쁨을 위해 써먹는 것으로 만들면 어린이는 당장 그 일에 열중하게 될 것이다.

사람들은 어린이에게 글을 가르치기 위한 최선의 방법을 찾아 내려고 애쓴다. 그래서 글자 상자나 카드 같은 것을 생각해 내었다. 로크는 주사위로 글을 가르치는 방법도 생각해 내었다. 그러나 사람들은 가장 확실한 방법, 즉 배우고 싶어하는 욕망을 잊고 있다. 어린이에게 욕구를 주라. 그 다음에 글자 상자나 주사위를 주라. 일단 배우고자 하는 욕구가 생기게 되면 어떠한 방법이건 다 좋을 것이다.

여기에 또 한 가지 중요한 준칙을 덧붙이고자 한다. 그것은 일반적으로 일을 달성하는데 있어 급하게 서두르지만 않는다면 매우 정확하고 신속하게 성취할 수 있다는 것이다. 나는 에밀이 열 살이 되기 전에 읽기와 쓰기를 완전히 알게 되리라 확신한다. 그러나 그 지식도 모든 것을 희생하면서 얻는 것이라면 차라리 읽는 법을 모르는 게 낫다고 생각한다. 읽는 것을 평생 지겹게 생각하게 된다면 독서가 그에게 무슨 소용이 있겠는가?

여러분이 제자에게 편견을 심어 주지 않아도 그는 자기를 둘러싸고 있는 모든 것으로부터 편견을 받아들이게 될 것이다. 어린 시절에 생각하는 습관을 들이지 않으면 그 이후의 생애를 통해서 생각하는 능력을 없애는 결과가 된다. 만일 내가 제시한 계획에 따라 여러분의 제자를 항상 자기 속에 머무르게 하고 그가 직접 접촉하는 것에만 마음을 기울이도록 노력한다면 제자들은 행동적인 존재로 발달하면서 자신의 힘에 상응하는 판단력을 키워 갈 것이다. 그리고 체력이 자기보존에 필요한 정도를 넘어 여분의 체력이 생겼을 때 비로소 다른 용도에 사용할 수 있는 사고력이 배양된다.

그러므로 여러분이 제자의 지력을 기르려고 한다면 무엇보다도 그 지력을 지배할 수 있는 체력을 길러야만 한다. 끊임없이 그의 육체를 단련시켜서 튼튼하고 건강하게 만들어라. 일하게 하고 행동하게 하고 달리고 소리치고 항상 움직이게 하라. 기운찬 생활로 말미암아 어른이 되게 하라. 그러면 머지 않아 이성에 있어서도 어른이 될 것이다.

이 방법을 따른다 하더라도 어린이를 항상 통제하고 지시하면 어린이는 결국 멍청한 바보가 되고 말 것이다. 여러분의 두뇌가 어린이의 손발을 움직이게 하면 그의 두뇌는 소용이 없게 된다. 육체를 단련시키는 활동이 정신의 활동에 해가 된다는 것은 참으로 한심한 생각이다. 신체단련에만 신경을 쓰고 정신수양에는 둔감한 인간이 있다.

농부는 어릴 때부터 습관적으로 같은 일에만 종사하여 그들의 생활에서는 습관과 복종이 이성을 지배하고 있다. 그러나 미개인은 장소와 직업에 구애됨이 없으므로 복종이나 규율의 관념이 없으며 대신 동작 하나하나에 추리력을 동원하여 결과를 생각하는 경향이 있다. 그래서 육체를 움직이면 움직일수록 그의 정신도 더욱 계발되는 것이다.

권위에 복종하는 학생은 지시한 것 외에는 아무것도 하지 않는다. 그들은 남이 시키지 않으면 배가 고파도 먹으려 하지 않고 즐거워도 웃지 않으며, 심지어 숨쉬는 것조차 여러분의 규칙에 따를 것이다. 모든 일에 대해 그의 판단은 여러분의 판단을 따를 것이다. 그리하여 얼마 되지 않는 그들의 이성까지도 그로서는 아무 소용없다고 생각되는 일에 사용하게 하여, 마침내 이성의 필요성마저도 불신하게 될 것이다.

그렇지만 그들에게도 재기는 있어 부인들과 재잘거릴 정도는 된다. 그러나 위험하고 어려운 상황에 직면하게 되면 천박한 농민의 아들보다 백 배나 더 우둔한 인간이 되어 버린다. 자연의 아들인 나의 제자는 자립하도록 교육을 받은 까닭에 타인의 도움을 구하거나 자신의 능력을 떠벌리는 일은 없다. 그리하여 그는 자신과 직접 관계되는 모든 일에 아주 적절하게 대처해 나간다. 그는 일찍부터 풍부한 경험을 쌓지만 그것은 인간으로부터 온 경험이 아니라 자연으로부터 온 경험이다. 그는 스스로의 판단에 의해서만 행동하는 까닭에 신체와 정신이 항상 결합되어 동시에 단련된다.

젊은 교사들이여, 나는 여러분에게 어려운 기술하나를 권유하겠다. 그것은 훈계하지 않고도 지도하는 기술과 아무것도 하지 않고서도 모든 것을 성취시키는 기술이다. 어린이들을 먼저 개구쟁이로 만들지 않고서는 어진 사람으로 만들지 못할 것이다. 이것이 스파르타인의 교육방식이었다. 그들은 어린이에게 음식을 훔치는 법부터 가르쳤다. 그렇다고 해서 그들이 난폭한 인간이 되었던가? 우리가 그들의 재치와 용맹을 모르는가? 언제나 승리하도록 교육받은 그들은 언제나 승리하였으나 수다스런 아테네인들은 스파르타인의 공격뿐만 아니라 그들의 말씨까지도 두려워했던 것이다.

여러분은 제자에게 항상 자기가 주라고 믿게 하면서 실제로는 여러분이 주가 되도록 하라. 외견상 자유로 보이는 복종만큼 완벽한 복종은 없다. 물론 어린이는 자신이 원하는 것만을 할 것이다. 그렇지만 어린이들은 당신이 시키는 것만을 할 것이며, 여러분이 예상치 않는 말은 단 한마디도 하지 않을 것이다.

이때가 곧 어린이가 신체의 단련에 열중하고 모든 것으로부터 자신의 안락을 위하여 가장 유리한 방법을 모색하는 한편 남의 도움 없이 스스로 사물을 즐기기 위해 기막힌 재능도 발휘하는 시기이다. 이렇게 해서 어린이는 자신이 해야만 하는 일을 하게 될 것이다. 그리고 그의 육체는 끊임없이 움직이면서 그의 이성 또한 훨씬 적절한 방법으로 성장할 수 있을 것이다.

이렇게 해서 어린이는 여러분이 그의 생각에 반대하기 위하여 감시하고 있다고 생각지 않을 것이고, 여러분을 경계하지도 않을 것이며 숨기거나 속이지도 않을 것이다. 어린이는 주저하지 않고 있는 그대로의 모습을 보여줄 것이다. 그래서 어린이는 자신이 교훈을 받고 있다는 사실을 지각조차 하지 못한 채 여러분의 교훈을 수용하게 될 것이다.

이미 말한 바와 같이 어린이들의 주요 관심사 중 하나는 사람들의 약점을 찾아내는 것이다. 심적 경향이 짓궂은 마음을 지니게 만드는 것이지 본래부터 짓궂어서 그와 같은 경향이 생기는 것은 아니다. 그것은 권위에서 벗어나려는 어린이의 욕망에서 비롯되는 것이다. 그런데 교사에게서 어떤 결점을 발견하면 그것을 구실로 자기의 행위를 정당화시키려 한다. 그러나 에밀은 나에게서 결점을 찾고자 하지 않을 것이다. 왜냐하면 그는 이러한 일에 추호도 관심이 없기 때문이다.

이와 같은 일들을 실행하기란 어려운 일이 아니나 적합한 지식을 갖추지 않았기 때문에 어렵게 느껴진다. 여러분은 인간심성의 발달경로를 인식하고 있으며 제자의 의지향방도 짐작하고 있다. 따라서 도구와 그 사용법을 충분히 알고 있으므로 한층 더 자유롭고 완전하게 그 일을 할 수 있지 않는가?

여러분은 어린이의 변덕스러움을 탓하지만 그 변덕은 여러분의 나쁜 교육에서 생긴 결과에 지나지 않는다. 그것은 보다 나은 지도와 많은 인내심을 기울인다면 고쳐질 수 있는 것이다.

자연의 지도에 따른 훈련은 육체를 튼튼하게 하면서도 결코 정신을 둔화시키지 않고 우리의 내면 속에 이성을 형성시켜 준다. 그러한 훈련은 힘을 사용하는 방법, 육체와 주변 사물과의 관계,

우리 신체기관에 적합한 자연적인 도구를 사용하는 방법을 가르쳐 준다.

언제나 방안에서 어머니의 보호 아래서 자라난 어린이는 물건의 중량이나 저항이 어떤 것인지 모르기 때문에 큰 나무를 뽑으려 하거나 바위를 들어 올리려고 한다. 이것처럼 어리석은 일이 또 있을까? 사람들은 열여덟 살이 되면 과학에서 지렛대를 배우지만, 농촌의 어린이는 아카데미의 일류 기계학자보다 더 지렛대를 잘 사용할 줄 안다. 학생들의 경우에도 학교 운동장에서 배우는 것이 교실에서 배우는 것보다 훨씬 더 유익할 것이다.

방에 처음 들어오는 고양이는 이리저리 냄새를 맡으며 모든 것을 조사한다. 그리하여 모든 것을 알기 전에는 아무것도 믿지 않는다. 어린이가 걷기 시작해 세계란 공간에 들어설 때도 이와 같다. 다만 차이점은 고양이가 후각을 이용하는 반면 어린이는 손을 이용한다는 점이다. 이러한 성향의 개발 여하에 따라 어린이들의 성격에 차이가 생기는 법이다.

인간의 최초의 행위는 주위의 모든 것과 자기를 비교하고 눈에 보이는 사물 하나하나로부터 자기와 관계되어질 수 있는 모든 감각적 성질을 파악하는데 있다. 그러므로 인간 최초의 연구는 자기 보존과 관련된 일종의 실험물리학이다.

우리에게 있어 최초의 철학선생은 말, 손, 그리고 눈인 것이다. 이것 대신 책으로부터 감각적 성질을 파악하려고 하는 것은 자신의 이성은 마비시킨 채 남의 이성을 사용하는 방법을 배우는 것이다. 그것은 우리에게 많은 것을 믿게 할 수는 있으나 뭔가를 알도록 가르치는 것은 아무것도 없다.

어떤 기술을 사용하려면 먼저 도구를 준비해야 하며, 그 도구를 유용하게 쓰기 위해서는 견고하게 만들어져야 한다. 그러므로 생각하는 법을 배우려면 먼저 우리 지성의 도구인 손과 발과 각 신체기관을 단련시켜야 한다. 그리고 이 도구를 최대한 이용하려면 육체가 튼튼하고 건전해야 한다. 결국 인간의 진정한 이성은 육체와 별개로 형성될 수 없으며, 훌륭한 육체야말로 정신활동을 용이하고 확실하게 한다.

여러분은 잘못 생각하고 있다. 나는 내 제자에게 여러분의 제자는 지니지 않은 힘든 기술을 가르치는 것이다. 여러분은 학문을 가르치지만 나는 학문을 얻는데 필요한 도구에 더 전념한다. 예전에 베니스인들이 스페인 대사를 성 마르코 성당의 보물창고로 안내하고 호화찬란함을 과시하였다. 그 대사는 탁자 밑을 보더니 "여기에는 뿌리가 없군요."하고 말하였다. 나는 제자의 학식을 자랑하는 교사에게 이와 똑같은 말을 해주고 싶다.

고대인의 생활방식에서 보여지는 강인한 몸과 정신은 운동에 의해 단련된 것이라고 한다. 몽테뉴는 이 사실에 강한 영향을 받고 지지하고 있다. 그는 어린이의 교육에 대해 다음과 같이 말한다. "영혼을 강인하게 하려면 근육을 튼튼하게 해야 한다. 노동에 익숙해지면 고통에도 익숙해진다. 모든 고통을 견뎌내게 하려면 단련의 고통 따위는 문제가 되지 않게 만들어야 한다."

다른 문제에 대해서는 의견 차가 심한 로크나 롤랭, 플뢰리, 드클루자도 육체를 튼튼하게 단련시켜 주어야 한다는 것에는 일치를 보이고 있다. 그 중요성에 대해서는 충분히 말했거니와, 로크의 책에서 찾을 수 있는 것 이상의 훌륭한 이유도, 적절한 규칙도 제시할 수 없으므로 로크의 주장에 몇 가지 사견을 덧붙이고자 한다.

성장하는 어린이의 의복은 넉넉할수록 좋다. 프랑스 의복은 어른에게도 불편하지만 어린이에게는 특히 해롭다. 순환되지 않는 체액은 한 곳에 머물러 있다가 부패하여 괴혈병을 일으킨다. 이 병은 오늘날에는 예사로운 병이 되어가고 있지만 고대에는 거의 없었던 것이다. 그것은 옷을 입는 방식이 달랐기 때문이다. 그러므로 어린이에게 넉넉한 옷을 입히는 것이 좋다.

색깔은 밝은 것이 좋다. 그것이 어린이에게 더 잘 어울리고 그들의 기호에도 맞다. 옷의 선택과 그 선택의 동기가 교육에 미치는 영향은 지대하다. 그런데 어머니는 자녀에게 상으로 장신구를 주기도 하고 교사는 제자에게 벌로써 허름한 옷을 입히겠다고 위협하기도 한다. 이렇게 길들여진 젊은이들이 겉치레만 중요하게 여기고 인간의 가치를 외모만으로 판단하려고 한들 놀랄 일이겠는가? 편견에 빠지지 않은 어린이들에게 가장 좋은 옷이란 소박하고 입어서 편안한 것이다.

인간의 신체도 습성이 있어 운동에 적합한 신체가 있는가 하면 그렇지 않은 경우도 있다. 운동에 부적합한 신체는 체액이 일정한 흐름으로 균일하게 순환되기 때문에 신체를 대기의 변화로부터 보호해 줄 필요가 있다. 운동에 적합한 신체는 활동에서 휴식으로, 더위에서 추위로 쉴새없이 신체를 움직이기 때문에 기후의 변화에 익숙해져 있다. 따라서 집안에만 있는 사람들은 항상 옷을 두텁게 입지만, 활동을 많이 하며 밖에서 보내는 사람은 가벼운 복장을 해야 한다. 그러나 나로서는 계절에 따라 옷을 바꿔 입지 말도록 권하고 싶다. 이 말은 노동을 하는 사람들처럼 겨울에도 여름옷을 입으라는 뜻이다. 뉴턴은 이것을 습관으로 하여 70세까지 살았다.

어느 계절이건 모자를 쓰지 마라. 두개골을 상처나 염증 등 대기의 영향으로부터 잘 지켜주기 위해서는 단단하고 강하게 만들어야 하기 때문에 어린이에게는 기후에 관계없이 모자를 쓰지 않도록 하는 것이 좋다.

대개 사람들은 겨울에 어린이들에게 너무 많은 옷을 입힌다. 그러나 어린이는 더위보다 추위를 잘 견디도록 단련시키는 것이 우선과제다. 추위란 어려서부터 접하게 하여도 병에 잘 걸리지 않을 뿐더러 몸을 더 튼튼하게 해 주는 것이 확실하다.

로크는 더울 때 어린이가 물을 마시기 전에 빵을 한 조각 먹는 습관을 기르도록 권유했다. 그러나 목마를 때 먹을 것을 준다는 것은 이상한 방법이다. 나라면 어린이가 배고파할 때 차라리 마실 것을 줄 것이다. 인간의 기본욕구가 이와 같아서 욕구를 만족시키기 위하여 몸을 위험에 내맡겨야만 한다면 인류는 자기 생명을 보존하기 위한 수단을 배우기도 전에 망가졌을 것이다.

에밀이 목이 마르면 나는 언제든지 마실 것을 줄 것이다. 한여름이나 한겨울이라 할지라도 끓이지 않은 신선한 물을 줄 것이다. 내가 강조하고 싶은 것은 질 좋은 물을 분간하는 것이다. 그물이 시냇물이면 그대로 주고 우물물이면 잠시 공기와 접한 뒤주어야 한다.

나는 겨울에도 에밀을 얼어붙은 들판에서 운동을 시키고 싶다. 그가 목이 마르면 냉수를 줄 것이다. 다만 멀리 데리고 가서 천천히 물을 찾아 마시도록 할 것이다. 이렇게 하면 몸은 어느 정도 식어 찬물을 마셔도 괜찮으리라. 그러나 이러한 일도 그가 눈치채지 못하도록 해야 한다.

어린이는 격렬한 운동을 하므로 긴 수면이 필요하다. 수면은 운동에 의한 피로를 완화시켜 준다. 밤은 휴식을 위한 시간이다. 또한 태양과 함께 일어나고 태양과 함께 휴식하는 것이 건강에 좋은 습관이다. 그러나 사회생활은 복잡하고 인간 또한 꽉 짜여진 생활습관에 얽매일 필요는 없다. 확실히 규칙은 지켜져야 하지만 때로는 위험을 배제하고 어길 수도 있다. 그러므로 여러분의 제자를 틀 속의 계획으로 나약하게 하지말고 우선은 자연의 법칙에 맡겨라. 일찍부터 단계적으로 해 나간다면 이후 그와 같은 상황에 처하게 되더라도 능히 감당할 수 있는 체력을 만들어낼 수 있다.

우선 잠자리가 불편한 곳에서 자는 습관을 들여라. 일반적으로 괴로운 생활도 습관이 되면 기쁨이 될 수 있지만 편한 생활은 불쾌한 감각을 준비시켜 편한 잠자리가 아니면 잠을 이루지 못하는 습관을 길러 준다. 그러나 딱딱한 마루에서 자는 습관이 붙은 사람은 어떠한 곳에서도 잘 수 있다. 가장 좋은 잠자리란 잠을 잘 잘 수 있는 곳이다. 그것을 에밀과 나는 낮 동안 준비하는 것이다. 우리는 땅을 일구면서 우리의 이부자리를 준비한다.

어린이란 건강하기만 하면 마음대로 재울 수도 깨울 수도 있는 법이다. 어린이를 잠들게 하는 가장 좋은 방법은 어린이가 지루함을 느끼도록 하는 것이다. 나는 가끔 에밀을 깨우는데 그것은 오래 자는 습관을 두려워해서가 아니라 언제라도 깨우면 일어나는 습관을 길러주기 위함이다. 만일 내가 그를 스스로 일어나도록 하지 못한다면 나는 내 임무를 다할 수 있는 능력이 없다고밖에 말할 수 없을 것이다.

만일 에밀이 자지 않을 때면 다음날 아침 몹시 괴로움을 스스로 느끼도록 내버려둔다. 그러면 그도 충분한 수면이 자신에게 이롭다는 것을 알게 될 것이다. 만일 그가 오래 자면 잠에서 깼을 때 그가 좋아하는 것을 보여준다. 만일 일정한 시각에 그를 깨게 하려면 "내일 아침 6시에 낚시하러 간다. 또는 어디로 산책을 가는데 너도 같이 가지 않겠니?" 하고 말한다. 그는 깨워 달라고 부탁하고 나는 필요에 따라 약속을 하기도 하고 하지 않기도 한다. 만일 너무 늦게 일어나면 나는 그냥 떠나버린다. 그리하여 그는 혼자 일어나지 않으면 손해가 된다는 것을 알게 된다.

약간의 솜씨만 발휘하면 어린이에게 허영심이나 질투심 없이 취미나 열정을 얼마든지 불어넣을 수 있다. 어린이들은 어떤 힘든 것이라도 그것이 놀이에 불과하다고 생각하면 힘들어도 웃으면서 극복할 수 있다. 오랜 굶주림, 온갖 상처도 어린 야만인들에게는 오히려 즐거움이 될 수 있다. 고통에도 괴로움을 잊게 하는 조미료가 들어 있다는 증거이다.

그러나 문제는 인간이란 고통, 질병, 재난, 죽음에 굴복하고 만다는 것이다. 몽테뉴가 말했듯이 "불행과 그에 따른 고통에 익숙해지면 불행을 당하더라도 고통은 감소하고 영혼도 강인해질 것이며, 육체 또한 급소를 보호하는 갑옷이 될 것"이다. 죽음이 접근해 온다 해도 그 자체는 아직 죽음이 아니므로 그는 죽지 않을 것이다. 확고하고 강인한 마음자세는 다른 미덕과 마찬가지로 유년기에 체험을 통해 가르쳐야 한다.

특수교육은 민중을 외면하고 배타적으로 만드는 것을 목표로 하며 많은 비용이 든다. 특수교육을 받는 젊은이들은 비용이 많이 드는 승마는 배우면서도 수영은 배우지 않는다. 그러나 기마학교를 다니지 않더라도 여행자들은 어느 정도 말을 탈줄 안다. 하지만 수영을 못한다면 물에서 헤어나올 수 없다. 결국 말을 못 탄다고 해서 생명이 위험해지는 일은 없으나, 익사의 위험은 누구에게라도 있기 마련이고 어느 누구도 이 위험을 벗어날 수는 없는 것이다.

에밀은 물 속에 있을 때도 땅 위에 있을 때와 마찬가지일 것이다. 가령 공중을 날 수 있다면 독수리로 키울 것이며 불 속에서 견딜 수 있다면 불도마뱀으로 만들 것이다.

어린이는 어른보다 작고 어른의 체력이나 이성도 가지고 있지 않다. 그러면서도 어른과 비슷하게 보고 듣는다. 우리 안에서 형성되는 최초의 능력이 오감(五感)이므로 제일 먼저 길러줘야 하는 것도 이것이다. 오감을 훈련한다는 것은 그것의 사용법이 아니라 판단력을 배우는 것이다. 왜냐하면 우리는 배운 한도 내에서 만지고 듣고 볼 수 있기 때문이다.

훈련에는 달리기, 돌 던지기 등 판단력에는 아무런 영향을 주지 않고 오로지 육체를 튼튼히 하기 위한 기계적인 운동이 있다. 모두 좋은 것들이다. 그러나 우리에게는 눈과 귀가 있다. 그러므로 체력만 단련하지 말고 그 체력을 조종하는 모든 감각을 단련하고 이용할 수 있도록 훈련시켜야 한다. 그런 다음 한 감각을 통해 얻은 것을 다른 감각을 통해 확인하도록 하라. 언제든지 실행하기 전에 결과를 예측케 하라. 이렇게 모든 운동의 결과를 내다보는 습관과 경험에 의해 자기의 잘못을 바로잡는 습관을 어린이에게 익히도록 한다면 어린이는 행동하면 할수록 더욱더 현명해 질 것이다.

커다란 물체를 움직이려고 할 때는 그에 알맞은 크기의 지렛대를 사용해야 힘의 소비가 없다. 그러므로 이러한 지혜는 그의 나이에 벅찬 것이 아니다. 짐을 옮기려 하면 먼저 눈으로 그 무게를 짐작하고 그 가능성을 따져야 되지 않겠는가?

우리는 모든 감각을 똑같이 자유롭게 사용할 수 있는 것이 아니므로 눈을 뜨고 있는 동안에는 그 작용이 그치지 않는 촉각이 있다. 촉각은 가장 빨리 얻는 감각이며, 별다른 훈련이 없어도 되는 것이다. 그러나 맹인은 우리보다 더 예민한 촉각을 지니고 있다. 그것은 시각으로 판단할 수 없는 것을 촉각으로 대신하기 때문이다.

맹인들이 보지 않고 물체를 알 수 있는 것처럼 우리도 어둠 속에서 알 수 있도록 왜 훈련받지 않을까? 낮에는 우리가 맹인보다 유리하지만 밤에는 그들이 우리를 인도한다. 따라서 우리는 인생의 절반이 맹인인 셈이다. 맹인과 다른 점은 그들은 언제나 혼자서 걸을 수 있으나, 우리는 어둠 속에서 한 발짝도 내딛을 수 없다는 점이다. 불빛이 있다손 치더라도 그것이 언제나 우리 곁에 있는 것이 아니다. 나는 양초 가게에서 그것을 찾기보다는 에밀이 손가락 끝에 눈을 가지고 있는 것이 낫다고 생각한다.

한밤중에 어떤 건물 안에서 손뼉을 쳐보면 그 장소의 이모저모를 파악할 수 있으며, 가벼운 공기의 흐름만으로도 문이 열려 있는 곳을 알 수 있다. 배를 탔을 때도 얼굴에 와 닿는 바람의 상태로 배의 진행 방향과 속도를 알 수 있다. 이와 같은 관찰은 시각의 도움을 받을 수 없고 주의가 산만하지 않는 밤에 더 쉽게 느낄 수 있다.

밤에 놀이를 많이 하라. 밤은 사람이나 동물에게도 두려움을 준다. 낮에는 용감한 이론가나 군인이던 사람도 밤에는 나뭇잎

소리에도 무서워하는 것을 보았다. 어렸을 때 들은 옛날 이야기 때문일까? 아니다. 그 원인은 우리 주변에 있는 사물과 주변에서 일어나고 있는 일에 대한 무지에 있다. 멀리 떨어진 사물을 인식하고 그것을 예측하는 데 익숙하더라도 자기 주위에 있는 것을 볼 수 없고, 자신에게 해를 끼치려는 수많은 존재가 있어서 그것들로부터 자신을 보호하는 것이 불가능하다는 생각이 든다면 나로서도 그 일을 어쩌겠는가?

어떤 장소가 안전하다는 인식도 소용이 없다. 낮에는 존재하지 않던 공포의 원인이 밤에는 언제나 발생하게 된다. 원인을 알 수 없는 소리가 약간만 들려도 사람은 자신이 경계하는 것에 관심이 쏠리며 공포감이 일어나는 것이다.

병의 원인이 밝혀지면 치료법도 분명해진다. 매사에 익숙해지면 상상을 죽이게 되며, 상상력을 불러일으킬 수 있는 것은 새로운 물체뿐이다. 매일 보는 것에 대해 작용하는 것은 상상력이 아니라 기억력인 것이다. 공포심을 가지고 있는 사람에게는 따지지 말고 어두운 곳으로 자꾸 데려가는 것이 좋다. 그렇게 하면 습관이 이론보다 낫다는 것을 깨닫게 될 것이다. 그러나 어린이를 감옥에 가두지는 마라. 어린이가 어둠 속에 들어갈 때나 나올 때나 항상 웃도록 하라. 이렇게 하여 엉뚱한 상상으로부터 그를 보호해 주어라.

두려움을 없애는 데는 놀이만큼 좋은 방법은 없다고 생각한다. 넓은 방에 책상이나 의자, 소파나 칸막이로 미로를 만들고 여덟

개 가량의 비슷한 상자를 늘어놓고, 또 하나의 상자 속엔 과자를 가득 넣어둔다. 그리고 그 상자가 있는 곳을 정확히 가르쳐 준 다음 어린 경쟁자들이 제비뽑기를 해 한 사람씩 차례로 상자를 찾게 한다. 상자를 들고 의기충천하여 돌아오는 모습을 상상해 보라. 긴장하는 모습으로 연 상자 속에 풍뎅이, 달팽이, 도토리 등이 나오면 어린이들은 환호성과 함께 웃음을 터트릴 것이다.

이런 식으로 키워진 사람은 어둠 속에서도 자유로이 행동할 수 있을 것이다. 그의 상상력은 어린 시절 밤놀이의 회상으로 가득해서 무서운 일을 상상하지 않을 것이다. 그리하여 밤은 유쾌한 추억을 가져다 주며, 결코 무서운 대상으로는 느껴지지 않을 것이다. 어린이들을 갑자기 놀라게 함으로써 어둠에 겁내지 않도록 하는 방법은 도리어 겁쟁이로 만들뿐이다. 두려움을 미리 예방하게 하려면 다음과 같이 말하라.

"공격해 오는 자가 너를 해치려는 것인지 아닌지를 판단할 여유가 없으므로 너는 정당방위의 입장에 있다. 도망치는 것도 결코 안전한 방법이 아니다. 그러므로 있는 힘을 다해 먼저 붙잡아라. 저항하면 때려눕히고 정체를 알기 전엔 절대 놓아주지 말아라. 이런 짓을 한 장난꾸러기는 단단히 혼을 내주면 다음부터는 그렇게 하지 않을 것이다."

촉각은 가장 많이 사용되는 감각이지만 촉각의 판단은 다른 어떤 감각보다도 불완전하고 섬세하지 못하다. 우리가 촉각을 사용할 때는 시각도 함께 사용하는데 눈은 손보다 빨리 대상에 도착한다. 그러나 만져보고서 내리는 판단은 확실하다. 왜냐하면 만져보고 판단하는 것은 손이 도달하는 범위에서만 작용하기 때문에 시각에 의한 경솔한 판단을 수정하기 때문이다. 또한 하고자 하는 의지만 있으면 근력에 신경의 작용을 병합하여 온도, 크기, 형태 등을 판단하고 무게와 견고성까지도 판단할 수 있다.

그러므로 촉각은 외부의 물체가 인체에 미치는 인상을 가장 잘 전달함으로써 가장 빈번히 사용되며 자신의 보존에 필요한 지식을 가장 직접적으로 알려주는 감각인 것이다. 그러므로 촉각이 시각을 돕듯이 청각도 도울 수 있다. 첼로에 손을 얹으면 눈이나 귀의 도움 없이 나무의 진동만으로 소리의 높고 낮음을 식별할 수 있다. 이렇게 되도록 훈련시키면 촉각이 민감해져서 언젠가는 곡 전체를 손가락으로 들을 수 있을 것이다.

촉각을 둔하게 하는 훈련이 있는가 하면 촉각을 예민하게 하는 훈련도 있다. 전자는 단단한 물체에 계속적으로 자극을 주어 피부를 거칠게 하고 딱딱하게 하여 본래의 자연적인 감성을 없애는 반면 후자는 가볍게 자주 접촉을 시킴으로써 계속 반복되는 인상에 주의를 기울여 모든 세세한 변화를 판단하는 능력을 얻게 하는 것이다.

나는 에밀이 아침마다 맨발로 방이나 정원에서 뛰어 다니도록 할 것이다. 다만 유리조각만은 치워 주고 나도 함께 따라 할 것이다. 그가 역학의 균형과 법칙을 알기 전에 몸의 발육과 바른 태도에 도움이 되는 온갖 운동을 시켜 신체의 균형을 이루도록 하겠다. 발을 땅에 딛는 방법과 체중을 다리 위에 싣는 방법에 따라 기분이 좋은지 나쁜지 느낄 수 있어야 한다.

균형 잡힌 몸매는 품위 있어 보이며 안정된 자세는 우아하게 보이는 법이다. 만일 내가 무용교사라면 제자를 울퉁불퉁한 바위산으로 데려가 가파른 오솔길을 경쾌하게 걷거나 바위를 뛰어 넘으려면 어떻게 동작을 취해야 하는지를 가르쳐 주겠다.

촉각은 그 작용을 인간의 주위에 집중시키는데 반해 시각은 그 작용을 인간의 주변에서 멀리 넓힌다. 시각이 잘못을 범하는 것은 이 때문이다. 인간은 지평선의 절반을 시야에 두는데 그때 느끼는 감각과 일어나는 판단이 모두 완전할 수 있겠는가? 그리하여 시각은 모든 감각 중에서 가장 잘못을 범하기 쉽다. 또한 시각은 물체의 크기와 거리를 판단할 때 하나의 척도만을 사용한다. 즉 그것은 눈에 비치는 각도에만 의존하는 것이다.

그러므로 시각을 촉각에 종속시켜 시각 자체의 판단을 억제할 필요가 있다. 딱 한번 보고서 높이, 길이, 깊이, 거리를 정확하게 판단하지 못하는 것은 측정방법에 오류가 있기 때문이다. 그 증거로서 기사나 측량사, 목수, 화가들은 경험에 의해 거의 확실한 측정을 하고 있다.

어떤 게으른 어린이에게 달리기 연습이 문제된 적이 있었다. 그는 군인이 될 나이인데도 귀족신분이라는 이유로 아무것도 하지 않고 몰라도 된다고 생각하고 있었다. 나는 그와 산책을 나갈 때는 으레 호주머니에 그가 좋아하는 과자를 넣어서 산책 중에

나눠 먹곤 했다. 어느 날 그는 내 호주머니에 과자가 세 개 있는 것을 알고 달라고 했다. 나는 거절하고 멀리 있던 두 소년을 불렀다. 그리고 달리기를 해 이기는 자에게 준다고 하였다. 신호를 하자 두 소년은 달리기 시작했고, 승자는 패자 앞에서 단숨에 과자를 먹어 버렸다.

우리는 산책을 하면서 이 놀이도 계속했다. 경기에 변화를 주기 위해 거리를 더 멀리 정하고 더 많은 경쟁자들을 끌어 들였다. 경기가 아슬아슬하면 내 제자는 흥분하기도 했다. 자기가 좋아하는 과자를 다른 어린이가 먹는 것을 본 나의 어린 기사는 빨리 달리는 일이 필요할 때가 있다는 것을 깨닫기 시작했다.

마침내 그도 남몰래 달리기 연습을 시작했다. 그리고 어느 정도 자신감이 생겼을 때 그는 나에게 과자를 달라고 졸라댔다. 내가 단호히 거절하자, 그는 "좋아요. 과자를 돌 위에 놓고 출발점을 정해 봐요."하고 말했다. 나는 웃으면서 "좋지, 과연 할 수 있을까? 힘만 들고 과자는 먹지 못할 걸."하고 말했지만 사실은 거리를 짧게 하고 발 빠른 경쟁자를 앞지를 수 있도록 하였다. 그는 힘껏 달려 쉽게 상을 탈 수 있었다. 그리고 얼마 되지 않아 이 운동에 흥미를 가지게 되었다.

여기서 나는 생각지도 못했던 다른 이득을 얻었다. 처음에는 혼자서 과자를 먹더니 자주 일등을 하자 경기에서 진 어린이들과 나누어 먹기 시작했다. 나는 선수들의 출발지점을 각기 다르게 해 놓았다. 이런 속임수를 알아차린 그는 나를 비난했지만 이렇게 말해 주었다.

"무엇이 불만이냐? 상은 내가 주는 것이므로 조건도 내 마음대로 정하는 것이다. 내가 언제 거리를 똑같이 정한다고 했느냐? 그러니 너도 가장 짧은 거리를 선택하면 될 게 아니냐? 너는 거리에 대해 불평하지만 그것을 이용한다면 오히려 너에게 이익이 된다는 것을 왜 모르느냐?"

그는 이해했고, 유리한 코스를 선택하기 위해서는 판단에 신중해야 했다. 그리고 나는 하루에 여러 번 달리기를 시켰기 때문에 놀이는 일종의 열정으로 변했고, 달리는데 소요할 시간을 거리를 재는 데 소비하는 것이 아깝다는 생각이 드는 듯 했다. 그래서 그는 눈으로 측량하는 버릇을 들였고, 마침내 눈으로 거리를 재는데 측량사의 측쇄와도 같은 정확성을 가지게 되었다.

시각은 모든 감각 중에서 판단과 밀접한 관계가 있으므로 제대로 보는 것에 익숙해지려면 많은 시간이 소요된다. 시각이 물체의 형태와 거리를 충실히 전달하도록 훈련시키기 위해서는 그 이전에 시각과 촉각을 비교하는 일에 오랜 공을 들여야 할 것이다. 촉각이 없으면 제아무리 예민한 눈이라도 우리에게 공간의 관념을 줄 수 없을 것이다.

사람이 넓이를 측정하는 법을 배우려면 걸어보고 만져보고 계산해보고 크기를 재본 후라야 가능하다. 그러나 항상 측량만 하고 있으면 도구에만 의존하게 되어 감각의 정확성을 기대하기 어렵게 된다. 그렇다고 어린이가 측정에서 바로 추정으로 옮기는 것도 좋지 않다. 단번에 전체를 비교할 수 없는 것은 부분적으로 비교하도록 하고 항상 손으로 재어보지 말고 눈으로 측정하는 습관을 들이게 해야할 것이다. 그러나 나는 처음 얼마 동안은 자로 측정하게 함으로써 이후 올바른 판단을 할 수 있도록 하고 싶다.

사람은 어느 경우에나 변하지 않는 동일한 자연척도인 발 넓이, 팔 길이, 키 등을 가지고 있다. 집의 높이를 알고 싶을 때는 키로, 거리를 알아보고 싶을 때는 걷는 시간으로 계산하면 된다. 그러나 여기에서 주의할 것은 어린이가 직접 하도록 해야 한다는 것이다.

그러나 일반적으로 말하자면 제자가 이런 저런 연습과정을 잘 안다는 것은 별로 중요하지 않다. 다만 그가 연습에 의해서 예민한 감각과 신체상의 좋은 습관을 붙이는 것으로 충분한 것이다. 따라서 나는 자연을 유일한 미술교사로 하고 실물만을 모델로 삼도록 하고 싶다. 나는 그가 그림이 아닌 실물 그 자체를 보기를 바란다. 그렇게 해야만 물체와 그 외양을 정확하게 관찰하고 판단하는 버릇이 길러질 것이다. 나는 관찰을 자주 하게 하여 사물의 정확한 형태를 완전히 파악하고 난 후 그것을 묘사하도록 하겠다. 이렇게 하면 그는 균형과 아름다움에 대한 흥미를 잃어버리지 않을 것이다.

이런 방법에 따르면 그는 무엇인지 알 수 없는 것을 오랫동안 그리게 될 것이다. 그가 도안화가들처럼 우아한 윤곽과 올바른 필치에 도달하려면 오랜 시간이 걸릴 것이며, 효과를 분별하고 취미를 지니는 데도 도달하지 못하리란 것도 안다. 그러나 그는 보다 정확한 눈과 손, 동식물이나 자연의 여러 사물 사이에 존재하는 크기나 형상에 대한 지식, 원근의 효과 같은 작용을 한층 빨리 체험하는 능력은 확실하게 될 것이다.

내가 바라는 것은 바로 이것이며 내가 의도하는 것은 어린이가 사물을 묘사하는 것이 아니라 오히려 그것을 잘 인식하고 분간할 수 있게 하는데 있다. 게다가 이런 훈련을 하는데도 다른 훈련에서와 마찬가지로 제자 혼자서 즐기게 하고 싶은 생각은 없다. 언제나 그와 함께 훈련함으로써 보다 즐거운 것으로 만들어 주고 싶다. 나는 그의 경쟁자가 되더라도 위험하지 않은 경쟁자가 될 것이다.

그가 하는 대로 나도 연필을 잡고 비록 내가 유명한 화가라 할지라도 서투른 화가로밖에 보이지 않게 할 것이다. 먼저 나는 하인을 그리면서 두 팔을 막대기처럼, 다리도 막대기처럼, 손가락은 팔보다 굵게 그린다. 그러면 그 불균형이 나타날 것이고 그는 신체의 균형을 깨달을 것이다. 이럴 때에도 나는 그의 작업속도와 비슷하게 보조를 맞추면서도 언제나 자연의 관찰을 게을리하지 않도록 하겠다.

그리고 우리가 그린 그림을 액자에 넣어 방에 걸어 두고 사람들의 손이 닿지 않도록 한다. 한 장의 그림이 정확히 그려질 때까지 수십 번씩 반복하도록 한다. 이렇게 단계적으로 그려진 그림을 배열해 놓으면 우리에게는 흥미 있는 그림이 될 것이고, 남에게는 호기심을 불러 일으켜 결국 우리의 경쟁심은 더욱 자극을 받을 것이다. 특히 처음에 그려진 조잡한 그림을 금빛 액자에 넣고, 훌륭해진 그림은 수수한 액자에 끼운다. 그래서 우리는 서로의 그림이 간소한 액자에 끼워지는 것을 영예로 알고 그러한 영예를 바라게 된다.

기하학이 어린이에게는 부적당하다는 말은 이미 했다. 어린이의 방법은 어른의 방법과 달라서 우리에게는 추론의 재간이 될 것이 어린이에게는 보는 재간밖에 되지 않는다는 것을 우리는 모르고 있다. 우리의 방법을 어린이에게 고집하는 대신 우리가 어린이의 방법을 따르는 것이 더욱 바람직하다. 기하학의 방법론은 상상력에 근거하므로 명제가 주어지면 그것을 증명하는 방법을 상상해야만 한다.

정확한 도형을 그리고 그것을 조합시켜 겹쳐놓고 그 관계를 계속 관찰하게 하면 정의나 증명법을 가르치지 않더라도 초등 기하학을 전부 이해하게 될 것이다. 에밀이 오히려 나에게 기하학을 가르쳐 줄 수도 있다. 내가 비율을 보여주면 그는 그것을 발견할 것이다. 예를 들어 내가 컴퍼스를 사용하지 않고 실 끝에 연필을 묶어 원을 그린 후 두 개의 원의 반경을 비교하려 하면 에밀은 나를 비웃으며, 같은 길이의 팽팽한 실로는 같은 거리가 될 수밖에 없다고 나에게 가르쳐 줄 것이다.

사람들은 도형은 정확하게 그리지도 않으면서 그것을 증명하기에만 열중한다. 이와 반대로 에밀과 나는 아주 정확한 사각형과 원을 그리고, 그 도형의 성질을 기반으로 그것이 정확함을 확인한다. 또한 직경을 기점으로 하여 접어서 두 개의 반원을 만들고 또 대각선으로 접어서 정방형을 절반으로 만들어 더 정확한 도형을 조사해 본다.

나의 제자에게 기하학이란 자와 컴퍼스를 잘 사용하기 위한 기술에 지나지 않는다. 그러므로 어린이들이 기하학과 그림을 혼동해서는 안 된다. 나는 튀린에서 한 청년을 만난 적이 있었는데 그는 갖가지 기하학적 형태로 구워진 과자 중에서 동일한 둘레의 와플을 고르면서 둘레와 면의 관계를 배웠다고 했다. 그는 가장 많은 양의 와플을 고르기 위하여 아르키메데스의 기술을 습득한 것이다.

어린이는 그의 체격에 맞게 운동을 시키면 된다고 생각한다. 처음에는 유리창을 깨뜨릴 염려가 없는 방에서 나무로 된 라켓과 말랑말랑한 공을 쓰게 하다가 그 다음에는 양피를 쓰게 하고 익숙해지면 장선을 두른 것을 쓰게 하면 된다.

강한 신체를 가진 남자라도 계속 노력해야 강해지듯이 공격을 받아 본 사람만이 방어할 줄 안다. 사람들은 위험하지 않은 경기에서는 주의를 기울이지 않는 경향이 있어서 배드민턴은 몸의 민첩성과 시력의 정확성을 제공하지 못한다.

어린이의 근육은 약하다고들 하지만 어른의 근육에 비해 더 유연하다. 이 점을 염두에 둔다면 어린이도 우리가 하는 일을 해낼 수 있다. 어른이라 할지라도 어린이와 마찬가지로 훈련을 받지 않으면 어린이보다 뛰어난 재능을 가질 수는 없다. 우리는 자신의 기관을 사용해 보지 않고서는 그 사용방법을 알 수 없다. 그러므로 필요한 것은 오랜 경험이라고 할 것이다.

어린이도 사람이 하는 일이란 무엇이든 할 수 있다. 그래서 우리는 어른 못지 않은 민첩함을 가진 어린이도 볼 수 있다. 어느 도시에서나 어린이들이 줄을 타거나 거꾸로 서고, 줄 위에서 뛰거나 춤추는 것을 볼 수 있다. 그 어린이들이 과연 어른보다 미숙하다고 할 수 있을까?

여러분은 정신적인 면에서 조기교육을 비난했던 내가 이제는 육체적인 면에서 잘못을 저지르고 있다고 비난할 것이다. 그러나 이것은 전혀 별개의 문제다. 왜냐하면 정신의 진보는 겉보기에 지나지 않지만 신체의 진보는 현실적이기 때문이다. 이미 증명한 바와 같이 어린이들에게 있어 재주란 가진 것처럼 보이지만 실제로는 가지고 있지 않은 반면, 그들이 하고 있는 것처럼 보이는 일은 실제로 하는 것이다.

즉 어린이들이 하는 모든 일이란 놀이에 불과하므로 그것은 자발적이어야 하며 즐거운 것이어야 한다. 반면에 여러분이 교육하는 방법은 강제성이 많아서 어린이에게 불만과 권태를 유발하지 않고서는 목적을 성취할 수가 없다.

나는 가장 빈번하게 사용되면서 가장 중요한 두 감각에 대하여 설명해 왔다. 이것은 다른 감각을 훈련하는 데도 적용될 수 있다. 시각과 촉각은 운동하는 물체나 정지하고 있는 물체에 모두 작용하지만 청각은 소리를 내는, 즉 운동하는 물체에만 작용한다. 따라서 움직이지 않는 물체는 두려움의 대상이 될 수 없는 것이다. 그러므로 우리는 귀를 민감하게 하여 감각을 자극하는 물체가 큰가 작은가, 멀리 있는가 가까이 있는가, 그 진동이 강한가 약한가를 판단할 수 있도록 하는 것이 중요하다. 진동하는 공기는 감각의 반복을 초래하여 물체가 실제 있는 장소와는 다른 장소에 있는 것처럼 들리게 한다.

이제는 시각과 청각을 비교하여 동시에 일어나는 두 가지 인상 중에서 어느 것이 더 빨리 감각에 작용하는지를 알아보자. 대포의 불빛을 보고 즉시 몸을 피하면 타격을 면할 수 있으나 폭음을 듣고 피한다면 포탄에 맞게 된다. 또한 번개와 천둥의 시간차를 판단하여 어느 정도 거리에서 발생하는 지를 어림짐작할 수 있다. 경험할 수 있는 것은 모두 체험케 하고 그 밖의 것은 귀납적 추리로 발견하게 하라. 그러나 말로써 설명해 주어야 한다면 아예 모르는 편이 좋다.

우리는 청각에 상응하는 발성기관을 가지고 있다. 그러나 시각에는 그러한 기관이 없어 음성을 돌려보내듯이 색채를 돌려보내지 못한다. 인간은 세 종류의 목소리, 즉 음절별로 명확하게 이야기하는 소리, 리듬을 타는 노래하는 소리, 강조하는 소리를 가지고 있다. 어린이도 이 세 가지 소리를 낼 수는 있으나 어른들처럼 잘 조화시키지는 못한다. 어린이는 또한 어른들처럼 웃고 울고 슬퍼하고 감탄할 수는 있지만 그 억양을 이야기나 노래에 혼용할 줄 모른다.

완벽한 음악이란 이 세 가지를 잘 조화시킨 것인데 어린이에게는 이러한 능력이 없다. 그리고 어린이의 이야기 속에는 표정이 거의 없듯이 그들의 음성에도 기력이 거의 없다. 우리의 제자는 단조롭게 이야기할 것이며 단순한 어조로 말할 것이다. 그렇기 때문에 그들에게 비극이나 희극에 나오는 대사를 암송 또는 낭독시키려고 해서는 안 된다. 그는 경험해 본 적이 없는 감정에 대해 표정을 붙이지는 못할 것이다.

어린이에게는 항상 명확하게 말할 것과 음절을 분명하게 발음할 것과 억양과 정음법을 따를 것과 언제나 남이 알아들을 수 있도록 말하는 것을 가르쳐야 한다. 노래를 할 때도 바르고 고르고 부드러운 목소리를 내도록 해야 한다. 귀를 박자와 화음에 익숙하게 하고 모방적인 음악은 피하도록 한다. 그러나 그가 꼭 부르고 싶어한다면 어린이에게 흥미를 줄 수 있는 단순한 노래를 부르도록 해야 한다.

나는 그에게 서둘러서 읽고 쓰는 법을 가르치지 않는 것처럼 악보를 읽는 법도 결코 서두르지 않으리라. 어린이에게 부담을 주어서는 안 되며, 부호에 정신을 쏟게 해서도 안 된다. 말하는 데는 글자를 몰라도 되는 것처럼 노래도 악보가 필요하지 않는 것처럼 보일 수도 있으나 실상은 다음과 같은 차이가 있다. 말할 때는 자신의 관념을 표현하지만 노래할 때는 남의 관념을 표현하므로 그것을 읽어낼 수 있어야 하는 것이다.

그러나 첫째로 악보에 담긴 관념을 읽지는 못하더라도 들을 수는 있으며 둘째로 음악을 완전히 이해하려면 그것을 표현하는 것만으로는 부족하며 직접 음악을 만들지 않으면 안 된다. 여러분의 어린 음악가에게는 먼저 규칙적이고 박자가 잘 맞는 악절을 만드는 훈련을 시키고, 그 다음에는 매우 단순한 변조로 악절에 연결시키고, 마지막으로 이 모든 것을 정확한 구두법에 의해 표현하도록 훈련시켜야 한다. 부르기 쉽고 단순한 멜로디로 어린이가 반주에 따라 쉽게 부를 수 있는 노래를 선택하는 것이 좋다. 왜냐하면 목소리와 귀를 완전하게 형성하려면 항상 클라브생의 반주에 맞추어 노래를 불러야 하기 때문이다.

음을 확실하게 하기 위해서는 분명한 발음이 필요하다. 여기로부터 계명을 소리내어 부르는 습관이 생긴 것이다. 나의 제자에게는 간단하고 명료한 방법으로 가르치겠다. 그에게는 항상 두 개의 음계밖에 없다는 것을 가르치고 그 두 가지 음조의 각 부는 항상 동일하고 또 항상 동일한 음절로 표현해야 한다고 가르친다. 나는 지금까지 음악에 대해서 너무 많은 말을 하였다. 아무튼 여러분 좋을 대로 가르치라. 다만 음악이 즐거운 것이 되지 않으면 안 된다.

우리는 이렇게 하여 우리의 신체와 그것이 관련된 외부 물체들의 상태, 무게, 형태, 색채, 크기, 거리, 온도, 정지나 운동 등을 충분히 알게 되었다. 우리는 가까이해도 좋을 것과 멀리해야 될 것이 있다는 것과 저항을 극복하는 방법과 그 저항으로부터 자신을 보호하는 법을 배웠다. 그러나 그것만으로는 충분하지 못하다. 우리는 자신의 신체를 끊임없이 소모하고 있으므로 신체에 끊임없이 활력소를 공급해야 한다.

우리는 다른 물질을 우리의 영양분으로 변화시키는 능력은 있으나 어떤 것이나 다 좋은 것은 아니다. 그러나 창조자의 섭리로 우리는 입에 맞는 음식이 위에도 적당한 것임을 알 수 있다. 본래 식욕이란 가장 확실한 의사이다. 그리고 원시시대를 볼 때 가장 맛있는 음식이 건강에 좋았던 것임은 의심할 여지가 없다.

그리고 창조주는 우리에게 욕망이라는 것을 주어서 우리의 생활양식에 따라 기호가 변화하도록 하였다. 그런데 오히려 습성이 제2의 자연성이 되어서 이제 우리는 제1의 자연성을 알지 못하게 되었다. 그래서 가장 자연스러운 미각은 가장 단순한 미각이어야 한다는 결론이 여기서 나온다. 가능하다면 어린이에게는 최초의 미각을 보존토록 하라. 그리하여 보편적이고 단순한 음식을 먹도록 하고 편식하는 일이 없도록 하라.

나는 이러한 생활방식이 자연에 가장 일치하고 또 가장 쉽게 적응할 수 있다는 점을 말하고 싶을 뿐이다. 어른이 되어서 먹어야 할 음식을 어릴 때부터 먹는 습관을 키워야 한다는 생각은 잘못된 것이다. 노동과 고생 때문에 피곤한 어른에게는 영양이 풍부한 음식이 좋으나 성장하는 어린이에게는 유미를 많이 만들어내는 음식이 좋다.

미각은 다른 감각보다도 강한 자극을 우리에게 주기 때문에 우리는 다른 물질보다도 음식물에 대하여 더 많은 관심을 둔다. 촉각이나 청각, 또는 시각에는 좋은 물질도 미각에게는 그렇지 못한 것이 많다. 이 점을 이용하여 어린이를 지도하는데 있어서 가장 좋은 수단은 그들의 입을 통해서 이끌어 가는 것이라고 결론 지을 수 있다. 탐식의 동기는 허영심의 동기보다 다루기가 용이하다. 왜냐하면 탐식의 동기는 감각과 직접 관련된 자연에서 나오지만 허영심의 동기는 인간의 변덕과 갖가지 폐습에서 나오기 때문이다.

탐식은 어린이의 정념이다. 성장함에 따라 수많은 격한 감정이 식욕으로 바뀌게 되고, 허영심만이 마음을 사로잡을 것이다. 탐욕스런 식성은 마음이 텅 빈 사람의 결점이다. 그들은 오직 먹기 위해 태어난 사람으로 식탁만이 자기 위치이고 요리밖에는 모르는 존재이다.

재능 있는 어린이에게 탐식의 경향이 있다고 해서 걱정하는 것은 소심한 사람의 지나친 기우다. 청년이 되면 먹는 것 이외에 다른 일들을 생각하게 된다. 어린이의 식욕에 맞춰주려고 할 때는 관능을 자극할 필요는 없으며, 다만 식욕을 만족시켜 주면 된다. 그들의 성장을 위해 필요한 조미료는 식욕이다. 과일이나 유제품, 보통의 빵보다 약간 맛있는 과자 같은 것을 조금씩만 준다면 그들은 강한 미각에도 길들여지지 않고 사치스런 음식만 가려먹는 일도 없을 것이다. 어린이들이 고기보다는 유제품, 과자,

식물성 음식을 좋아한다는 사실로 미루어 보아 육식을 선호하는 것이 인간의 자연성이 아님을 알 수 있다. 어린이들의 건강보다는 성격을 위하여 이런 자연적인 성향을 지켜주는 것이 좋다. 동서고금을 통하여 육식을 많이 하는 사람은 그렇지 않은 사람보다 더 잔인하고 포악한 것이 사실이다.

플루타크는 "왜 피타고라스가 짐승의 고기를 먹지 말라고 하였는가?" 하고 물었다. 나는 반대로 그대에게 묻겠다. 죽은 짐승의 고기를 입에 대고, 죽은 짐승의 뼈를 이빨로 물어뜯고, 시체를 자기 앞에서 요리하게 하고, 조금 전까지만 해도 살아 있던 동물의 사지를 삼키는 사람은 대체 어떤 용기를 가진 자들인가?

원시인들은 우리에게 이렇게 말할 것이다. 신의 은총을 받은 인간들이여, 그대들은 얼마나 행복하고 우리는 얼마나 불행했던가? 새로이 창조된 대지와 넓은 대기는 계절의 법칙도 따르지 않았으며, 강물은 도처에서 범람하여 지표의 4분의 3이 물에 잠기었고, 그 나머지는 불모의 땅이었다. 대지는 과일을 생산하지도 못했고, 우리에게는 땅을 일굴만한 농기구도 없었다. 그래서 우리는 굶주림에서 한시도 벗어날 수 없었다. 그러다가 개밀 뿌리나 히스의 파란 뿌리를 찾아내면 그것이 우리에게는 굉장한 성찬이었다. 그리고 너도밤나무 열매나 호도, 또는 도토리를 발견하면 서투른 노랫가락에 맞춰 그 나무 둘레를 기뻐 춤을 추며 돌아 다녔다. 그것이 우리의 유일한 노래였으며 축제였다.

여러분이 어린이에게 일반적이고 평범한 음식만을 주어 그것에 익숙해지게 하면 어린이들은 결코 과식하는 일도 없고, 소화 불량을 일으키는 일도 없을 것이다. 그러나 그들을 굶주리게 하면 우리의 눈을 피해서 배가 터지도록 먹어치울 것이다. 끊임없이 제한하거나 명령하는 우리는 손에 저울을 잡지 않고서는 아무 일도 하지 않는 형편으로 위장을 척도로 삼지 않는다.

만일 내 방법에 따름에도 불구하고 과식하는 어린이가 있으면 그가 좋아하는 놀이로 마음을 쏠리게 함으로써 쉽게 고칠 수 있다. 그리스의 역사가 헤로도투스의 말에 의하면 리디아인들이 극심한 식량부족을 겪었을 때 여러 가지 놀이나 오락을 고안하여 즐기면서 허기를 잊었다고 한다. 해박한 교사들은 이것을 수없이 읽었겠지만, 어린이들에게도 적용되리라는 것은 미처 생각지도 못했을 것이다. 어떤 교사는 "어린이가 먹기를 그만두고 기꺼이 공부하러 가는 일이란 결코 없다."고 말할 것이다. 그러나 나는 그가 말하는 공부란 것이 그다지 재미있는 놀이라고 생각되지 않는다.

미각에 대한 후각의 관계는 촉각에 대한 시각의 관계와 같다. 후각은 어떤 물질이 어떻게 미각을 자극할 것인가를 미리 알리고 그 인상을 판단하여 그 물질을 요구하거나 피하게도 한다. 후각은 감각보다는 상상력을 자극하기 때문에 냄새 그 자체보다는 오히려 그것이 기대하게 하는 것에 영향을 받는다. 이런 점으로 미루어 본다면 생활방식이 다른 사람들은 동일한 냄새에 대해 상이한 판단을 내리는 것이 당연하다. 예를 들면 화단의 꽃향기는 아주 미미하기 때문에 바빠서 산책을 즐기지 못하거나 별로 일을 하지 않아 휴식의 즐거움을 모르는 사람들은 거의 느낄 수 없는 것이다. 항상 굶주리고 있는 사람은 먹지 못하는 향기 따위엔 관심도 없을 것이다.

후각은 상상력의 감각이다. 그것은 신경에 강한 자극을 주어 두뇌에 많은 작용을 일으키게 한다. 후각은 연애의 경우에 있어서도 잘 알려진 효과를 준다. 그러나 유년기에는 후각의 작용이 활발하지 못하다. 그것은 어린이의 감각이 어른처럼 예민하지 않아서가 아니라 어린이는 감각에 다른 관념을 결부시키지 않으므로 여기에 따르는 감정의 동요도 심하지 않고 우리처럼 마음의 위안을 받는다거나 기분이 상하는 일은 없기 때문이다. 자연은 코와 입을 연결시킴으로써 미각과 후각의 작용을 불가분의 것으로 만들었다. 나는 다만 이 자연적인 관계에 역행하지 않기를 바랄 뿐이다. 예를 들어 어린이를 속이기 위해 쓴 약에 상쾌한 향료를 넣는 일 따위는 삼가기 바란다.

계속해서 제6감이라고 할 만한 것을 양성하는 일에 대해 이야기하겠다. 이것은 상식, 즉 공통감각이라고 하는데 그 까닭은 그것이 만인에게 공통적인 것이기 때문이라기보다는 오감을 충분히 규제하여 사용함으로써 생겨난 것이며, 또 외형의 종합에 의해서 사물의 성질을 우리에게 가르쳐 주기 때문이다. 따라서 제6감은 특별한 기관을 갖고 있는 것이 아니라 우리 두뇌 속에만 있기 때문에 지각 또는 관념이라고 불린다.

인간의 이성이라는 것도 사실은 그 관념들을 서로 비교하는 기술을 말한다. 그래서 내가 감각적 이성 또는 유치한 이성이라고 하는 것은 몇 개의 감각만을 종합하여 단순한 관념을 형성하는 것을 말한다. 그리고 지적 이성, 또는 인간적 이성이라고 하는 것은 여러 개의 단순한 관념을 종합하여 복잡한 관념을 형성하는 것을 말한다.

여기서 나의 방법이 자연의 방법이고 그 방법을 적용함에 있어서 아무 잘못이 없었다면 우리는 우리의 제자를 감각의 영역을 통과해서 이성의 경계선까지 데리고 온 셈이다. 우리가 그것을 넘어서서 가려고 할 때 내딛는 첫걸음은 인간으로서의 첫걸음인 것이다. 그러나 새로운 길에 들어서기 전에 우리가 걸어온 길을 잠시 생각해 보자. 인생의 모든 시기와 상태는 그것에 알맞은 완성이 있고 고유한 성숙이 있다. 우리는 종종 이미 완성된 인간에 대해서 말하는 것을 듣는데 이제는 완성된 어린이에 대해서도 생각해 보자.

유한한 존재는 극히 미미하고 한정된 것이어서 있는 그대로의 모습을 보고서 우리가 감동하는 일은 결코 없다. 그러므로 만약 상상력이 감각의 대상에 매력을 부여하지 않는다면 거기서 느끼는 쾌감은 그저 감각에만 한정되며 마음은 언제나 차가운 채 감동할 줄 모를 것이다. 대지가 가을의 갖가지 보물로 장식되어 우리 눈을 감탄시켜도 마음은 크게 감동시키지 못한다. 그 감탄이 감정보다는 사색에서 더 많이 오기 때문이다. 봄의 들판에는 겨우 새싹만 돋아나도 사람들은 그것을 보고 감동한다. 자연이 소생하는 것을 보고 사람들도 새로이 소생함을 느낀다. 그러나 포도를 거둬들이는 광경은 아무리 활기차고 생동적이라도 그것을 보는 우리의 눈은 서글픈 것이다.

어디에서 이런 차이가 올까? 그것은 상상력이 봄의 광경에는 봄에 이어서 찾아오는 계절의 경치를 연결시키기 때문이다. 반대로 가을에는 현재 있는 것 외에는 더 이상 보지 않으려고 한다. 우리가 아무리 봄으로 생각을 돌리려고 해도 겨울이 가로막기 때문에 얼어붙은 상상력은 눈과 서리 위에서 사라지고 만다.

사람이 원숙기의 완성보다도 아름다운 어린 시절을 바라볼 때 발견하는 매력의 원천은 바로 이러한 것이다. 우리가 한 인간을 보고 진정한 기쁨을 느낄 때는 그 사람의 과거의 행동이 우리에게 그의 생애를 다시 돌아보게 할 때이다. 만일 우리가 현재 그 사람의 모습과 노년기의 모습을 머리 속에 그린다면 쇠퇴해 가는 자연의 관념이 우리의 모든 기쁨을 앗아가고 말 것이다.

그러나 나이에 걸맞게 씩씩하고 건강하게 자란 어린이의 모습을 그려볼 때는 그의 현재를 생각하건 미래를 생각하건 간에 나에게는 한결같이 유쾌한 관념만 떠오른다. 나는 그에게서 용솟음치는 생동감, 넘치는 생명력을 본다. 또한 나날이 자라나 시시각각으로 발전하는 감각과 정신, 그리고 체력을 사용할 장래의 성인으로서의 모습을 미리 상상해 본다. 그의 뜨거운 피가 나의 피를 뜨겁게 해주는 것 같다. 마치 그의 활기찬 모습이 나를 젊어지게 하는 것 같다.

시계가 울린다. 그 순간 그의 눈은 흐려지고 그의 쾌활함이나 즐거움, 재미난 놀이도 일시에 사라진다. 엄한 듯 보이는 한 남자가 그의 손을 잡고 엄숙한 말투로 "자, 따라와!"하며 그를 데리고 간다. 그들이 들어가는 방에는 무수한 책이 쌓여 있다. 그 나이에 어울리지 않는 얼마나 슬픈 장식물인가? 끌려가는 그의 눈에는 아쉬움의 눈물이 고이며 그의 가슴에는 내뿜지도 못할 한숨만이 가득 차 있다.

행복하고 사랑스러운 나의 제자여, 이리 와서 저 불행한 어린이가 떠나가서 생겨난 슬픔으로부터 우리를 위로해 다오. 그가 온다. 그가 가까이 다가오는 것을 보고 나는 기쁨에 휩싸인다. 우리는 언제나 서로 상대방을 속박하는 일이 없기 때문에 함께 있을 때만큼 즐거운 때는 없다.

그의 모습과 태도와 동작은 자신감과 만족감에 차 있고 그의 얼굴은 건강으로 빛나고 확고한 발걸음은 힘찬 느낌을 준다. 그의 얼굴빛은 섬세하지만 나약한 느낌은 없다. 태양은 그의 얼굴에 이미 사나이다운 특징을 주고 있다. 그의 얼굴 근육은 아직 뭉실뭉실하지만 얼굴의 뚜렷한 선을 차츰 나타내기 시작한다.

그의 눈은 아직 감정의 불꽃이 반짝이지는 않지만 타고난 맑은 빛을 그대로 간직하고 있고 눈물로 뺨을 적신 일도 없다. 그의 민첩하고 확실한 동작에는 활동성과 독립심과 훈련으로 쌓은 경험이 반짝이고 있다. 그는 매우 개방적이고 자유롭지만 자만하거나 허영 되지 않다. 책하고만 씨름하도록 강요받지 않은 그는 아래만 쳐다보지 않는다.

많은 사람이 모여있는 한 복판에 그를 놔두어 보라. 이 어린이는 누구에게도 귀찮게 하거나 수다스럽게 재잘거리지도 않을 것이며, 무례한 질문으로 여러분을 난처하게 하지도 않을 것이다. 그러나 그에게서 듣기 좋은 말만을 기대하지는 마라. 또한 나에게서 교육받은 대로 그가 말하리라고도 기대하지 마라. 그에게는 꾸밈도 없고 교활함도 없고 과장됨도 없는 순박하고 단순한 진실만을 기대하기 바란다. 그는 자신의 나쁜 행동과 사고도 그저 소박한 말투로 자유롭게 얘기할 것이다.

사람들은 어린이의 장래에 기대를 품는 경향이 있어서, 어쩌다가 어린이의 입에서 튀어나오는 훌륭한 말에 희망을 걸지만 그 이후에 듣게되는 어리석은 소리는 실망만 안겨준다. 나의 제자는 나에게 좀처럼 그러한 희망을 주지 않는 대신 결코 나를 실망시키지도 않을 것이다. 왜냐하면 그는 무의미한 말은 하지 않을 것이며 아무도 듣지 않는 말을 혼자 지껄이지도 않을 것이다.

그의 관념은 제한되어 있으나 명확하며 그는 아무것도 암기하고 있지 않으나 경험에 의해 많은 사실들을 알고 있다. 그는 다른 어린이에 비해 책을 잘 읽지는 못하나 자연이란 책은 더 잘 읽는다. 그는 기억력보다 판단력이 훨씬 뛰어나며 말을 잘하지는 못하나 행동은 다른 어린이보다 뛰어나다.

그는 관례나 습관이나 풍속을 모르며, 그가 어제 한 일이 오늘

하는 일에 아무런 영향도 주지 않는다. 그는 절대로 형식에 따르지 않으며 권위나 시범에 굴하지도 않고 자신에게 어울리는 행동만을 한다. 그리하여 남이 강요하여 가르쳐준 말이나 꾸민 태도를 그에게서 기대해서는 안 된다. 항상 그의 관념에 충실한 표현과 그의 마음에서 우러나는 행동만을 기대하는 것이 좋다.

여러분은 그에게서 현재 상태와 관련 있는 도덕적 관념을 조금은 발견하겠지만 어른과 관계되는 상태에 대해서는 어떠한 도덕적 관념도 발견하지 못할 것이다. 어린이는 아직 능동적인 사회 구성원이 아니므로 그러한 것이 그에게 무슨 소용이 있겠는가? 그는 자유나 소유권, 또는 계약에 대해서는 이해하고 있다.

여러분들이 의무나 복종에 대해서 얘기해 봐도 그는 이해하지 못할 것이다. 그에게 명령을 하면 그는 따르지 않을 것이다. 그러나 만일 '네가 이러이러한 것을 해주면 언젠가는 너에게 보답하겠다'고 말하면 그는 곧 여러분이 원하는 것을 할 것이다. 왜냐하면 자신의 지배영역을 넓히면서 여러분에게서 보답을 받기 때문이다. 아마 그는 지위나 명성을 싫어하지는 않을 것이다. 그러나 이 최후의 동기를 지니게 되었을 때는 이미 자연에서 벗어난 것이며 여러분은 결국 허영의 모든 문을 잘 잠그지 않았다는 것이 된다.

그가 어떤 도움이 필요할 때는 누구든지 맨 처음 만나는 사람을 붙들고 부탁할 것이다. 그가 무엇인가 부탁하는 태도를 보면, 여러분은 그가 여러분에게 의무를 강요하는 것이 아니라 은혜를 베풀어 달라는 것임을 알게 될 것이다. 그의 표현은 간결하며 그의 목소리나, 눈빛, 몸짓은 승낙이나 거절 모두에 대해 익숙해져 있는 사람 같은 느낌을 준다.

만일 여러분이 그의 요구를 들어주더라도 그는 답례도 하지 않을 것이고, 요구를 거절해도 불평이나 고집을 부리는 일없이 '거절당했다'는 생각 대신 '불가능한 일은 없다'고 생각할 것이다. 이미 말했듯이 사람들은 필연적인 사실에 대해서는 거의 반항하지 않는 법이다.

그를 혼자 내버려두고 그의 행동 일체에 대해서 아무 말도 하지말고, 그가 무엇을 할 것이며 어떻게 하는가를 주의 깊게 보도록 하자. 그는 자유롭다는 것을 자신에게 확인시킬 필요가 없으므로 가볍게 처신하지도 않을 것이며, 그렇다고 자기 힘을 뽐내기 위해서 무언가를 하지는 않을 것이다. 그는 언제든지 자기 마음대로 행동할 수 있다는 것을 알고 있기 때문이다.

그는 민첩하며 쾌활하다. 그의 움직임에서는 나이에 맞는 활기참을 찾아볼 수 있지만 목적 없는 행동은 찾아볼 수 없다. 무슨일을 하더라도 힘에 겨운 일은 결코 하지 않는다. 그는 자기가 계획하는 일에 적합한 수단을 동원하고, 성공의 확신이 없는 일에는 좀처럼 행동하지 않는다. 설령 뜻하지 않은 난관에 부딪히더라도 다른 사람들처럼 두려워하지도 않을 것이며, 다만 냉정한 태도로 대처해 나갈 것이다. 그는 태어나면서부터 필연의 속박을 받고 있기 때문에 그것에 아주 익숙해져 있다.

그에게는 놀이가 곧 일이므로 일과 놀이 사이에 하등의 차이가 없이 행동할 것이다. 그는 자신을 즐겁게 하는 흥미와 자유를 가지고 자신이 하는 모든 일을 한다. 그와 동시에 그는 자신의 모든 재능과 지식을 동원한다. 한 어린이가 활기차고 쾌활한 눈빛과 밝은 표정, 그리고 활짝 웃는 모습으로 놀면서도 진지한 태도를 하고, 놀이에 열중하고 있는 장면이야말로 즐겁고 매력적인 광경이 아니겠는가?

이번에는 다른 어린이와 비교해 보기 위해 그를 다른 어린이들과 어울려 놀게 하고 그가 하는 대로 내버려두자. 그러면 누가 진정으로 더 성장했으며, 또 누가 그들의 나이에 알맞은 완성에 가장 가까이 접근했는지를 곧 알게 될 것이다. 도시 어린이들 가운데 그보다 더 재능 있는 어린이는 없으며, 그 누구보다도 힘이 세다. 농촌 어린이들과 비교해도 체력에 있어서는 그들과 같고 재능에 있어서는 그들을 능가한다. 능력이 미치는 한도에서는 도시의 어린이나 농촌의 어린이보다도 잘 판단하고 추리하며 예견한다.

그는 또한 모든 일에 임해서도 마치 자연이 그의 명령을 따르고 있는 것처럼 행동할 것이다. 그만큼 모든 일을 자기 의사대로 할 수 있다. 그는 또래의 어린이들을 인도하고 지도하도록 만들어져 있다. 재능과 경험이 권리와 권위를 대신한다. 그는 어디를 가나 리더할 것이고 어디서나 어린이들의 우두머리가 될 것이다. 다른 어린이들은 자신이 복종하고 있다고 깨닫지 못한 사이에 복종하게 될 것이다.

그는 이제야 어린이로서 성숙기에 도달했다. 그는 어린이로서의 삶을 살아 왔으나 자신의 행복을 희생하면서 얻은 것이 아니라 그 두 가지가 결합한 것이다. 그 나이에 맞는 이성을 모두 획득하면서 체질이 허용하는 범위 내에서 행복하고 자유로웠다. 만일 운명이 희망의 꽃을 싹둑 잘라버린다 하더라도 그의 삶과 죽음을 동시에 슬퍼할 필요는 없다. 우리는 속으로 말할 것이다. '적어도 그는 어린 시절을 즐겼다. 또한 우리는 그에게 자연이 부여한 것을 하나도 잃어버리게 하지도 않았다.'고.

초기교육의 큰 결점은 현명한 사람만이 이해한다는 것과 이처럼 정성 들여 키운 어린이도 천박한 사람들의 눈에는 한낱 개구쟁이로 밖에 보이지 않는다는 점이다. 교사는 제자의 이해관계보다 자신의 이해관계를 더 생각하기 마련이다. 그는 자신이 시간을 헛되이 보내는 것이 아니며 자기가 받는 돈이 정당하게 버는 것이란 사실을 증명하려고 애쓴다. 그래서 그는 어디서나 쉽게 과시할 수 있고 자랑할 수 있는 지식을 제자에게 가르친다.

그러한 지식이 어린이에게 유익한지 어떤지는 문제가 되지 않는다. 어린이를 시험할 단계가 되면 그와 같은 자기 상품을 어린이에게 풀어놓는다. 어린이는 그 상품을 사람들 앞에 진열해 보이고 사람들은 만족해한다. 그런 후 어린이는 보따리를 챙겨서 가버린다. 그러나 나의 제자는 가난하기 때문에 펼쳐 보일 상품 보따리가 없다. 그는 자기 자신밖에는 보여줄 것이 없는 것이다.

너무 많은 질문을 한꺼번에 받으면 누구나 지겹고 짜증이 나기 마련인데 어린이의 경우는 더욱 그러하다. 나는 고(故) 하이드 경에게서 이런 이야기를 들었다. 그의 친구 한 사람이 3년 만에 이탈리아에서 돌아와 아홉 살인가 열 살인가 되는 자기 아들의 진척도를 알아보려고 했다.

　　어느 날 오후, 아들과 가정교사와 함께 산책을 하던 중 어린 학생들이 연날리기를 하자 아버지가 물었다. "저기 그림자가 진 연은 어디에 떠 있지?" 아들은 고개도 들지 않고 서슴없이 대답했다. "큰 행길 위입니다." 그리고 정말로 큰 행길이 태양과 그들 사이에 놓여 있었다고 하이드 경은 덧붙였다. 아버지는 아들을 포옹하였다. 그리고 시험은 그것으로 끝내고 집으로 돌아와서 다음날 가정교사에게 봉급 외에 종신연금 증서를 주었다고 한다. 얼마나 훌륭한 아버지이며 얼마나 장래성 있는 아들인가!

　　이 질문은 그 나이의 어린이에게 알맞은 질문이었으며, 그 대답 역시 간결했다. 그러나 대답 속에는 어린이의 정확한 판단이 들어 있었다. 바로 이런 식으로 아리스토텔레스의 제자(알렉산더 대왕)는 그 어떤 조련사도 길들일 수 없었던 준마를 길들일 수 있었던 것이다.

제 3 부

청소년기

청년기에 이르기까지의 과정은 전체적으로 나약한 시기지만 이 초기의 시기는 능력의 발달이 욕망의 발달을 앞지르기 때문에 성장 중의 동물은 절대적으로는 약하지만 상대적으로는 강한 시기이다. 욕망이 충분히 발달되어있지 않기 때문에 현재의 능력으로도 욕망을 충족시키기에는 충분하다. 어른으로서는 지극히 허약한 존재이지만 어린이로서는 지극히 강한 셈이다.

인간의 허약함이란 능력과 욕망간의 불균형에서 오는 것으로 우리를 약하게 만드는 것은 우리의 정념이다. 그것을 만족시키려면 자연이 준 이상의 능력이 필요하기 때문이다. 그러므로 욕망을 줄여야 한다. 자기가 원하는 그 이상의 것을 할 수 있는 사람은 여력을 가진 자이며 매우 강한 자이다. 이것이 어린 시절의 제3기의 상태로 나는 지금부터 이 시기에 대해 설명하려고 한다. 이 시기는 사춘기에는 이르지 못했으나 청년기에는 가까워지고 있기 때문에 계속 어린이 시기로 부르기로 한다.

열두세 살이 되면 어린이의 체력은 욕구보다 빠르게 발달한다. 아직까지 그에게는 가장 격렬하고 무서운 욕구는 느껴지지 않으며 기관 자체도 아직 미완성인 상태로 머무르고 있다. 대기나 계절의 침해에도 민감하지 않고 그것을 쉽게 극복하며 자신의 높은 체온으로 의복을 대신할 수 있다. 그리고 그의 왕성한 식욕은 조미료가 필요 없으며 그는 무엇이나 맛있게 먹는다.

그는 어디를 가나 자기가 필요로 하는 것이 도처에 있음을 본다. 그는 상상에서 생기는 욕구로부터 고통을 당하지도 않으며 사람들의 의견에도 영향을 받지 않는다. 욕구는 언제나 자기 손안에 있으며 자기 일을 스스로 처리할 뿐더러 필요를 채우고도 오히려 넘치는 힘을 가지고 있다. 이런 상태는 일생을 통해 단지 이 시기뿐이다.

아마 반론이 있을 것이다. 사람들은 지금 내가 말하는 욕구보다 더 많은 욕구를 어린이가 가지고 있다고는 말하지 않겠지만 어린이가 내가 말한 정도의 힘을 가지고 있다고는 생각지 않을 것이다. 내가 말하고 있는 것은 나의 제자에 대한 것이지 자동인형 같은 어린이에 대한 이야기가 아니다.

사람들은 성인의 힘은 장년이 되어야 발휘되는 것이라고 말할지 모른다. 즉 왕성한 생명의 정기는 혈관 속에서 형성되어 전신에 퍼져야 진정한 힘의 근원인 견고함과 활동성과 정력 및 탄력성을 근육에 줄 수 있다고 말할 것이다. 이것은 서재의 철학이다. 그러나 경험으로 볼 때, 씩씩한 사내아이들은 밭에서 아버지가 하는 일을 거침없이 하는 것을 본다. 목소리를 들어보면 어린이지만 외모만으로는 어른으로 오인할 정도이다.

도시에서도 젊은 직공들은 거의 주인과 마찬가지로 건장하며 기술에 있어서도 수업기간만 빨랐다면 스승에 못지 않을 것이다. 만일 차이가 있다 해도 그것은 대단치 않은 것으로, 어른들의 격심한 욕망과 어린이의 한정된 욕망과의 차이보다 훨씬 적은 것이다. 게다가 이것은 육체적인 힘만의 문제가 아니라 그것을 보충하고 지도하는 정신력과 그 가능성의 문제이기도 하다.

이 시기는 사람이 절대적인 최대의 능력을 갖는 시기는 아니지만 앞서 말한 바와 같이 상대적으로는 가장 큰 힘을 갖는 시기이다. 이때가 인생에서 가장 귀중한 시기이며, 단 한번밖에는 오지 않는 시기인 것이다.

그렇다면 현재로서는 남아돌지만 장래에는 모자라게 될 이 능력과 체력을 어떻게 쓸 것인가? 그는 그것을 미래를 위해 유익하게 쓸 것이다. 즉 금고나 창고 속에 넣어 두지 않고 진정 자기 것으로 만들기 위해 자신의 몸 속에 간직할 것이다. 그러므로 이 시기야말로 근면하고 면학하고 연구해야 하는 시기이다. 그런데 주의해야 할 것은 이 시기를 선택하는 것은 내가 아니라 오로지 자연만이 하는 것이다.

인간의 지능에는 한계가 있다. 또한 거짓 명제의 반대는 진리이므로 진리의 수 역시 오류의 수만큼 무한한 것이다. 그러므로 교육의 시기를 선택하는 것처럼 교육의 대상을 선택하는 것도 중요한 것이다. 우리가 얻을 수 있는 지식 중에는 무익한 것도 있고 쓸데없이 자만심만 길러 주는 것도 있다. 그러므로 중요한 점은 모든 것을 아는 것이 아니라 유익한 것만을 아는 것이다.

이러한 얼마 안 되는 지식 중에서도 이미 형성된 오성(悟性)이 아니고는 이해할 수 없는 진리는 제외시켜야 한다. 어린이가 이해할 수 없는 인간관계에 대한 지식이나 경험이 없는 어린이의 정신에 혼동을 일으키는 지식 등은 제외시켜야 할 것이다.

이렇게 보면 우리는 존재하는 만물에 비해 지극히 작은 테두리 안에 갇히고 마는 셈이다. 그러나 이 작은 테두리도 어린이의 정신척도에서 본다면 광대한 영역이다. 인간의 오성이 미치지 못하는 암흑이여, 감히 누가 너의 장막에 손을 내미는가? 우리의 보잘것없는 지식 때문에 이 불행한 어린이의 주위에 얼마나 많은 함정이 있는가?

위험한 길로 인도하여 그의 눈앞에 전개되는 자연의 성스러운 장막을 걷어올리려고 하는 자여! 그대의 손을 멈춰라. 사람의 마음을 현혹하는 자만심을 두려워하라. 무지가 해로운 것이 아니라 오류가 해롭다는 사실과, 사람이 길을 잃는 것은 모르기 때문이 아니라 알고 있다고 착각한 데서 비롯되는 것임을 잊지 마라.

기하학에 있어서의 어린이의 진보는 그의 지식발달의 증거와 척도로서는 유익할지 모르겠다. 그러나 그가 유익한 것과 무익한 것을 구별하게 되면 그를 사변적 연구로 인도하기 위하여 많은 준비와 기술이 필요하다. 예를 들어 두 직선의 비례중항을 구분하게 하려면 우선 그에게 주어진 직사각형과 면적이 같은 정사각형을 찾아야 한다는 필요를 느끼게 해야 한다. 두 개의 비례

중항을 구하게 하려면 그의 흥미를 끌 수 있는 입방체를 두 배로 하는 문제를 내주어야 할 것이다. 우리가 어떤 단계를 거쳐 선과 악을 구별하는 윤리적 개념에 도달하는지를 생각해 보면 우리가 알고 있었던 것이란 필연의 법칙뿐이었다.

동일한 본능이 인간의 여러 능력을 자극한다. 신체활동 다음에는 스스로 지식을 구하려는 정신활동이 나타난다. 처음에는 몸만 움직이는 어린이도 시간이 지나면 호기심을 갖기 시작한다. 이 호기심을 잘 유도하면 지금 우리가 문제삼고 있는 시기의 원동력이 된다.

세상에는 박식하다는 평이 듣고싶어 이루어진 지식욕이 있는가 하면, 흥미를 주는 것은 무엇이든지 알고싶어 하는 호기심에 의해 이루어진 지식욕도 있다. 행복에 대한 선천적 욕망과 이 욕망을 충족시켜주지 못할 때의 불만이 행복에 이르는 새로운 수단을 모색하게 한다. 이것이 호기심의 근본원리이다.

대체로 거의 모든 미개민족의 철학은 한결같이 지구의 상상적인 부분과 태양의 신성(神性)에 관해서 논하고 있다. 사람들은 이것을 비웃을 것이다. 그러나 이것은 체력의 증대와 정신적이고 자연적인 경향의 결과이다. 즉 자신의 존재를 확대시키려는 욕망이 먼 곳으로 비약하게 만든 것이다.

우리의 감각을 관념으로 전환시켜 보자. 그러나 감각의 대상에서 갑자기 지적 대상으로 비약해서는 안 된다. 정신이 활동하기 시작하면 감각은 언제나 정신의 안내자 역할을 해야 한다. 세상이라고 하는 책 이외에는 어떤 책도 필요 없으며, 사실 외의 지육(知育)도 필요 없다. 책을 읽는 어린이는 아무 생각 없이 그저 읽을 뿐이다. 그는 지식을 배우는 것이 아니라 낱말을 배울 뿐이다.

제자의 관심을 자연현상에 돌리게 하면 그들은 곧 호기심을 가질 것이다. 그러나 호기심을 기르기 위해서는 그에게 적당한 문제를 주어 스스로 해결하도록 해야 한다. 가르쳐서가 아니라 스스로 깨달아서 지식을 얻도록 해야 한다. 여러분이 그의 머리 속에 이성이 아닌 권위를 심어주면 그의 이성은 마비되어 다른 사람의 의견에 놀아날 뿐이다.

여러분은 어린이에게 지리를 가르칠 때 지구의, 지도 등을 보여주는데 어째서 실물 그 자체는 보여주지 않는가? 어느 맑게 갠 날 저녁에 지평선이 한눈에 들어오고 태양이 지는 모습을 보려고 산책을 나간다. 그리고 태양이 지는 지점을 알아둔다. 다음날 아침 신선한 공기를 마시기 위해 태양이 떠오르기 전에 어제 저녁에 산책했던 곳으로 간다. 이때 떠오르는 태양을 그와 함께 관찰한 다음 그쪽 방향에 있는 산들과 그 근처의 사물들에 관심을 갖도록 하라. 그리고 그가 느낀 바를 마음껏 떠들게 한 다음 얼마동안 아무 말도 않다가 이렇게 말하라. "태양이 어제 저녁에는 저쪽으로 지고 오늘 아침에는 이쪽으로 떴는데 왜 그럴까?" 그리고 그 이상은 아무런 말도 하지말고 어떠한 질문에도 답하지 마라. 그에게 맡겨두면 그는 반드시 그것을 생각해 낼 것이다.

어린이에게 주의력을 길러주고 감지될 수 있는 진리를 분명하게 인식시키기 위해서는 그가 그것을 발견하기까지의 며칠 간을 불안 속에서 보내도록 할 필요가 있다. 그래도 그가 충분히 이해하지 못하면 문제를 정반대로 뒤집어 보면 된다. 이것이 우주에 관한 최초의 수업이다.

이 최초의 수업으로부터 태양의 운행과 지구의 형상에 관한 지식에 도달하기까지는 상당히 긴 시간이 걸린다. 그러나 모든 천체의 운동은 동일한 원리에 입각한 것이고, 또 최초의 관찰은 모든 관찰의 실마리가 되므로 태양의 하루 회전에서부터 일식의 계산에 이르기까지는 낮과 밤을 충분히 이해하는 것보다 오랜 시간이 걸릴지 모르나 큰 노력이 드는 것은 아니다.

우리는 세례 요한의 축제일에 해뜨는 것을 보고 크리스마스에 해뜨는 것도 보게 된다. 같은 장소에서 관찰하도록 한다. 그리고 주의를 집중시키기 위해 이렇게 말한다. "야! 이상한데? 태양이 이제는 같은 장소에서 뜨지 않는구나. 그렇다면 여름에 태양이 떠오르는 곳과 겨울에 태양이 떠오르는 곳은 다르구나!"

젊은 교사여, 이것이 그대가 취해야 할 바른 길이다. 이 정도의 예만으로도 그대는 충분하고 명확하게 천체를 가르칠 수 있는 것이다. 우리는 어린이의 입장에서 생각할 줄 모르기 때문에 그들의 생각을 이해할 수 없으며, 그들에게 우리의 생각을 주입할 뿐이다. 그리하여 우리는 그들의 머리 속에 피동적인 부조리와 오류를 쌓고 있는 것이다.

학문을 연구하는데 있어 분석과 종합 중 어느 쪽을 선택할 것인가 하는 문제는 그다지 중요한 것이 아니어서 두 가지를 동시에 사용하여 서로를 증명하게 하는 것이 보다 나은 방법이라고 하겠다. 지리학에 있어서 최초의 출발점은 그가 살고 있는 도시와 아버지의 시골 별장이며, 그 사이의 토지, 인근에 있는 강, 마지막으로는 태양의 존재와 방향을 분간하는 방법이 될 것이다. 그에게 이러한 모든 것을 지도로 만들게 하라. 처음에는 단 두개의 물체를 표시하게 하고 다른 지점들은 덧붙여 나간다.

약간의 도움은 필요하겠지만 그가 모를 정도로 도와줄 일이다. 잘못이 있더라도 고쳐주지 말고 스스로 깨닫고 정정할 때까지 기다려라. 중요한 것은 그 지방의 지형을 정확하게 아는 것이 아니라 그것을 알기 위한 수단을 터득하는데 있다. 요컨대 지도가 나타내고 있는 내용을 실제로 잘 알고, 또 지도를 제작하는데 필요한 기술을 명확히 익히면 되는 것이다.

나의 교육정신은 어린이에게 많은 것을 가르치는 것이 아니라 정확하고 명료한 관념만을 그의 머리 속에 넣어 주는데 있다. 문제는 무지가 아니라 잘못된 생각에 있다. 내가 그의 머리 속에 진리를 주입시키는 것은 다만 그가 진리 대신에 오류를 배울지도 모르는 위험으로부터 그를 지켜주기 위함이다. 이성과 판단력은 서서히 오는 반면 편견은 떼를 지어 온다. 그를 이러한 편견으로부터 보호할 필요가 있다.

유년기에는 시간이 많아서 그 시기를 잘못 사용할까 두려워서 애써 낭비하려고만 하였으나 지금은 그와 정반대로 여러 가지 유익한 일을 하기에도 시간이 충분치 못하다. 곧 다가올 정념에 여러분의 제자는 정신을 몰두할 것이다. 평온한 시기는 매우 짧아서 여러분은 어린이를 지식 있는 사람으로만 만들면 된다는 생각을 하는데 이것은 어리석은 생각이다. 요는 학문을 가르치는 일보다는 그것에 애착을 느끼게 하고 학문을 사랑하는 마음이 한층 발전했을 때, 학문을 터득하기 위한 방법을 가르쳐 주는 것이 문제이다. 이것이 모든 교육의 근본원리이다.

이 시기는 한가지 사물에 대한 일관된 주의력을 가질 수 있도록 습관을 길러주어야 하는 시기이기도 하다. 항상 즐거움이나 욕구가 주의력을 낳도록 해야지 싫증을 느끼게 해서는 안 된다. 따라서 어린이가 어떤 일에 싫증을 느끼기 전에 그만두도록 해야 한다.

어린이가 질문을 하면 호기심을 자극하는 정도로만 대답을 하라. 그러나 쓸모 없는 질문으로 여러분을 난처하게 할 때는 즉시 대답을 중단하라. 그가 입으로 하는 말보다는 그와 같은 말을 하게 된 동기에 유념하라. 이것은 어린이가 추리를 시작하게 되자마자 중요한 사항이 되기 때문이다.

모든 학문의 밑바탕에는 공통원리가 있으며 그것의 발달과정에는 일련의 연속된 진리가 있다. 이것과는 전혀 다른 또 하나의 연쇄가 있는데 그것에 의해 각 개의 개별적인 사물이 서로 잡아당기기도 하고 뒤따르는 것을 제시하기도 한다. 이것이 필요로 하는 주의력은 항상 호기심에 의해 육성되어야 한다.

지구상에는 갖가지 풍토가 있고 그에 따른 여러 기후가 있다. 계절의 변화는 극에 가까워질수록 현저해 지며 모든 물체는 찬 곳에서 수축하고 뜨거운 곳에서는 팽창한다. 이 작용은 액체, 특히 알코올에서 더욱 뚜렷하게 나타난다. 사람은 바람을 볼 수 없으나 느낄 수는 있다. 컵을 거꾸로 물 속에 집어넣고 공기가 빠져나가지 않도록 하면 컵에 물이 채워지지 않는다. 이로써 공기의 저항력을 알 수 있다. 공기는 어느 정도까지는 압축이 가능하다. 압축한 공기로 채워져 있는 공은 다른 것으로 채워져 있는 공보다 잘 튄다. 그러므로 공기에는 탄력성도 있다.

　욕조에 누워 팔을 물 밖에서 수평으로 올리면 무거움을 느낀다. 그러므로 공기에는 무게가 있다. 공기를 다른 유체와 평형상태에 놓음으로써 그 무게를 측정할 수 있다. 정력학(靜力學)이나 수력학의 법칙은 이와 같은 간단한 실험에 의해 발견된다. 이런 것을 알기 위해 물리실험실로 들어가는 것을 원치 않는다. 학문적인 분위기는 학문을 죽이기 마련이다.

　나는 모든 기계를 자신의 손으로 만들고 싶다. 그것도 우연하게 실험을 한 다음 그것을 검증하기 위한 기계를 단계적으로 만들고 싶다. 나는 정력학의 첫 수업을 위해 저울 대신 의자에 막대기를 가로질러 걸고는 막대기가 평형상태에 있을 때 두 부분의 길이를 잰다. 그리고 막대기의 양쪽 끝에다 똑같거나 또는 다른 무게를 가한다. 그리고 잡아당기기도 하고 밀기도 하여 마침내 균형은 무게와 막대기의 길이 사이의 상관적인 비율에 의해 생긴다는 것을 발견한다. 이렇게 해서 나의 물리학자는 저울을 본 일도 없는데 벌써 저울을 조정할 수 있게 된다.

이처럼 자기 스스로 배우게 되면 가르침을 통해 배우는 것보다 더 명확한 관념을 얻게 되는 것이 분명하다. 또한 이렇게 되면 이성은 권위를 제압하고 여러 관계의 발견을 통한 관념이 싹트며 도구를 발견하는 재간도 늘 것이다. 그러나 모든 것을 피동적으로 받아들이게 되면, 우리의 정신은 나약하게 되어 결국은 힘을 잃고 손발을 사용하지 못하는 사람의 육체와 같아진다.

시간이 많이 걸리는 이 연구법의 가장 두드러진 장점은 이론적인 연구를 하는 중에도 계속 몸을 움직여서 손발을 유연하게 하고 노동과 인간에 대해 유익한 방향으로 손을 단련시키는 데 있다. 이미 나와 있는 실험도구는 감각의 훈련을 소홀하게 만든다. 기계가 정교해 질수록 우리의 감각은 무디어 간다. 주위에 있는 온갖 기계를 모을수록 우리 내면의 기계는 잃고 마는 것이다.

그러나 기계가 대신했던 우리의 재능과 기계 없이 일을 처리하기 위해 필요했던 우리의 지혜를 기계를 제작하는데 사용한다면 우리는 아무것도 잃지 않고 이익을 얻을 수 있게 된다. 그리고 자연에 기술을 더하면 그 기술은 더욱 정교해지고 향상될 것이다. 어린이를 항상 책에만 매달리게 하지말고 공작실에서 공부하게 하면 어린이의 손은 정신에게도 유익하게 될 것이다. 그는 철학자가 되면서도 스스로 노동자로 생각하며 철학적 유희의 대상인 인간을 진정한 기능을 갖춘 존재로까지 끌어올릴 것이다.

청년기에 다다른 어린이에게는 아직도 순수한 이론적 지식은 적합하지 않다. 그러나 어린이를 이론적 물리학에 깊이 파고들게 하지 않더라도 어린이의 모든 경험이 어떤 영역에 의해서 서로 연결되어 그의 머리 속에 질서정연하게 정돈되어 있다가 필요한 때에 그것을 생각해 낼 수 있도록 해야 한다.

자연법칙의 탐구에 있어서는 항상 공통되고 명확한 현상에서부터 시작하는 것이 좋다. 또한 그러한 현상도 하나의 이론이 아닌 사실로 파악하는 습관을 들여라. 나는 돌을 공중에 던지려고 하다가 손가락을 벌려 돌이 떨어지게 한다. 이것을 주의 깊게 바라보고 있던 에밀에게 묻는다. "왜 돌이 떨어졌지?"

이 질문에 대답을 못할 어린이는 아무도 없다. 에밀도 내가 애써 그런 대답을 하지 못하도록 막지 않은 한 대답할 것이다. 돌멩이는 무겁기 때문이라고. 그렇다면 무거운 것은 어떤 것인가? 그것은 떨어지는 것이다. 그럼 돌은 떨어지는 것이기 때문에 떨어지는가? 여기서 나의 어린 철학자는 말문이 막힌다. 이것이 이론 물리학의 최초의 수업으로서 어린이에게 양식을 길러 주는 학업이 될 것이다.

어린이의 지성이 발달함에 따라 어린이가 해야 할 일을 좀더 세심하게 선택해 주어야 한다. 어린이가 충분히 자아를 인식하고 행복이 무엇인가를 알게 되면 자기에게 적합한 것과 부적합한 것을 판단할 수 있게 되므로 곧 일과 놀이의 차이를 느끼고 놀이란 일에 대한 단순한 휴식으로밖에 생각지 않는다. 그렇게 되면 현실적으로 유익한 일이 어린이의 학업과 결부되게 되고 더 많은 노력이 그곳에 쏟아지게 된다. 필연의 법칙은 장래에 보다 더 험악한 일에 대비하기 위해서는 그것을 해야 한다는 것을 인간에게 가르쳐 준다. 이것이 선견지명의 효용이다. 이 선견지명의 활용에 따라 지혜와 행복이 판가름난다.

사람은 모두 행복해지기를 바라지만 행복해지기 위해서는 그것이 무엇인지를 알아야 한다. 자연인의 행복은 그의 생활과 마찬가지로 단순하기 때문에 괴로워하지 않는 것이 행복이다. 그러므로 건강·자유·필수품이 그 요소이다. 그러나 여기서 문제가 되는 것은 그와 같은 행복이 아니다. 아직 허영심과 편견에 물들지 않은 어린이에게 흥미를 북돋아 줄 수 있는 것은 오로지 순수한 감각적 대상밖에는 없다.

어린이가 필요를 느끼기 전에 그것을 예감하게 되면 그들의 지성은 이미 상당히 진보된 것이며, 시간의 가치를 알기 시작한 것이라고 하겠다. 이렇게 되면 그들에게 유용한 것들에 대해서 시간을 사용하도록 길들여 주는 것이 중요하지만 어린이의 나이에 맞는 지혜가 도달하는 범위 내에서 그 정도의 유용성을 지닌 것이어야만 한다.

어른은 어린이가 그 유용성을 알지 못하는 많은 일들을 알아두어야 한다. 그러나 어린이가 어른이 알아두어야 할 일을 모두 다 배울 필요도 없으며 그럴 능력도 없다. 왜 여러분은 오늘의 그에게 적합한 공부는 중단시키고 그가 도달할지 말지 불확실한 나이에 필요한 공부를 시키려 하는가? 필히 여러분은 사용할 시기가 되어서야 지식을 배운다면 이미 늦을 것이라고 말하리라. 그것은 나도 잘 모르겠으나 다만 그보다 더 일찍 배운다는 것은 불가능하다고 생각한다. 그러니 어린이가 이해하지 못하는 인간의 상태에 관한 관념이란 어린이에게서 멀리 격리시켜야 한다. 이 책은 이 교육원리를 끊임없이 증명하는데 지나지 않는다.

"그것은 무엇에 쓸모가 있을까?"라는 말은 이제 우리 생활의 모든 행동을 결정하는 신성한 말이 된다. 이것이 그의 모든 질문에 반드시 뒤따라야할 질문인 것이다. 그리고 이것은 어린이들의 성가신 질문을 그치게 하는 수단이 된다. 유용한 것만을 알려고 하라는 교훈을 얻은 어린이는 소크라테스와 같은 질문을 할 것이다. 즉 그 질문의 이유를 자신이 납득한 뒤가 아니면 절대 질문하지 않을 것이다.

그러나 여기에도 교사로서 피하기 힘든 함정이 있다. 만일 어린이가 "그것은 무엇에 쓸모가 있을까?"하고 질문을 할 때 만일 여러분이 어린이로서는 이해할 수 없는 설명을 하면 그는 여러분이 어린이의 관념에 의해서가 아니라 여러분 자신의 관념에 의해 설명하고 있으며 그 질문은 여러분의 연령에는 적합할지 모르나 그들의 나이에는 유익하지 않은 것이라고 생각할 것이다. 그렇다면 어린이는 이미 여러분을 신뢰하지 않을 것이며 만사는 수포로 돌아간다.

교사라면 대부분 제자 앞에서 자신의 잘못을 인정하려들지 않지만, 나는 내가 잘못하지 않았더라도 나의 이치를 제자에게 이해시키지 못한다면 그것을 내 잘못으로 인정하는 것을 법칙으로 삼고 싶다. 이렇게 되면 나의 교육방법은 항상 그의 정신에 명백하게 이해되어 결코 의심을 품게 하지 않을 것이며, 나는 자신의 잘못을 일단 시인함으로써 모든 교사들이 자신들의 잘못을 은폐함으로써 유지하려고 하는 것 이상의 신뢰를 틀림없이 유지할 수 있을 것이다.

첫째로, 어린이가 배워야 할 것은 여러분이 제시해 주지말고 제자 스스로가 요구하고 추구하고 발견하도록 해야 한다. 여러분은 배우려는 욕구를 자극하고 그것을 만족시킬 수단을 제공해 주기만 하면 된다. 또 너무 자주 질문해서는 안 되며, 질문은 잘 선택하여 가끔씩 해야 한다. 그리고 여러분은 여러분이 질문하는 것보다 더 많은 질문을 받으므로 질문을 받을 때는 항상 "네가 지금 질문하고 있는 것은 무엇 때문에 필요한가?"하고 어린이에게 다시 물어야 한다.

게다가 그가 무엇을 배우는가가 중요한 것이 아니라 배운 것을 잘 이해하고 왜 배우는지 그 배움의 효용을 이해하는 것이 중요하기 때문에 그에게 유익한 설명을 줄 수 없을 때는 아예 설명하지 말고 이렇게 말해야 한다. "적당한 대답을 찾을 수 없구나"하고. 만일 여러분이 가르치고 있던 것이 실제로 빗나간 것이었다면 완전히 버려도 관계없다. 그 유익성을 그에게 깨닫게 해 줄 기회는 올 것이다.

나는 말로 설명하지 않고 실물을 사용할 것이다. 우리는 수다 스러운 현 교육 때문에 수다쟁이들밖에 만들어 내지 못한다.

내가 제자와 함께 태양의 운행과 방향을 알아내는 방법을 공부하고 있을 때, 그가 갑자기 내 말을 가로막고 이런 것이 도대체 어디에 쓸모가 있느냐고 묻는다면 나는 얼마나 훌륭한 얘기를 그에게 해줄 수 있을까? 또한 그때 주위에 우리의 대화를 듣고 있는 사람이라도 있다면 나는 그에게 얼마나 많은 것을 가르칠 수 있는 기회를 포착하겠는가?

그러면 나는 여행의 유익함, 상업의 이점, 각 풍토에 따른 독특한 산물, 여러 민족의 풍습, 달력의 사용법, 농업을 위한 계절의 순환산정법, 항해술, 항로결정법, 심지어 정치학, 박물학, 국제법, 도덕 등에 대해서 장황한 설명을 해 모든 학문에 대한 광범위한 개념을 설명해 그것에 대한 학습욕구를 품게 할 것이다. 그러면 그는 여전히 '방위를 아는 것이 무슨 소용이 있냐'고 다시 질문하고 싶을 것이다. 가능한 행동으로 가르치고 그럴 수 없는 것만 말로 가르쳐라. 그러나 어떠한 문제에 있어서도 교사는 학생의 능력에 충분히 귀기울여 그 능력에 따라 증명해주어야 한다고 거듭 말하고 싶다. 왜냐하면 난처한 경우란 이해하지 못하는 경우가 아니라 이해했다고 믿는 경우이기 때문이다.

나는 어떤 어린이에게 화학에 흥미를 갖게 하려고 몇 가지 금속의 침전상태를 보여준 뒤 잉크가 만들어지는 절차를 설명한 적이 있었다. 잉크의 검은 색소는 유산염에서 분리한 알칼리액에 미세한 철가루를 침전시킨 것에 불과하다고 말했다. 그러자 어린 배반자는 내가 가르쳐준 질문으로 나를 크게 당황시켰다. 나는 잠시 생각한 후 사람을 시켜 지하실 창고에 있는 고급 포도주와 싸구려 포도주를 가져오게 하였다. 나는 작은 병 안에 일정량의 알칼리 용액을 넣은 다음 두 종류의 포도주를 따른 두 개의 컵을 앞에 놓고 다음과 같은 이야기를 했다.

"사람들은 본래의 품질보다 더 좋게 보이려고 다른 물질을 섞는 일이 있단다. 그와 같은 혼합물은 겉보기에만 훌륭할 뿐 실제로는 전보다 더 나빠진다. 이런 짓은 포도주에서 가장 심한데 그것은 속임수를 알아채기가 힘들고 속이는 쪽에 보다 많은 이익이 되기 때문이다. 떫거나 신 포도주에 납으로 만든 일산화연을 넣으면 산은 납과 결합하여 달콤한 성분을 만들어 내며, 이것이 포도주의 신맛을 없애 주지만 몸에는 무척 해롭다. 그래서 미심쩍은 포도주를 마실 때는 일산화연의 첨가 여부를 조사해 볼 필요가 있는데 그것을 식별하기 위해서는 다음과 같은 방법을 쓴다.

포도주에는 브랜디와 같이 불붙기 쉬운 알코올이 들어 있으며, 술로부터 식초나 주석이 만들어지는 것을 보아 산도 함유되어 있음을 알 수 있다. 산은 금속과 결합하는 성질이 있으며 금속과 결합하면 합성염을 만든다. 만약 이 두 포도주 가운데 일산화연이 함유된 포도주가 있다면 산이 일산화연을 용해시키고 있는 것이다. 여기에 알칼리액을 부으면 산은 분리되어 알칼리와 결합하기 마련이고 용해상태에서 벗어난 납은 본래의 형태로 되돌아가 액체를 흐리게 하다가 바닥에 가라앉을 것이다. 납이 섞이지 않은 포도주라면 아무런 침전물도 생기지 않을 것이다."

이렇게 말하며 두 컵에 알칼리액을 붓는다. "자, 집에서 만든 포도주는 자연 그대로의 순수한 포도주이므로 침전물이 생기지 않으나 이쪽은 침전물이 생겼으므로 이물질을 섞어서 만든 것이다. 그러므로 이 포도주는 몸에 해롭다. 아까 네가 무슨 소용이 있냐고 물었던 화학지식들은 이럴 때 필요한 것이다."

나는 만족했으나 어린이는 전혀 감명을 받지 않았음이 분명했다. 열두 살짜리 어린이에게 이런 설명이 이해될지의 여부는 제쳐두고라도 이 실험의 효용이 그의 마음에 와 닿지 않았기 때문이다. 두 포도주의 맛이 다같이 좋았기 때문에 맛을 보았던 어린이는 혼합물이니 건강에 해롭다느니 독이라느니 하는 관념들이 전혀 연결되지 못했던 것이다.

이처럼 그 연결관계가 이해되지 않는 인과관계나 우리가 지니지 않은 선악에 대한 관념, 한 번도 느껴보지 못한 욕구 등은 우리에게 아무런 의미가 없다. 그것과 관계되는 무언가를 느껴야 흥미를 가질 수 있다. 사람은 열다섯 살에 선인의 행복을 알게 되고 서른 살에 천국의 영광을 알게 되는 법이다. 이 두 가지를 충분히 이해한 자만이 그것을 얻으려고 할 것이다. 설령 그것을 이해했다고 하더라도 바라는 마음이 생겨야 얻으려고 한다. 오로지 정열만이 행동의 원천인데, 아직 느껴보지도 못한 이해관계에 대하여 어떻게 정열을 쏟을 수 있겠는가?

어린이가 볼 수 없는 것은 절대로 제시하지 마라. 장래에 그에게 유익하리라고 생각되더라도 지금 당장에 유용성을 알 수 있는 것만 말하는 것이 좋다. 다른 어린이와도 비교하지 말며 그가 논리적인 사고를 하게 되면 경주를 할 경우에도 경쟁자와 비교하지 말아야 한다. 질투심이나 허영심 때문에 공부한다고 하면 차라리 배우지 않는 편이 좋다. 다만 나는 그가 이룩해 온 진보를 해마다 기록하여 이듬해에 이룩한 진보와 비교할 것이다.

"너는 여러 면에서 성장하였다. 전에는 이 정도까지 할 수 있었는데 지금은 그것보다 더 잘 할 수 있을까?" 하고 말하면서 자기 자신을 경쟁자로 삼게 할 것이다. 그는 틀림없이 전보다 잘하려고 노력할 것이다. 나는 책을 싫어한다. 책은 알지도 못하는 것에 관해 이야기하는 일밖에는 가르치지 않는다.

수많은 책 속에 있는 교훈을 한데 모아 어린이도 쉽게 알 수 있게끔 흥미를 가지고 뒤따를 수 있게, 또 자극제가 될 수 있도록 보편적인 대상에다 그것을 결합시키는 방법은 없을까? 우리에게 책이 절대적으로 필요한 이상 자연교육에 관한 훌륭한 개론서가 될 수 있는 책이 있을 것이라고 생각된다.

이 책이야말로 에밀이 최초로 그리고 오랫동안 읽게 될 귀중한 책이 될 것이다. 자연과학에 대한 우리의 대화는 그 책의 주석에 지나지 않는다. 그렇다면 그 놀랄 만한 책은 무엇인가? 아리스토텔레스? 플린? 뷔퐁? 아니다. 그것은 바로 로빈슨 크루소이다.

로빈슨 크루소는 무인도에서 누구의 도움과 기술이나 도구 없이 자신을 보호하고, 나아가서 평안한 생활까지도 누릴 수 있었다. 이 책이야말로 누구에게나 흥미를 불러일으키며 여러 가지 방법으로 어린이에게 즐거움을 선사할 수 있다. 여기에 내가 비교의 예로 든 무인도를 실현하는 방법이 있다. 그러나 이러한 상태는 정상적인 인간의 상태는 아니며 더구나 에밀의 상태가 될 수도 없다. 그러나 바로 그러한 상황을 기준으로 해서 다른 모든 상황을 평가해야 할 것이다.

잡다한 것을 제외하고 나면 로빈슨이 섬 부근에서 조난 당한 것으로부터 시작하여 그를 구출하러 온 선박의 도착으로 끝을 맺고 있는 이 소설에서 로빈슨이 무인도에서 혼자 살아가는 동안만이 에밀에게 즐거움과 교훈을 줄 것이다. 나는 에밀이 그 소설을 읽는 동안 실제 생활에 필요한 일만을 생각하기를 바라며, 그와 같은 상황에 처했을 때 배워두어야 할 것을 책이 아니라 사물에 입각해서 배우기를 바란다.

나는 또 그가 로빈슨이 된 기분으로 짐승가죽을 걸쳐도 보고 커다란 칼도 차보고 하면서 그림에 나오는 로빈슨의 모습에서 자신의 모습을 발견하면 좋겠다. 만일 그에게 부족한 것이 생기고 자신의 행동에 미숙한 것이 있으면 주인공의 그것과 검토하고 주인공의 실수에 주의를 기울여 그것을 거울삼아 자신이 비슷한 경우에 처하게 되면 훌륭히 극복할 수 있도록 노력하기를 바란다.

어린이는 섬생활에 필요한 물건을 장만하려고 서두를 것이며,

교사가 가르치는 이상으로 열성을 가지고 배울 것이다. 유익하다면 무엇이나 알고자 할 것이며, 그 밖의 일은 알려고도 하지 않을 것이다. 여러분은 이제 더 이상 그를 지도할 필요도 없이 적당히 견제만 하면 되는 것이다. 서둘러 그를 섬에 정착시켜라. 왜냐하면 그가 무인도에서 계속 살기를 원한다 해도 더 이상 혼자 살기를 바라지 않게 될 날이 가까워오기 때문이다.

자연적인 기술은 혼자서도 충분히 습득할 수 있으나, 사람들의 도움을 필요로 하는 공업적인 기술을 추구하게 된다. 전자는 고립된 인간이나 미개인도 할 수 있으나, 후자는 사회 속에서만 생기며 또한 사회를 필요로 한다. 여기에서 여러분이 주의해야 할 것은 어린이가 이해할 수 없는 사회적 관계라는 관념을 되도록 그에게서 멀리하는 것이다.

그러나 지식상의 연관 때문에 인간 상호간의 의존상태를 제시해야 할 경우에는 윤리적 측면에서만 제시하지 말고 모든 인간이 필요로 하는 공업과 기계적인 기술에 그의 모든 주의력을 집중시켜야 한다. 그를 이 공장 저 공장으로 데리고 다니면서 직접 실습케 하고 무엇 때문에 그런 일을 하는지를 분명히 인식시켜야 한다. 그를 최고의 장인으로 만들기 위해서는 여러분 스스로가 도제가 되어야 한다. 하루종일 설명하는 것보다 한 시간의 노동이 더 많은 것을 가르쳐 줄 것이다.

자기 섬의 설비를 생각하면서 에밀은 그것과는 다른 견해를 가질 것이다. 로빈슨은 하찮은 장신구보다는 연장을 더 소중하게 생각할 것이며, 그의 눈에는 대장장이가 예술가보다 훨씬 더 존경스런 인물로 보일 것이다.

"나의 아들은 상류사회에서 살도록 만들어져 있다. 그는 현자들과 사는 것이 아니라 어리석은 사람들과 어울려 사는 것이다. 그러므로 나의 아들은 그들의 어리석은 행위도 알아 둘 필요가 있다. 사물에 대한 현실적인 지식도 훌륭하지만 인간에 대한 지식과 인간이 내리는 판단의 지식은 더욱 값진 것이다. 왜냐하면 인간사회에서는 인간이 가장 훌륭한 도구이며, 이 도구를 가장 효율적으로 사용하는 사람이 진정 현명한 사람이기 때문이다. 어린이는 먼저 현명해지도록 가르쳐라. 그런 다음 다른 사람들이 어떤 점에서 어리석은가를 판단하는 방법을 가르쳐라."

이런 말은 그럴듯하지만 실상은 그릇된 사고를 가진 사람들이 어린이를 편견의 노예로, 정념의 도구로 만들어 결국은 천박한 인간들의 노리개로 만들고자 할 때 사용하는 금언에 불과하다. 인간을 알게 되려면 그에 앞서 얼마나 많은 것을 알아야 하는가! 그러므로 인간 연구는 현인들의 마지막 연구과제이지 어린이의 최초 수업주제는 될 수 없는 것이다. 우리의 의견을 가르치기 이전에 현명한 것은 현명한 것으로, 옳지 않은 것은 옳지 않은 것으로 판단하는 방법부터 가르쳐야 한다.

사람들의 판단을 구별할 줄도 모르고, 그들의 잘못을 분간할 줄도 모르면서 어떻게 인간이라는 것을 알 수 있겠는가? 그러므로 어린이에게는 사물 그 자체가 무엇인지를 가르쳐야 한다. 그런 다음에 그것이 우리의 눈에 어떻게 보이는가를 가르쳐야 한다. 그렇게 함으로써 어린이는 자신의 의견을 진실과 비교할 줄 알게 되고 대중을 초월할 수 있게 되는 것이다. 결국 분별력을 갖춘 젊은이로 만들려면 우리의 판단을 그들에게 강요하지 말아야 하며 그들의 판단력을 충분히 길러 주어야 한다.

여러분도 아시다시피 지금까지 나는 나의 제자에게 인간에 대한 이야기는 단 한마디도 하지 않았다. 그는 자신과 타인의 관계를 아직까지 충분히 알지 못하기 때문에 타인을 판단할 줄 모르며 자기 자신을 아는 것조차 아직은 요원한 상태에 있다. 그러나 자신에 대한 판단이 조금밖에 없다고 해도 그 판단은 틀림이 없을 것이다. 그는 사람들이 어떤 상태에 있는지 모르지만 자신이 처한 입장은 알고 있다.

그는 자연의 온갖 물체와 인간의 모든 노동을 자신의 이익이나 안전, 자기 보존이나 행복과 연관지어 생각한다. 모든 기술 중에서 가장 으뜸이며 존경할 만한 것은 농업이다. 그 다음이 대장장이, 그 다음이 목수이다. 편견에 빠지지 않은 어린이라면 분명 이렇게 생각할 것이다. 로빈슨으로부터 많은 교훈을 얻은 에밀은 세분화된 기술과 넘치는 도구에 대해 어떻게 생각할 것인가? '저 사람들은 영리하면서도 어리석구나. 그들은 손 하나 까딱하지 않으려고 수많은 도구를 만들어 놓고 단 하나의 기술을 사용하기 위해서 다른 많은 기술에 얽매여 있다. 그러나 나는 나 자신을 도구로 만들고 있다. 파리에서 뽐내고 있는 사람들의 재능은 우리 섬에서는 전혀 쓸모 없는 것이며, 오히려 그들은 우리의 제자가 되어 새 기술을 연마해야만 할 것이다.'

독자들이여! 여기서 우리 제자의 육체적 훈련과 손재주만 보지 말고 어린이의 호기심을 이끄는 방법을 생각해 보라. 그가 무엇을 보든 어떤 일을 하든 그 전부를 알려고 할 것이다. 용수철을 만드는 과정을 본다면, 먼저 광산에서 강철이 생산되는 과정을 알려고 할 것이며, 상자 만드는 것을 보면 나무가 베어지는 과정을 알려고 할 것이다. 그가 일하면서 사용하게 되는 도구 하나하나에 대해서도 그것을 만들기 위해 혹은 그 도구가 없다면 어떻게 해야 할 것인지에 대해 생각할 것이다.

사회는 교환을 전제로 교환은 공통의 척도를 공통의 척도는 평등을 각각 전제로 한다. 그러므로 모든 사회는 인간이나 사물에 있어서 일종의 계약에 의한 평등을 제1의 법칙으로 삼고 있는 것이다. 그러나 인위적인 협정에 의한 평등은 인위적인 정부나 법률을 필요로 한다. 어린이의 정치적 지식은 명확하면서도 한정된 것이어야 한다. 어린이는 소유권에 관한 것 외에는 일반적으로 정부에 대해 알 필요가 없다.

화폐란 계약에 의한 평등의 산물이므로 사물의 가치를 판단하는 기준이 되며 이런 의미에서 돈은 사회의 진정한 결속체이다. 그리고 이와 같은 의미에서 어떤 것이든 화폐로 사용가능하기 때문에 철은 스파르타의 화폐였고, 과거 스웨덴에서는 가죽이 화폐였으며, 우리나라에서는 금과 은이 화폐였다. 금속은 운반에 용이하므로 일찍부터 교환의 매개로 사용되었으나 교환할 때 무게를 달아야 하는 번거로움 때문에 화폐가 발생하였다. 그리고 군주만이 화폐를 주조할 권리를 갖는데 그것은 오로지 군주만이 자신의 보증이 온 국민에게 권위를 갖도록 요구할 수 있기 때문이다.

화폐를 발명하게 된 효용에 대해 이렇게 설명하면 누구라도 알 수 있다. 직물과 밀처럼 성질이 다른 사물을 직접 비교하기란 어렵다. 그러나 공통의 척도인 화폐를 매개로 하면 밀의 가치에 상응하는 직물을 교환할 수 있다. 이렇게 해서 여러 종류의 재화가 똑같은 단위로 계량되고 비교될 수 있게 된다.

그러나 이러한 제도가 빚어내는 도덕적 결과에 대해서는 아직 설명할 단계가 아니다. 매사에 있어서 사물의 악용을 보여주기 전에 먼저 그 효용을 깨닫게 하는 것이 바람직하다. 화폐로 인해 발생하는 갖가지 병폐를 어린이에게 설명하는 것은 어린이를 철학자로 취급하는 격이 될 뿐더러 철학가 자신도 이해하지 못하는 것을 어린이에게 이해시키려고 하는 꼴이 되고 만다.

이리하여 우리는 제자의 이해력이 미치는 현실적이며 물질적인 관련에서 벗어나지 않으면서 흥미로운 것에 제자의 호기심을 집중시킬 수 있지 않겠는가? 교사의 기술은 어떤 관련도 없는 사소한 일에는 정신을 집중하지 못하게 하고, 사회의 좋고 나쁜 질서를 바르게 판단하기 위해 제자가 알아두어야 하는 중대한 관계에 대해 끊임없이 그를 접근시키는 것이다. 그리고 교사는 제자의 정신적 기질에 따라 그의 흥미를 끌만한 이야기를 할 줄 알아야 한다. 다른 학생 같으면 별로 주의를 기울이지 않을 문제가 에밀에게는 6개월 동안이나 괴로움을 주는 경우도 있다.

천부적인 재능을 가진 어린이라 할지라도 내가 상정한 3~4년 동안에 장래에 스스로 배우는데 기초가 되는 자연과학적 관념과 예술적 관념을 충분히 배울 수는 없다. 다만 그가 꼭 알아야 할 모든 것을 그에게 제시함으로써 그의 취미나 소질을 발전시키고 그의 재능에 적합한 목적을 향해 첫걸음을 내딛게 하며, 자연의 작용을 돕기 위하여 그가 열어야 할 길을 우리에게 보여주게 하면 되는 것이다.

제한적이긴 하지만 정확한 지식을 연쇄적으로 가지는 것이 지니는 또 다른 이득은 그런 지식을 연관성과 상호관계에 의해 그에게 제시하고 바르게 평가함으로써 자신의 재능만을 높이 평가하는 편견으로부터 그를 보호할 수 있다는 점이다. 전체의 질서를 바르게 보는 사람은 부분의 위치도 바르게 볼 줄 안다. 한 부분만이라도 충분히 아는 사람은 유식한 사람이지만 앞서 말한 전체를 바르게 보는 사람은 올바른 판단을 할 줄 아는 사람이다. 우리가 진정으로 얻고자 하는 것은 지식이 아니라 판단력이라는 것을 상기하라.

제2기로 들어서면서 우리는 욕망보다 강인한 체력을 이용하여 자기 자신으로부터 외부 세계로 눈을 돌릴 수가 있게 되었고, 하늘과 땅을 자연법칙을 이용하여 내 것으로 만들었다. 그리고 이

제 우리는 우리 자신에게로 돌아왔다. 우리를 위협했던 적이 아직도 우리 자신을 점령하지 못했다면 얼마나 다행인가?

우리 주변에 있는 모든 것을 관찰한 다음 우리가 할 일은 우리가 가질 수 있는 모든 것을 우리에게 유익하게 변화시키고 우리의 호기심을 이용하여 쾌적한 생활을 도모하는 일이다. 우리는 이제까지 어디에 필요한지도 모르는 채 많은 도구를 준비해 왔다. 그러므로 교환하기 위해서는 서로에게 필요한 것을 알아야 한다. 열 사람이 각자 열 가지 종류의 필요를 지니고 있다면 각기 열 종류의 일을 해야 한다. 그러나 일을 분담하여 각자 재능에 적합한 일을 하고 그 일에 각자의 재능을 발달시키면 열 명모두가 자신의 필요를 충족시키고 다른 사람의 필요까지도 충족시켜 줄 것이다. 이것이 우리 사회제도의 명백한 원칙이다.

이 원칙에 입각하면 혼자서 스스로의 필요를 충족시키려고 하는 사람은 불행한 인간이며 살아가는 일 조차도 불가능할 것이다. 모든 토지는 타인의 소유고 자신이 소유하고 있는 것은 몸뿐인데 어디서 필수품을 얻을 수 있겠는가? 우리는 자신이 자연 상태로부터 벗어나면서 동료도 그러기를 바라는데 다른 사람의 의사를 무시하고 자연의 상태에 계속 머물러 있는 사람은 아무도 없다. 왜냐하면 자연의 제1법칙은 자기보존에 있기 때문이다.

따라서 어린이의 정신 속에는 사회의 능동적인 구성원이 되기 이전에 사회관계에 대한 관념이 조금씩 형성되어 간다. 에밀은 자기 자신에게 필요한 도구를 갖추기 위해서는 남들이 필요로 할 수 있는 도구도 필요할 수 있으며, 교환을 통해 편리를 도모할 수 있다는 것을 알고 있다. 나는 그에게 쉽사리 교환의 필요성을 느끼게 하고 또 그것을 사용하도록 유도할 수도 있다.

모든 사람은 살아야만 한다. 왜냐하면 죽음이란 자연이 인간에게 준 가장 혐오스런 대상이기 때문이다. 그러므로 살기 위한 수단이 없는 사람에게는 어떤 것을 하더라도 자연에 의해 모든 것이 용서되기 마련이다. 만일 세상 어딘가에 어쩔 수 없이 나쁜 짓을 하지 않고서는 누구도 살아갈 수 없고 시민들은 불가분 악인처럼 되지 않을 수 없는 불행한 나라가 있다면 교수형에 처해야 하는 사람은 악인이 아니라 나쁜 짓을 하지 않을 수 없게 만든 바로 그 사람이다.

에밀이 생명이 무엇인가를 깨닫게 되자마자 나는 그에게 생명을 보존하는 법을 가르칠 것이다. 인간이란 신분, 지위, 재산에 의해 차별을 당해서는 안 된다. 자연적 욕구가 누구에게나 동일한 만큼 그것을 충족시키기 위한 수단 또한 평등해야 할 것이다. 인간의 교육은 인간에 적합해야 한다.

여러분은 오늘날의 사회질서를 신뢰한 나머지 높은 자리에 있던 사람이 천민이 되고 부자가 가난뱅이가 될 수 있는 변혁을 모르고 있다. 우리는 지금 위험한 상태와 혁명의 시대로 다가가고 있다. 그때 여러분의 운명은 어떻게 되겠는가? 이런 경우를 당하면 그에게서 떠나게 될 신분은 스스로 버릴 줄 알고 인간다운 자세로 살아갈 수 있는 사람은 참으로 행복할 것이다.

여러분은 남다른 혜택을 받고 태어났으므로 무일푼으로 태어난 사람보다 많은 부채를 지니고 있다. 어떤 사람이 사회를 위해 공헌했다고 해서 다른 사람의 부채를 덜어 주는 것은 아니다. 왜냐하면 사람은 저마다 자기가 지니고 있는 것은 빌린 것이므로 자기를 위해서 밖에는 지불할 수 없기 때문이다.

아무 일도 하지 않으면서 먹는 자는 도둑이다. 국가에서 주는 연금만으로 사는 자는 강도나 다름없다. 인간은 필연적으로 남의 도움 없이는 살아갈 수 없기 때문에 사회란 테두리 안에서 그의 생활비를 노동으로 갚지 않으면 안 된다. 그러므로 노동이란 사회적 인간에게는 필수적인 의무이다.

그런데 생필품을 제공하는 직업 중에서 자연 상태와 가장 가까운 것은 손을 쓰는 노동이며, 모든 신분 중에서 운명과 타인으로부터 가장 독립되어 있는 신분은 직공이다. 직공은 오직 자신의 노동에만 의존할 뿐이다. 농부는 농경지에 의존하고 있으나 수확은 타인의 손에 의해 처분되기 마련이며 농경지마저도 빼앗기는 경우가 있다. 그러나 만일 직공이 그런 일을 당하게 되면 두 팔만 가지고 떠나면 그만이다. 그럼에도 불구하고 농업은 인간에게 있어서 가장 기본적인 직업이며, 가장 정직하고 유익하며 고상한 직업이다.

직업을 배우는 데 있어 중요한 것은 먼저 직업을 경시하는 편견을 물리치는 일이다. 필요에 의해서가 아니라 명예를 위해서 일하라. 여러분을 현재의 신분보다 높아지게 하려면 먼저 직공의 신분으로 낮아져라. 운명과 사물을 극복하려거든 먼저 그것들로부터 독립하라. 여론에 의해서 지배하려고 하면 먼저 여론을 지배하라.

내가 여러분에게 요구하는 것은 재능이 아니라 직업적인 수완이다. 넉넉한 집안의 아버지가 자식이 어떤 곤경에 부딪쳐도 자력으로 살아갈 방편이 될 수 있는 지식을 가르치는 경우를 보았다. 그러나 그런 아버지들은 사실상 아무것도 하지 않는다. 왜냐하면 자녀에게 주고자 하는 생활 수단이란 결국 운명에 좌우되기 때문이다.

모든 일에 있어서 술책이나 모략이 문제가 된다면 유복한 생활을 유지하기 위해서나 가난으로부터 유복한 생활로 돌아가기 위해서도 술책이나 모략이 필요할 것이다. 명성에 의해 성공의 여부가 판가름나는 예술을 한다든가 누군가의 호의에 따라 직업을 얻든지 아닌지가 결정되는 그런 직업에 종사하고자 할 때, 바로 그런 일들 때문에 싫증을 느껴 성공을 위한 필수적인 수단마저도 멸시하게 된다면 이런 모든 것이 대체 무슨 소용이 있겠는가?

그러므로 훌륭한 생활수단이라는 것은 믿을 게 못되며, 그것을 활용하기 위해서는 얼마나 많은 수단들이 필요한가를 알게 될 것이다. 살기 위해서는 비열함도 필요한데 어떻게 그것을 경멸할 수 있을까? 여러분은 전에는 부에만 의존했지만 이제는 부자들에게 의존하고 있다. 여러분은 노예상태를 한층 더 악화시켰고 궁핍을 가중시켰을 뿐이다. 여러분은 지금이야말로 자유를 잃은 가난한 자가 된 것이다. 이것이 인간이 당하는 최악의 상태이다.

그러나 영혼을 가꾸기 위해 이루어진 고상한 지식을 생활방편으로 삼는 대신 필요에 따라 여러분의 손과 그 손으로 할 수 있는 일에서 살아갈 수단을 찾는다면 곤경은 사라지고 모든 술책은 무용지물이 된다. 그렇게 하기만 하면 생활의 길은 언제라도 열려 있는 것이다. 여러분은 더 이상 높은 사람 앞에서 비굴하지 않아도 되며, 다른 사람의 의견에는 전혀 개의치 않게 된다. 여러분의 기술을 필요로 하는 곳에서 근면하고 소박하게 살아간다면 그 누구도 방해하지는 않을 것이다. 여러분은 자유롭고 건강하고 진실 되고 부지런하게 바른 생활을 하게될 것이다. 이것은 결코 시간을 낭비하는 것이 아니다.

나는 에밀이 직업적인 기술을 배우기를 원한다. 여러분이 말하는 '고상한 직업'이란 무엇을 의미하는가? 모든 사람에게 유익한 직업이라면 모두 고상한 직업이 아니겠는가? 나는 그가 로크의 귀공자처럼 자수공이나, 도금공이 되는 것을 원치 않는다. 또한 나는 음악가나 배우나 예술가가 되는 것을 원치 않는다. 이런 직업과 이와 비슷한 직업들을 제외하고는 그가 원하는 대로 어느 직업이든 선택하게 하라. "그러나 경찰이나 사형집행인도 유용한 인간이다."고 여러분은 말할 것이다. 그러나 유용한 직업도 악하거나 인간의 심성과 대치되는 것은 바람직하지 못하다. 훌륭한 직업을 선택하는 것이 중요하다.

에밀은 직업을 선택할 때 이런 정신을 따를 것이다. 그는 오로지 현실적으로 유용하지 않은 것은 인정하지 않기 때문에 섬에서 홀로 살아간 로빈슨에게 소용될 수 있는 그런 직업을 필요로 할 것이다.

어린이의 눈앞에 자연과 기술이 만들어 낸 생산물들을 차례로 펼쳐 보임으로써 그의 호기심을 자극하고, 호기심이 그를 이끄는 대로 따라가다 보면 우리는 어린이의 취미와 기호, 경향 등을 연구하게 되고 그에게 어떤 확실한 친분이 있다면 그 최초의 불꽃의 반짝임을 보는 데 유리할 것이다.

그러나 우연의 결과를 재능의 발로로 귀결시킨다든가 아무것도 모른 채 오직 본능적인 모방에 의한 것을 재능이라고 넘겨짚는 경우가 많은데 특히 이 점을 주의하라. 많은 사람들, 특히 예술가들 중에는 선천적인 재능을 가지고 있지도 않으면서 어려서부터 숙련되어 그 일에 이끌려 가는 경우가 있다. 그들은 어려서부터 남들의 일상적인 관념 혹은 그 기술에 대한 자신의 표면적 열성에 속아서 그 일에 뛰어든 것이다. 사람은 누구나 자기의 직업이 남에게 존경을 받는다고 생각될 때에는 곧 그 직업에 애착을 갖는 법이다.

어떤 일을 좋아한다는 것과 그 일이 적성에 맞는다는 것과는 상당한 차이가 있다. 재능보다는 욕구가 더 잘 나타나는 어린 시절에 있어서 진정한 재능과 취미를 구별하기 위해서는 사람들이 생각하는 이상의 세심한 관찰이 필요하다. 사람들은 어린이의 소질을 연구할 줄 모르기 때문에 언제나 밖으로 드러나는 욕구를 보고 어린이를 판단한다. 나는 누군가가 어린이를 사려 깊게 관찰하는 기술에 대한 저서를 우리에게 제공했으면 좋겠다고 생각한다. 이 기술을 아는 것은 매우 중요한데 아버지나 교사들은 그 기본적인 것조차도 모르고 있다.

그러나 우리는 여기서 직업의 선택에 너무 치중했는지도 모르겠다. 손으로 하는 일이라면 에밀에게는 문제가 되지 않는다. 그는 벌써부터 삽과 괭이 같은 도구도 사용할 줄 알며 대패나 망치도 사용한다. 다만 그 도구들을 직공과 같이 신속하고 용이하게 다루는 방법을 습득하는 일만 남아 있다. 그리고 이와 같은 점에 있어서라면 민첩한 육체와 잘 훈련된 손발을 가진 에밀에게는 어느 누구보다도 쉽게 습득할 수 있을 것이다. 게다가 그에게는 잘 단련되고 정확한 감각이 있다. 모든 기술의 기계장치도 다 알고 있다. 다만 우두머리로서 일하기에는 경험만이 부족할 따름이며 경험은 시간에 의해서만 얻어지는 것이다. 그렇기 때문에 우리에게 남겨진 것이란 선택뿐인데 그는 과연 어떤 일에 익숙해질 수 있도록 충분한 시간을 투입해야 할 것인가? 문제는 이것뿐이다.

나는 제자에게 건전치 못한 직업에 종사하는 것은 금하지만 힘들거나 위험한 직업에 종사하는 것은 금하지 않겠다. 이런 직업은 힘과 용기를 동시에 얻는 것이므로 남성에겐 적당한 직업이다. 여성들은 그러한 직업을 바라지 않는다. 그런데 남성들이 여성의 직업까지 침해한다는 것은 부끄러운 일이 아니겠는가? 젊은이여, 그대들이 하는 일에는 남성의 손자국을 남겨야 한다. 강한 팔로 도끼와 톱 쓰는 법을 배우고 지붕 위에 올라가 용마루를 놓고 버팀목과 이음목으로 그것을 고정시키는 일들을 배우라.

유익한 직업은 모두 존경할만하다고 해서 그것들을 모두 실천해야 할 필요는 없다. 직업을 자유롭게 선택할 수 있고 또한 그 직업이 우리를 속박하지 않는다면, 같은 종류의 직업 중에서 보다 쾌적하고 편리한 직업을 찾는 것이 바람직하다. 더욱이 제화공으로는 더더욱 만들고 싶지 않다. 직업의 선택이 자유로울 때는 청결의 문제를 생각하지 않을 수 없다.

이것은 편견이나 직업 차별의 문제가 아니라 감각의 문제이다. 그리고 나는 기능이 제대로 발휘될 수 없는 그러한 기계적이고 반복적인 직업은 싫다. 방직공이나 양말제조공이나 석공 같은 직종에 분별 있는 사람들을 채용한다고 무슨 보람이 있겠는가? 그것은 다른 기계를 다루는 또 하나의 기계인 것이다.

모든 점을 고려할 때 내 제자의 기호에도 맞고 또 나도 좋아하는 직업은 역시 목수이다. 그 일은 청결하고 유익하며 집안에서 할 수 있고 또 신체도 단련시킬 수 있는 직업이다. 또한 그 일은 숙련과 연구가 필요하다. 만약 여러분 제자의 소질이 이론적인 학문에 있다면 수학 기구나 안경, 망원경 같은 것을 만드는 기술을 가르치는 것이 좋다.

에밀 혼자서만 일을 배우면 그는 결코 만족할 만큼 배우지 못할 것이다. 그래서 우리는 둘 다 견습공이 되어 신사가 아닌 진정한 견습공으로 취급받기를 원한다. 러시아의 표트르 대제는 작업장에서는 목수였으며 군대에서는 북을 치는 고수였다. 여러분은 이 황제가 출신 성분이나 업적으로 보아 여러분보다 못하다고 생각하는가?

우리는 직공수업을 하고 있는 것이 아니라 인간수업을 하고 있는 것이다. 또한 인간수업은 직공수업보다도 까다롭고 더 많은 시간을 필요로 한다. 그래서 나는 우리가 매주마다 적어도 한두 번씩은 목수 집에 머무르면서 하루종일 그와 함께 행동하며 그의 명령을 따르기로 하겠다. 이렇게 하여 다른 수업을 게을리 하지 않고도 수공업 훈련을 쌓을 수 있을 것이다.

제품의 가치는 만든 사람에게 있는 것이 아니라 제품 자체에 있다는 것을 잊어서는 안 된다. 그러므로 여러분의 제자에게도 자신의 작품을 일류 기술자들의 작품과 비교하여 평가하는 일 없이 오로지 일을 일 자체로서만 평가하도록 해야 한다. 잘된 작품에 대해서는 "잘 만들어졌구나."하고 말하되 그에 덧붙여 "누가 만들었느냐?"고 묻지는 마라. 그가 자랑스럽게 "제가 만들었어요."하고 말하면, 냉정하게 "누가 만들었건 그것은 아무래도 좋다. 하여튼 이것은 잘된 작품이다."고 말해 주라.

선량한 어머니여! 사람들이 당신에게 하는 거짓말을 조심하고 당신 아들이 많은 것을 알고 있더라도 그의 지식에 대해 의심하라. 불행히 그가 파리에서 자라고 부자가 된다면 그는 구제 받기 어려울 것이다. 그가 파리에서 유능한 예술가들과 사귈 수 있는 한 그는 그들의 재능을 소유할 수 있겠지만 그들과 떨어지면 그에게는 아무 재능도 남지 않는다. 파리에는 예술을 사랑하는 사람들, 특히 그러한 여성들이 많아서 나름대로의 작품을 만들어 내고 있다. 나는 그런 점에서 남성들 가운데서 세 사람의 존경할 만한 예외를 알고 있지만 여성은 단 한 명도 모른다. 그런 예외가 있는지도 의심스럽다.

그러므로 어떤 직업을 배우는 것이 좋다고 일단 결정되면 여러분의 어린이들은 기술을 배우지 않고도 당장에 그 직업을 알게 되는 것이다. 그들은 취리히의 참사원 의원처럼 명사로 통할 것이다. 그러나 에밀은 격식을 필요로 하지 않고 항상 현실적인 실리를 추구한다. 그가 많이 알고 있다는 말은 하지 말기를 바란다. 그는 오직 묵묵히 더 배워야 한다. 그가 항상 걸작품을 만들도록 격려하되 결코 대가로 통하지 않게 하라. 이름만의 기술자가 아닌 그가 한 일에서 기술이 나타나도록 하라.

이제까지 내가 한 말을 분명히 이해했다면 여러분은 내가 어떻게 해서 에밀을 게으르지 않게 길들이면서 자신도 모르는 사이에 많은 반성과 명상의 취미를 갖게 했는지 이해했을 것이다. 그가 미개인처럼 게으름뱅이가 되지 않으려면 농부처럼 일하고 철학자처럼 생각해야 한다. 교육의 위대한 비결은 신체의 단련과 정신의 훈련이 항상 서로 도와줌으로써 상호간의 긴장을 풀어줄 수 있도록 하는데 있다.

그러나 보다 성숙한 정신을 필요로 하는 부류의 교육에 대해서는 너무 일찍부터 가르치지 않도록 주의해야 한다. 에밀이 직공 생활을 오래 하지 않아도 신분의 차이를 스스로 느끼게 될 것이다. "부자도 인간인 이상 역시 사회를 위해서 일해야만 하겠죠. 그런데 부자인 선생님은 사회를 위해서 어떤 일을 하고 계십니까?" 이때 "응, 나는 너를 돌보고있잖니."하고 대답한다면 어리석기 짝이 없는 짓이 되리라.

그러나 나는 작업장이 있기 때문에 위기를 모면한다. "그것 참 좋은 질문이구나. 그 질문에 대해 언제고 대답할 것을 약속하마. 그러나 그것은 우선 네 스스로 그에 대해 만족할 만한 대답을 할 수 있게 되면 대답해 주겠다. 그때까지 나는 내가 지나치게 가지고 있는 것들을 너와 가난한 사람에게 나누어주고 매주마다 한 개의 책상이나 한 개의 의자를 만듦으로써 아무 쓸모도 없는 인간이 되지 않도록 해야겠다."고 대답할 것이다.

이리하여 우리의 어린이는 어린이 단계를 벗어나 한 개인이 되려고 한다. 그는 자신을 사물과 연관시키고 있는 어떤 필연의 끈을 절실하게 느끼고 있다. 우리는 먼저 그의 신체와 감각을 훈련시켰고 그 다음 그의 정신과 판단력을 연마시켰으며 마지막으로 손발의 사용과 재능의 활용을 결합시켰다. 그를 행동하고 생각하는 존재로 만든 것이다. 그를 인간으로 완성시키기 위해 남은 일은 그를 사랑할 줄 아는 인간으로 만드는 일이다. 그러나 이러한 새로운 단계로 들어가기 전에 우리는 지금까지의 상태에 다시 눈을 돌려 우리가 어디까지 왔는가를 정확하게 바라보도록 하자.

우리의 제자는 처음에는 감각만 지니고 있었으나 지금은 관념을 지니고 있으며, 처음에는 감정만 있었으나 지금은 오성을 가지고 있다. 여러 관념을 형성하는 방식에 따라 인간의 정신에 주는 특성이 결정된다. 내용에 현실성도 없고 표면적인 외형도 없는 가공적인 여러 관계를 만들어 내는 사람은 제정신이 아니다. 이러한 관념들을 비교하고 그 관계들을 발견하는 능력의 많고 적음에 따라 인간의 정신지능이 결정된다.

단순한 관념은 감각을 비교한 것에 지나지 않는다. 그러나 이러한 감각에도 판단은 있어서 비록 그것이 수동적이긴 하나 감지하고 있음을 확인하는 것이다. 그러나 지각이나 관념에 의한 판단은 능동적이어서 감각으로 결정될 수 없는 여러 관계들을 접근시키고 비교하고 결정한다.

나는 여덟 살짜리 어린이가 아이스크림을 받고는 무엇인지도 모르고 입에 댔다가 찬 것에 놀라 "앗, 뜨거!"하고 소리를 지르는 것을 보았다. 그는 뜨거운 불보다 더 날카로운 감각을 경험하지 못했기 때문에 찬 것을 뜨거운 것으로 느낀 것이다. 그는 충격은 받았으나 화상을 입지는 않았다. 이 두 감각을 경험한 사람은 그것을 혼동하지는 않는다. 그러니까 감각이 그를 속인 것이 아니라 감각에 대한 판단이 속인 것이다.

이런 일은 거울이나 광학기계를 처음 보는 경우 또는 한겨울이나 한여름에 지하실에 들어갈 때와 마찬가지이다. 이런 경우에 자기가 느낀 것만을 말한다면 그의 판단은 잘못되었을 수도 있지만 사물의 외면만을 보고 판단할 때는 그는 능동적이어서 그것을 비교하고 보이지도 않는 관계를 귀납법에 의해서 설정한다. 그렇게 되면 그는 잘못되거나 틀릴 우려가 있다. 잘못을 바로잡아 주거나 예방하는 데는 경험이 필요하다.

밤에 여러분의 제자를 밖으로 데리고 나가 달과 구름을 보게 하면 그는 달이 움직이고 구름은 그대로 머물러 있다고 생각할 것이다. 왜냐하면 그는 보통 작은 물체가 보다 많이 움직이는 것을 보아왔기 때문이다. 항해하는 배에서 멀리 있는 해안을 볼 때는 이전과는 반대의 착각에 빠진다. 즉 육지가 달리고 있는 것처럼 보인다. 그것은 자신이 움직이는 것을 느끼지 못하기 때문에 배와 바다 또는 강과 수평선 모두를 하나의 움직이지 않는 전체로 보고, 달리는 것처럼 보이는 해안은 그 일부분에 불과한 것으로 생각하기 때문이다.

물에 절반쯤 잠긴 막대기를 처음 보면 어린이는 그것이 부러진 것이라고 생각한다. 그 감각은 옳다. 그러나 그의 잘못된 판단 때문에 그가 부러진 막대기라고 말한 뒤에도 한 걸음 더 나아가 자기가 보는 것이 실제로 부러진 막대기라고 고집한다면 그의 말은 잘못된 것이다. 왜 그런 가? 그때 그는 능동적이 되어 조사에 의해서가 아니라 귀납적으로 판단하기 때문이다. 즉 하나의 감각에 의해서 얻은 판단이 다른 감각에 의해서 확인될 수 있다고 고집하기 때문이다.

모든 잘못은 판단에서 오는 것이므로 판단할 필요가 없다면 배울 필요도 없는 것이다. 그렇게 되면 우리는 무지의 상태에서 더 행복감을 맛볼 것이다. 무지한 자들이 알지 못하는 많은 것을 알고 있는 학자들은 사실상 진리에서 멀어져 간다. 왜냐하면 판단에서 오는 그들의 허영심은 지식의 발전속도보다 빨라서 하나의 진리를 판단할 때마다 백 가지의 그릇된 판단을 수반하기 때문이다. 유럽의 학문단체는 거짓을 가르치는 학교에 불과하다.

사람들은 알면 알수록 그만큼 잘못을 저지르므로 잘못을 피하는 유일한 방법은 무지이다. 섣불리 판단하지 마라. 그러면 결코 잘못을 범하는 일이 없을 것이다. 이것이 자연의 가르침이며 이성의 가르침이다. 미개인은 훌륭한 기계장치나 신기한 전기를 보려하지 않는다. "그것이 나와 무슨 상관이냐?" 이 말은 무학자들이 입버릇처럼 하는 말이면서 현자에게도 매우 적합한 말이다.

그러나 불행하게도 우리가 모든 것에 의존하는 이상 모든 것은 우리와 어떤 관련을 가지고 존재하고 있다. 우리의 호기심은 우리의 필요에 따라 커지므로 철학자는 많은 호기심을 가지고 있고 미개인은 전혀 가지고 있지 않다고 보는 것이다. 미개인은 아무도 필요로 하지 않지만 철학자는 모든 사람을 필요로 한다.

자연이 도구와 규칙을 선택하여 정비하는 것은 세론에 의해서가 아니라 필요에 의한 것이다. 그런데 인간의 필요는 상황에 따라 달라지므로 자연상태에 있는 자연인과 사회상태에 있는 자연인 사이에는 커다란 차이가 있다. 에밀은 사막에서 살아야 할 미개인이 아니라 도시에서 자신이 필요한 것을 찾고 주민과 함께 사는 법을 몸소 터득해야 하는 자연인이다.

그는 자기가 의존해야 할 많은 새로운 관계 속에서 판단을 내려야 하므로 그에게 올바른 판단을 내리도록 가르쳐야 한다. 바르게 판단하는 방법을 배우기 위한 가장 좋은 방법은 우리의 경험을 단순화시키고, 잘못을 저지르는 일이 없도록 하는 것이다. 그러기 위해서는 이제 각 감각이 느낀 경험을 다른 감각의 도움 없이 그 감각 자체에 의해 확인하는 것을 배워야 한다. 그렇게 되면 감각 하나하나가 관념이 될 것이다. 그리고 이 관념은 언제나 진실과 일치하게 될 것이다. 이것이야말로 내가 인생의 제3기 동안에 얻으려고 노력한 지식이다.

이런 방법은 교사에게 끈기와 인내를 요구하는데 이 방법만이 올바로 판단하는 방법에 이르는 첩경이다. 만약 여러분의 제자가 막대기가 부러져 보이는 외형에 속고 있을 때, 잘못을 보여주기 위해 성급히 막대기를 물 밖으로 끄집어낸다면 여러분은 그가 속았음을 시정해 줄 수는 있겠지만 그가 그것으로부터 무엇을 배울 수 있겠는가? 문제는 진리를 가르치는 것보다도 진리를 발견하게 하기 위해서는 그의 잘못을 곧바로 시정해서는 안 된다는 것이다. 그를 더 잘 가르치려면 너무 빨리 알아차리게 해서는 안 된다. 에밀과 나의 경우를 예로 들자.

첫째로, 앞에서 가정한 두 개의 질문 중에서 두 번째 문제에 대해 보통 어린이라면 분명히 꺾인 막대기라고 대답할 것이다. 그러나 에밀은 확실한 근거가 없는 한 쉽사리 판단을 내리지 않는다. 그는 원근법에서 문제가 되었던 것처럼 겉만 보고 판단하는 우리의 판단이 얼마나 우리를 속이는가를 잘 알고 있다.

더구나 그는 나의 질문이 사소한 것 같으면서도 무엇인가를 지니고 있다는 것을 경험으로 알고 있기 때문에 경솔한 대답을 피하고 항상 주의하여 질문의 의미를 곰곰이 생각한다. 우리에겐 사물의 진실을 안다는 것이 자랑거리가 아니라 잘못을 저지르지 않는다는 것이 자랑거리이다. '나는 모른다' 라는 말은 우리에게 어울리고 또 자주 사용하는 말이라서 우리는 이 말을 하는데 조금도 어색하지 않다. 그러나 그가 경솔하게 대답하거나 '나는 모른다' 라고 쉽게 대답하면 나의 대답은 언제나 '자 그러면 검토해 보자' 다.

절반쯤 물 속에 잠긴 막대기가 수직으로 서 있다. 그것이 정말 눈으로 보이는 것처럼 부러진 것인지 아닌지를 알려면 물에서 꺼내 보거나 만져보기 전에는 어떤 일을 해야 할까?

1. 먼저 막대기의 주위를 한 바퀴 돌아보면 꺾인 부분도 같이 돈다는 것을 알게 된다. 꺾인 부분을 바꾸는 것은 우리의 눈 뿐인데, 시선은 물체를 움직이지 않는다.
2. 물 밖으로 나와 있는 막대기를 위에서 수직으로 내려다보면, 막대기는 꺾이어 보이지 않는다. 우리의 눈이 막대기를

반듯하게 고친 것일까?

3. 수면을 흔들어 보면, 막대기는 여러 토막으로 꺾이어 보이고 물결에 따라 움직인다. 우리가 물을 흔든 힘만으로 막대기가 그처럼 꺾이고 녹기라도 하는 것일까?

4. 물을 따라 수면을 조금씩 낮아지게 하면, 그에 따라 막대기가 바르게 된다. 이것은 굴절을 발견하기에는 충분한 실험이다. 따라서 시각이 우리를 속일 수는 없다. 왜냐하면 우리가 눈의 탓으로 돌리는 잘못을 규정하는데는 시각만으로도 충분하기 때문이다.

어린이가 아둔해서 이렇게 실험해도 이해하지 못한다면 시각을 돕기 위해 촉각을 동원하여 막대기를 물에 꽂은 상태에서 한쪽 끝에서 다른 쪽 끝까지 만져보게 한다. 여기에는 판단뿐만 아니라 추리가 작용하고 있다. 그러나 정신이 여러 관념에까지 이르게 되면 모든 판단은 하나의 추리과정에 불과하다. 모든 감각의 의식은 하나의 명제이며 판단이다. 그러므로 우리가 하나의 감각을 다른 감각과 비교하게 되면 우리는 추론을 하고 있는 것이나 마찬가지이다. 판단기술과 추리기술은 정확히 동일한 것이다.

에밀은 광선의 굴절은 결코 알지 못하지만 알려고만 하면 이 막대기를 통해서 배울 것이다. 그는 곤충을 해부하지도 않았으며 태양의 흑점을 세어보지도 않을 것이다. 그는 현미경이나 망원경이 어떤 것인지도 모를 것이다.

이러한 설명으로 여러분은 충분히 내 제자가 이룩한 발전과 발전과정을 알았을 것이다. 그러나 여러분은 그에게 많은 사물을 전개시켜 정신을 짓눌러 버리지나 않을까 염려할지도 모르겠다. 그러나 나는 그에게 많은 지식을 알게 하기보다는 도리어 알지 못하도록 가르치고 있는 것이다. 또한 진리에 도달하기는 쉽지만 길고 광대하고 서서히 밟아나가야 할 학문의 길을 제시하고 있는 것이다. 그에게 학문의 입구를 알려주기 위해서 최초의 몇 걸음은 알려주지만 그에게 더 멀리는 나가지 못하게 한다.

스스로 배워야 하는 그는 남의 이지(理智)가 아닌 자신의 이지를 사용한다. 이런 훈련을 계속함으로써 정신은 활력을 얻게 되는 것이다. 또 하나 유익한 점은 사람들의 진보란 스스로의 힘에 의해 이루어진다는 것이다. 육체가 그렇듯 정신도 감당할 정도만 갖는 것이다. 어떤 사물을 먼저 이해하지 않고 기억만 하게 되면 결국 남는 것은 아무것도 없게 된다.

에밀이 가지고 있는 미미한 지식은 진정으로 자신의 지식이다. 그는 지식에 있어서가 아니라 지식을 얻는 능력으로 인해 더 넓은 정신을 가지고 있다. 그러므로 에밀의 정신은 개방적이며 총명하고 모든 일에 대응할 준비가 되어 있으며, 몽테뉴가 말한 바와 같이 교양이 있다고는 못할 망정 적어도 교양을 받아들일 수 있는 정신이다.

에밀은 자연적이고 물질적인 지식만을 가지고 있기 때문에 역사라는 낱말조차 모르며 형이상학이나 도덕 따위는 더욱 알지

못한다. 인간과 사물의 기본적인 관계는 알지만 인간 대 인간의
윤리적인 관계에 대해서는 전혀 모른다. 그는 관념을 일반화하
는 것도 모르고 추상화하는 것은 더욱 모른다. 그는 기하학 도형
의 도움으로 추상적인 공간의 넓이를 알고 있으며, 대수학 기호
의 도움을 빌어 추상적인 공간을 측정한다. 이러한 도형과 기호
는 추상적 관념을 받쳐주는 기둥이며 그의 감각들은 그 위에 자
리잡고 있다.

그는 사물의 본성에는 관심이 없으며 자신에게 미치는 관계만
을 알려고 한다. 그는 오직 자기와의 관계에서만 평가하지만 그
평가는 정확하고 확실하다. 거기에는 변덕이나 어떤 규제도 전
혀 개입되지 않는다. 그는 자기에게 유익한 것이면 더욱 소중하
게 여긴다. 그리고 이러한 평가기준에서부터 결코 벗어나지 않
기 때문에 그는 여론 따위에는 조금도 동요되지 않는다.

에밀은 근면하고 절제하며 인내심이 강하고 확고하고 강인하
다. 잠재되어 있는 그의 상상력은 결코 위험을 느끼지 않는다.
운명에 반항하는 것을 배우지 않은 그는 죽음의 순간에도 몸부
림치거나 신음소리없이 죽을 것이다. 이것이야말로 자연이 우리
에게 허락하는 전부일 것이다. 자유롭게 살며 인간 만사에 너무
집착하지 않는 것이 곧 죽음을 배우는 가장 좋은 방법이다.

한마디로 에밀은 자기 자신에 관계되는 모든 덕은 다 가지고
있는 것이다. 사회적인 덕을 갖추기 위해서도 오직 그 덕을 필요
로 하는 관계만을 알면 그만인 것이다. 그에게 아직 부족한 것은

지식인데 그의 정신은 언제라도 지식을 받아들일 준비가 되어 있다. 그는 다른 사람의 일에는 관심이 없고 자신의 일만 생각하고 있다. 그는 인간사회에서 고립되어 있으며 오직 자기 자신만을 의지하고 있다. 그는 그 누구보다도 자신을 의지할 권리를 가지고 있다. 왜냐하면 그는 그 나이의 소년들이 성취할 수 있는 모든 것의 화신이기 때문이다. 그에게는 전혀 과실이 없으며 있다고 해도 그것은 편견과 정념을 배제한 것이다. 그에게서는 모든 정념 중에서 가장 근본적이고 가장 자연적인 정념인 자존심마저도 아직은 거의 나타나지 않고 있다.

그리고 다른 사람의 평화를 파괴하는 일도 없이 그는 자연이 허락하는 범위에서 만족하며 행복하고 자유롭게 살아온 것이다. 이렇게 살아온 열다섯 살의 어린이라면 이때까지의 세월을 헛되이 보냈다고 여러분은 생각할 것인가?

제 4 부

제2의 탄생

얼마나 빠르게 세월은 흘러가는 것인가? 인생에 있어서 처음 4분의 1은 어떻게 사용해야 할지 모르는 사이에 지나가 버리고 마지막 4분의 1은 인생을 즐기기를 그친 뒤에 지나가고 만다.

처음에는 어떻게 살아야할지 모르지만 그 방법을 알았을 때는 이미 늦은 것이다. 그 사이에 남겨진 시간 가운데 4분의 3은 수면과 노동과 구속과 고통으로 채워져 있다. 인생이 짧다는 것은 인생을 살아가는 시간이 짧다기보다는 그것을 즐길 시간이 짧다는 것이다. 태어나서 죽음에 이르기까지의 시간이 아무리 길어도 소용이 없다. 그 동안을 충실하게 보내지 못한다면 인생은 역시 짧은 것이다.

우리는 두 번 태어난다. 한 번은 존재하기 위해서이고 또 한번은 생활하기 위해서이다. 처음은 인간으로 다음은 남성이나 여성으로 태어나는 것이다. 여성을 미완의 남성으로 보는 것은 옳지 않지만 사춘기 전까지는 남녀를 구별할 수 없어서 사내아이도 어린이이고 여자아이도 어린이지만 사춘기 이후에도 성(性)적으로 발육이 되지 않은 남성은 평생 이 유사성을 지니고 있어 커다란 어린이와 다를 바가 없는 것이다.

그러나 일반적으로 남성은 언제까지나 어린이로 머물러 있게 만들어지지 않아서 자연이 정한 시기에 이르면 소년기를 벗어난다. 이 시기는 짧지만 오랜 기간 그의 인생에 영향을 미친다. 폭풍우가 일기 전에 파도가 치듯이 격심한 변화는 기분의 변화, 격정, 정신의 동요 등 정념에 의해서 알려진다. 그를 온순하게 만들던 목소리가 이제는 들리지 않는다. 그는 열병에 걸린 사자처럼 자신을 지도하는 사람을 인정하지 않으며 감독 받는 것을 아주 싫어한다.

기질이 변하면서 얼굴에도 뚜렷한 변화가 일어난다. 뺨 아래의 털이 차츰 검어지고 거칠어지며 음성도 변한다. 아무런 의미도 갖지 않았던 눈에 말과 표정이 나타나 생기가 보이며, 더욱 강렬해진 그의 눈길에는 여전히 맑은 순진함을 간직하고 있으나 최초의 의미 없는 표정은 사라지고 없다. 그는 눈만으로도 충분히 말할 수 있다는 것을 깨달으며 눈을 내리깔거나 얼굴을 붉힐 줄 알게 된다. 또한 이유 없이 불안해하기도 한다.

이 모든 것은 서서히 나타나기 때문에 여러분에게 시간적인 여유를 주기도 한다. 그러나 그의 열정이 억제할 수 없는 상태에 다다르고 흥분이 열광으로 변하며, 초조해 하다가도 곧 감동하게 되고, 까닭 없이 눈물을 흘리며, 여인의 손이 닿으면 몸이 떨리고, 정신이 산란해져 몸둘 바를 모르거나 겁을 먹게 될 때에는 주의하라. 바람은 이미 불어닥치고 있다.

이것이 내가 말하는 제2의 탄생이다. 여기서 인간은 진정한 생활로 들어가게 된다. 지금까지의 교육은 어린이의 놀이에 불과했으나 지금부터는 우리의 진정한 교육이 시작되는 시기이다. 그러나 이 새로운 계획을 명확히 설명하기 위하여 이와 관련되는 일들의 상태를 보다 더 근원부터 거론하기로 하자.

우리의 정념은 자기보존을 위한 수단이므로 그것을 근절하려고 하는 것은 어리석고도 헛된 짓이다. 이것은 자연을 억압하는 짓이며 하나님의 창조물을 뜯어고치는 결과가 된다. 정념은 하나님 스스로 그의 마음속에 불러일으키는 것이다. 그러므로 정념이 생기는 것을 방지하려는 사람은 정념을 아예 제거해 버리려는 사람과 마찬가지로 어리석다.

그러나 정념을 갖는 것이 인간의 본성이라고 해서 그 모든 정념이 자연적인 본성이라고 할 수 있을까? 정념의 근원은 자연이며, 그 근원은 수많은 작은 흐름에 의해서 불어나 큰 강물을 이룬다. 자연스럽게 생겨난 우리의 정념은 극히 한정되어 있으며 그것은 우리의 자유와 보존을 위한 수단인 것이다.

정념의 원천이며 다른 모든 정념의 근본이 되는 것, 인간이 살아있는 동안에 언제나 존재하는 유일한 정념은 자기에 대한 애착심이다. 그러나 대부분의 변형은 외부에 원인을 가지고 있어서 그 원인이 없으면 절대로 생기지 않는다. 그러한 변형된 정념은 우리에게 도움이 아니라 해를 준다. 인간이 자연 밖으로 이탈하여 자신과 대립하게 되는 것은 바로 이것 때문이다.

자애(自愛)란 항상 선한 것이며 언제나 자연의 질서에 따른다. 자기보존의 의무는 누구에게나 필수적인 것으로 가장 중요한 배려가 거기에 집중되어야만 한다. 사람은 자신을 보호해 주고 행복하게 해 주는 것에는 호감을 가지는 반면 해를 끼치려는 자에게는 반발한다. 사람이란 자기에게 이익이 되는 것을 원하고 이익을 주려는 사람을 사랑한다.

　어린이의 최초의 감정은 자신을 사랑하는 감정이다. 그 다음의 감정은 최초의 감정에서 생겨나는 것으로서 자기를 가까이 하는 사람에 대한 사랑이다. 왜냐하면 어린이는 도움이나 보살핌을 주는 사람만 알아보기 때문이다. 유모가 자기에게 유용하고 도움이 된다는 것을 이해하는데는 상당한 시간이 걸린다. 그리고 그가 그들을 사랑하기 시작하는 때는 바로 이때부터이다.

　그러므로 어린이는 자기에게 접근하는 사람은 모두 도움을 준다는 것을 알고 있기 때문에 선천적으로 누구에게나 호의를 느끼는 경향이 있다. 그러다가 그들과 능동적이거나 수동적인 의존관계를 확대해 가면서 대인관계에 대한 의식이 싹트며, 거기서 의무와 기호의 감정이 생기게 된다. 이렇게 되면 어린이는 거칠어지고 질투심이 생기며 거짓말을 하고 고집스러워진다.

　자기애는 필요가 충족되면 만족하지만 자존심은 비교 대상을 가지므로 절대로 만족하는 일이 없다. 왜냐하면 이 감정은 다른 사람보다 자신을 더 좋아할 뿐만 아니라 다른 사람도 자기를 본인보다 더 좋아하기를 바라기 때문이다. 그렇기 때문에 온정과 애정이 담긴 감정은 자기애로부터 생겨나고 다른 사람을 미워하고 화를 잘 내는 감정은 자존심으로부터 생긴다. 그러므로 인간을 본질적으로 선량하게 하려면 욕망을 적게 하고 남들과 비교하지 않도록 해야 한다.

인간에게 적절한 연구란 자신과 연관되어 있는 관계들에 대한 연구이다. 자신을 육체적 존재로 생각하는 유년기에는 자신을 사물과 연관지어 인식하지만, 도덕적 존재임을 인식하게 되면 자신을 인간들과 연관지어 생각하게 된다. 이 작업은 지금부터 계속해야 하는 일이다.

사람이 동반자의 필요성을 느끼게 되면 이미 그는 고립된 존재가 아니며 인류에 대한 관계와 마음의 애정이 싹트게 된다. 이 최초의 정념이 곧 다른 정념을 불러일으킨다. 하나의 성(性)이 다른 성에 관심을 갖는다는 것은 자연 충동이다. 사람은 판단한 후 사랑하며 비교한 후 선택한다. 이러한 판단은 무의식중에 일어나면서도 진실하다.

사랑이란 존중할 만한 것을 예상하게 하는 까닭에 언제 어디서나 경의를 받는다. 가치나 미의 관념을 미처 갖지 못한 남성에게는 모든 여자가 마음에 드는 까닭에 첫사랑의 여성이 가장 아름다운 법이다. 사랑은 자연에서 생기는 것이 아니라 반대로 자연의 경향을 억제하고 규제함으로써 생기는 것이다. 그러므로 사랑하는 사람이 생기면 그 이외의 이성(異性)에게는 관심을 두지 않는 것도 바로 이 사랑 때문인 것이다.

사람은 자기가 사랑하는 사람이 자신을 사랑해 주기를 바란다. 사랑은 상호적인 것이기 때문에 사랑 받기 위해서는 먼저 사랑해야 한다. 그러나 사람에게는 좋아하는 사람이 있듯이 싫어하는 사람이 있다. 사랑과 우정으로 인하여 불화와 반목, 증오가 생기게 된다. 여러 정념들 가운데 확고부동한 의견이 왕좌를 차지하게 되고 어리석은 사람들은 그 권위의 노예가 되어 자신의 존재를 타인의 판단 위에서만 쌓아올리는 경향이 있다. 어린이의 마음에 그러한 정념이 뿌리를 내리게 되는 것은 우리의 그릇된 행동 탓이지만, 청년시절의 정념은 우리의 의지와 상관없이 생겨난다. 그러므로 우리의 방법을 달리할 때가 온 것이다.

여기에서 문제가 되고 있는 이 위기에 대한 몇 가지 고찰부터 시작하자. 소년기에서 사춘기로 넘어오는 이 시기는 자연에 의해 명확하게 결정되는 것이 아니라 개인의 체질과 기후에 따라 달라진다. 그러나 가끔 사람들은 그것의 원인을 정신이 아닌 육체에서 찾는 오류를 범한다. 자연의 교육은 순리적이지만 인간의 교육은 조급하다. 전자의 경우는 감각이 상상력을 일깨우지만 후자의 경우는 상상력이 감각을 일깨운다.

상상력은 처음에는 개인을 그리고 그 다음에는 인류를 무기력하게 만드는 활동을 하도록 감각을 자극한다. 기후의 영향보다 더 일반적으로 관찰되는 것으로 사춘기와 성적 능력이 야만인보다는 문명인에게 더 빨리 나타난다는 것이다. 문명세계의 어린이들은 예절이라는 가면에 숨어있는 폐단에 빨리 물이 들어서 그들이 배우는 세련된 언행은 그들의 호기심을 자극하여 어린이가 배워서는 안 될 것들을 그들에게 드러내 보인다.

경험으로 판단해 볼 때 이 방법은 자연의 작용을 재촉하여 인간 본연의 기질을 파괴하고 도시인들을 타락의 늪으로 몰아넣는 중요한 원인 중 하나라는 것을 알게 될 것이다. 교양 없고 단순한 사람들과 살다보면 행복한 무지가 얼마나 어린이의 순진성을 연장시킬 수 있는지 알 수 있다.

나는 이렇게 고찰함으로써 자주 거론되고 있는 문제, 즉 어린이의 호기심의 대상에 대해 일찍부터 설명해 주어야 하는지, 아니면 적당히 속여야 하는지의 문제에 대한 해답을 얻을 수도 있다. 어느 쪽도 모두 좋지 않다고 생각한다.

첫째로 이러한 호기심은 어린이에게 기회를 주지 않으면 생기지 않는 것이며, 둘째로 반드시 대답할 문제가 아니라면 속일 필요까지는 없기 때문이다. 끝으로 만일 그 질문에 꼭 대답해 주어야 한다고 생각하면 솔직하고 분명하게 대답하고 난처한 표정이나 어색한 미소를 보이지 말아야 한다. 어린이의 호기심이란 자극하는 것보다 만족시키는 편이 훨씬 위험이 덜하기 때문이다.

나는 사람들이 본래의 말을 쓰지 않고 일부러 세련된 말을 즐겨 사용한다든가 완곡하게 돌려서 말하는 것을 좋아하지 않는다. 악을 알게 되면서 생기는 수치심이란 어른에게는 자연적인 감정이지만, 악을 알지도 못하는 어린이에게는 부자연스러운 감정이다. 그러므로 어린이에게 수치심을 가르치는 것은 그들에게 부끄러운 것이 있다는 것을 가르치는 일이 되어 결국 어린이에게 해 보고자 하는 욕망을 불러일으키는 결과를 빚는다. 그러면 상상력은 관능을 자극하는 불을 타오르게 한다.

어른과 같은 욕망을 갖지 않는 어린이도 감각을 해칠 불순한 행위를 할 가능성은 있다. 그러므로 어린이에게도 예절교육은 필요하다. 우리가 어린이의 순진성을 진정으로 존경한다면 그들이 이해하기 쉬운 단순한 말을 사용해야 한다. 전혀 가식이 없는 말로 불쾌한 관념을 연결시키면 상상의 최초 불길을 끌 수 있다. 언제나 필요한 말만을 하며 느낀 바를 솔직하게 말하는 사람은 많은 곤경에서 벗어날 수 있다.

어린이에게 있어서 고통이나 죽음이라는 관념은 종종 상상력을 약화시키고 호기심을 억제하는 경우가 있다. 이 점을 이용하여 출산의 결과를 말함으로써 출산의 원인에 관심이 집중되지 않도록 한다.

여러분의 어린이들은 독서를 함으로써 책 없이는 얻을 수 없는 지식을 섭렵한다. 그러다가 현실사회로 나오면서 책 속의 지식은 상상에 머물고 한 사람의 인간으로서 인간들의 행동이 자신의 행동과 부합되는지를 알려고 한다. 타인의 판단이 그들에게 법칙으로 작용한다면 적어도 타인의 행위는 그들에게 모범이 되어야 할 것이다. 그리하여 타인의 음탕한 말은 그들을 음탕한 행동으로 이끌고, 교활한 태도는 그들을 교활하게 만든다.

자기 나이에 적합한 교육을 받은 어린이는 매사에 고독해서 습관적인 것에 대한 애착밖에는 없다. 그는 시계를 소중히 하듯 누이를 사랑하며 개를 좋아하는 것처럼 친구를 좋아한다. 그에게는 성이 문제시되지 않으며 남자나 여자나 심지어 그 어느 누구의 말과 행동에도 주의를 기울이지 않는다. 그것은 인위적인 잘못이 아니라 자연의 무지이다. 이와 같은 자연이 자기의 제자를 조심스럽게 계발시켜 어린이가 무사히 자연의 교훈을 이용하도록 하는 시기가 왔다.

생겨나는 정념에 법칙과 질서를 정하려면 그것이 스스로 조정될 수 있도록 정념의 발달시기를 늦추는 것이 좋다. 이때 정념을 조정하는 것은 자연이므로 여러분은 그저 내버려두기만 하면 된다. 모든 정념의 근원은 감수성이지만 상상이 정념의 흐름을 결정한다. 따라서 정념을 악덕으로 변하게 하는 것은 상상력의 잘못된 방향결정이다.

그러므로 정념을 효과적으로 사용하기 위해서는 첫째, 인류로서 그리고 한 개인으로서의 인간의 참된 관계를 인식하고 둘째, 이러한 관계에 따라 모든 애정의 감정을 조절해야 한다. 그러나 인간이 온갖 관계에 따라 애정의 움직임을 자유자재로 조절할 수 있을까? 만일 자신의 상상력의 방향을 자유로이 정하고 모든 습관을 마음대로 붙일 수 있다면 가능한 일이겠으나 우리에게 보다 중요한 관심사는 제자의 환경에 있다.

세상 물정에 밝은 어린이는 자기가 받은 조숙한 교육을 사용할 기회를 잡으면 경험하기 이전에 인식한 욕구의 대상을 지체 없이 촉진시킨다. 그를 자극하는 것은 자연이 아니며 오히려 그가 자연을 강요하는 것이다. 그는 어른이 되기 전에 그의 정신은 벌써 어른이 되어 버린 것이다.

자연에 관한 과정은 매우 단계적이어서 먼저 피가 조금씩 끓고 정기가 자라나며 기질이 형성된다. 오랜 기간의 무지가 그의 욕망을 잠재워 끓어오르는 욕망의 생기를 더욱더 반짝이게 한다. 그런 생기는 주위의 다른 존재를 살피면서 인간은 홀로 살 수 없다는 것을 깨닫게 한다. 이리하여 인간적인 애정에 대해 마음이 열리고 애착을 가지게 된다. 주의 깊게 교육받은 청년이 느끼는 최초의 감정은 애정이 아니라 우정이다. 그에게 갓 일어난 상상의 최초의 작용은 성(性)에 대한 감정보다 인류에 대한 감정을 불러일으켜 인간애의 씨앗을 뿌리는 일이다. 그러한 것은 이때에만 결실을 얻을 수 있기 때문에 더욱 소중한 것이다.

청년기는 복수와 증오에 불타는 시기가 아니라 자비와 관용을 베푸는 시기이다. 스무 살이 될 때까지 동정(童貞)을 지킨 사람이라면 이 연령에 있는 인간 중에서 가장 관대하고 선량하고 정답고 또 사랑스럽다. 무엇인가 부족하고 다른 사람의 도움이 필요할 때 타인과 교제하려는 생각이 든다. 우리의 허약함 때문에 이런 작은 행복이 우리를 찾아오게 된다. 그러므로 우리가 같은 인간에게서 애착을 느끼는 것은 환희의 감정에 의해서라기보다 오히려 고통의 감정에 의한 것이다.

우리의 공통적인 필요가 이해관계로써 우리를 결합시킨다면 공통된 괴로움은 애정으로써 우리를 결합시킨다. 자기 혼자만이 행복을 누리고 있는 사람을 보면 우리는 그들이 우리를 필요로 하지 않을 거라는 점에서 한층 더 괴롭지만, 불행에 처한 사람을 보면 도와 주고싶은 마음이 생긴다. 이처럼 동정은 유쾌한 것이지만 선망은 괴로운 것이다. 왜냐하면 동정은 괴로워하는 사람과 자신을 비교해 봄으로써 자신이 그 사람만큼은 괴롭지 않다는 기쁨을 느끼게 해 주지만 선망은 그 사람이 누리고 있는 행복이란 우리에게서 빼앗아간 행복인 것같이 생각되는 까닭이다.

그러므로 감수성의 최초의 충동을 받은 청년을 선하고 친절한 사람으로 만들려면 거짓된 행복을 보지 못하게 하여 그의 마음 속에 오만이나 허영심, 선망의 감정이 나타나지 않도록 해야 한다. 그가 인간에 대해서 충분히 알기 전에 보여지는 세상은 그를 교육시키는 것이 아니라 타락으로 이끄는 것이다. 제왕이나 거지나 모두 태어날 때는 벌거숭이인 인간은 갖은 고통으로부터 자유로울 수는 없으며, 결국엔 죽음의 문에 서게 된다. 이것은 누구도 피할 수 없는 운명이다. 그러므로 먼저 인간성의 본질부터 연구하는 것이 좋을 것이다.

열여섯 살이 된 청년은 괴로움을 경험했기 때문에 괴로움이 무엇인지를 알게 된다. 그러나 다른 사람의 느낌을 상상하지 못하므로 타인이 고통을 당하고 있다는 생각은 하지 못한다. 그러나 감각이 발달하여 그의 상상력을 자극하면 그는 타인에게서 자신을 느끼고 그들의 고뇌를 함께 괴로워한다. 바로 이때 처음으로 괴로워하는 인간의 슬픈 광경이 지금까지는 경험하지 못했던 감동으로 다가오는 것이다.

에밀은 감각을 가진 존재에 대해서는 생각해 본 일이 없기 때문에 괴로움이나 죽음에 대해서는 먼 훗날에야 알 것이다. 비통해 하는 목소리나 괴로운 신음소리는 그의 마음을 흔들어 놓을 것이고, 피 흘리는 광경은 그의 시선을 돌리게 할 것이며, 죽음이 임박한 동물의 몸부림치는 모습을 보는 순간에 일어나는 새로운 감정은 어디에서 오는지 그로서는 알 수 없으나 마음은 무척 아플 것이다. 그는 이미 많은 관념을 비교해 왔기 때문에 전혀 무감각할 수는 없지만 자신이 느끼고 있는 것이 어떤 것인가를 알기에는 아직 충분하지 못하다.

이렇게 해서 인간의 마음을 움직이는 최초의 감정인 동정심이 생기는데, 어린이가 감수성과 동정심을 가지기 위해서는 자신과 똑같이 고통을 느끼는 비슷한 존재들이 있다는 것을 알아야 한다. 우리는 우리 자신을 초월하여 고통스러워하는 대상과 일체가 되어야만 동정심을 갖게 된다.

이와 같이 싹트는 감수성을 자극하고 키워 나가기 위해서는 그의 마음을 다른 존재에까지 미치게 하여 자신을 초월할 수 있는 대상을 보여주되 자아를 긴장시키는 대상은 멀리하는 것이 바람직하다.

이상과 같은 고찰을 명확하게 이해할 수 있도록 서너 개의 준칙으로 요약해 보자.

제1준칙 : 인간은 자신들보다 행복한 사람의 위치에 자기를 놓아 보는 일은 없고, 자신보다 불행한 사람의 위치에 자신을 놓아 볼뿐이다.

제2준칙 : 사람은 자신도 똑같이 불행을 당하게 된다고 생각하지 않으면 남의 불행을 동정하지 않는다.

제3준칙 : 우리가 다른 사람의 불행에 대해서 느끼는 동정은 그 불행의 크고 작음에 있지 않고, 그 불행에 괴로워하는 사람에 대해 지니는 감정에 좌우된다.

인류를 구성하고 있는 대다수는 민중이다. 인간은 모두 평등한 존재이므로 가장 많은 사람이 속해 있는 상태가 존경의 대상이 되어야 한다고 생각하는 사람에게는 사회적 차별이 있을 수 없다. 비천한 사람에게나 고귀한 사람에게나 동일한 감정과 정념이 있으나 차이가 있다면 그것은 말씨와 몸가짐밖에는 없다. 민중은 있는 그대로를 보여주고 상류 사람들은 변장을 한다.

인류는 본질적으로 민중의 집합으로 이루어져 있으므로 왕이나 철학자가 여기에서 제외되더라도 인류 자체에는 변함이 없다. 따라서 인류를 사랑하는 것은 천시 당하는 사람을 포함하여 민중을 사랑하는 것이다. 여러분의 제자는 어느 계층의 구성원도 아니면서 동시에 어떤 계층에도 융화될 수 있도록 해야 한다. 그의 앞에서는 애정과 연민의 정으로 인류를 말하라. 인간을 결코 멸시해서는 안 된다.

자연의 최초의 충동으로 청년의 마음을 자극하여 그 마음이 다른 인간을 향해 열려지게 하려면 허영심, 명예심, 경쟁심과 같은 감정으로 다른 사람과 자신을 비교하게 해서는 안 된다. 자기 자신을 평가하기 위한 비교라 하더라도 그것은 필히 우열을 다투는 사람에 대한 반감을 조장하게 한다. 그렇게 되면 우리는 맹목적이 되거나 조급해지거나 신경질적인 인간 또는 바보가 된다. 어차피 이런 정념들이 곧 생기기는 하겠지만 일부러 조장할 필요는 없지 않은가?

이것이 우리가 취해야 할 기본적인 방법이다. 여기서부터는 수많은 성격이 나타나기 때문에 실례를 들어 설명하는 것은 무리한 일이다. 다만 교사가 형성하려고 애쓰는 제자의 마음속을 재는 기술을 지닌 관찰자와 철학자로서의 진정한 직분이 시작되는 것이 이 시기이며, 기회를 잘 살핌으로써 그것들을 예견하고 지도할 수 있어야 하는 것이다.

고통의 대상을 감각에 느끼게 하는 것은 보다 빨리 보편적으로 사람의 마음을 사로잡는다. 파멸의 관념은 매우 복잡하므로 느껴지지 않는다. 죽음에 대한 인상은 경험이 없으므로 보다 더 늦게, 보다 더 강하게 마음을 움직인다. 그러나 시체를 보면서 죽음에 대한 인상이 마음속에 새겨지면 이보다 더 무서운 광경은 없다. 감각에 전해지는 죽음의 인상은 완전한 파괴의 개념이며 피할 수 없는 운명이라는 생각에 마음이 동요되기 때문이다.

이런 갖가지 인상들은 각 개인의 독특한 성격이나 습관에 따라 변한다. 그러나 그것은 보편적이어서 그것을 완전히 모면하는 사람은 없다. 그러나 보다 더 더딘 것도 있고 일반성을 지니지 못하는 것도 있지만 감수성이 민감한 정신들에게는 한층 더 고유한 것이 있는데 그것은 정신적 고뇌, 번민, 우울, 비애 등으로부터 오는 인상이다.

거듭 말하지만 청년들은 자기가 경험한 고통에만 동정심을 갖기 때문이다. 그러나 일단 무수한 괴로움이 인간생활에 포함되어 있다는 사실을 알게되면 그러한 무감각은 동정으로 변할 것이다. 나의 에밀은 어린 시절에 순진성과 양식을 지닌 까닭에 청년 시절에는 따뜻한 마음과 풍부한 감수성을 지니게 될 것이다. 왜냐하면 감정의 진실성은 관념의 정확성에 좌우되기 때문이다.

그러나 불행한 사람들과 죽어 가는 사람들의 고통과 비참한 광경들! 과연 이것이 인생의 문턱에 들어선 청년이 느껴야 하는 행복이며 기쁨이란 말인가! 이런 불평을 하는 교사들은 내가 약속했던 교육, 즉 즐거운 교육을 상기하면서 오히려 그를 괴롭히기 위해 그의 눈을 뜨게 한 것이 아니냐고 말할 것이다. 그게 나와 무슨 상관인가? 나는 그를 행복한 인간으로 만든다고 했지 행복한 것처럼 보이게 하겠다고 약속하지는 않았다.

초기 교육을 마치고 세상으로 들어가는 에밀에게 비친 최초의 광경이 슬픈 광경이었다 하더라도 그것은 기쁨의 감정을 줄 것이다. 그는 자신이 그동안 불행을 겪지 않았다는 생각에서 행복함을 느낄 것이다. 사람들은 고통을 경험하고 또 경험하리라고 생각할 때 사람을 동정한다.

만약 지금 자신이 고통을 당하고 있다면 자기만을 동정할 뿐이다. 그러므로 동정이란 고통을 당하지 않은 상태의 사람에게 생기는 감수성이므로 결국 유쾌할 수밖에 없다. 반대로 냉혹한 사람은 타인의 괴로움에 대해서 그가 베풀 수 있는 감정의 여분이 전혀 없으므로 항상 불행하다는 결과가 된다.

우리는 지나치게 외관에 의해 행복을 판단하고, 가장 행복하지 못한 자에게서 행복을 가정한다. 그래서 행복이 있을 수 없는 곳에서 행복을 구하고 있다. 진정한 만족이란 유쾌한 것도 들떠있는 마음의 상태도 아니며 참으로 행복한 사람은 별로 말이 없고 웃음도 없다. 행복을 자신의 내부에 간직하고 있는 것이다.

겉으로 나타나는 즐거움이나 기쁨의 이면에는 혐오와 권태가 깃들어 있다. 만족과 마음의 평온함을 나타내는 소박하고 명랑한 표정을 가진 에밀의 얼굴은 존경과 신뢰감을 심어 주고 상대방에게 우정을 주려는 인상을 준다. 나는 사람의 인상이란 단순한 신체적 발달의 결과가 아니라 정신적인 감동의 계속된 표출로 인해 형성된 특징이라고 생각한다. 그렇기 때문에 인상은 사람의 성격을 나타내며 인상에 의해 사람의 성격도 파악이 가능하다.

어린이가 갖는 뚜렷한 감정은 기쁨과 슬픔밖에는 없다. 항상 이 두 감정을 오가는 어린이의 얼굴은 어떤 뚜렷한 인상을 갖지 못한다. 그러다가 연속적인 심리적 감동을 받는 나이가 되면 한

충 더 지우기 힘든 인상의 흔적이 남는다. 이러한 습관적인 마음의 상태에서 얼굴의 특징이 나타나는데 이것은 시간이 흘러도 지워지지 않는다. 나의 관찰에 의하면 사람들은 인상과 더불어 습관적인 정념도 동시에 변한다.

다시 나의 방법으로 돌아간다. 그러므로 비판적인 연령에 이른 젊은이에게는 자극적인 광경은 피하고 감정을 진정시킬 만한 광경만 보여주는 것이 좋다. 선택할 수 있는 나이가 되기 전에는 알아서는 안 될 쾌락이 난무하는 도시로부터 그를 격리시키고, 그들 나이의 정념을 비교적 더디게 발달시키는 순박함이 넘치는 시골로 그들을 데려가라.

설령 예술에 대한 취미가 그들을 다시 도시로 끌어들인다 하더라도 그것을 피하게 하라. 친구, 직업, 쾌락을 주의해서 선택해 주고 관능을 흥분시키지 않고 감수성을 가꾸어 주는 감동적인 것만을 보여주어라. 인간의 비참한 광경을 보여주어 그의 마음을 감동시킬 필요는 있지만 그를 냉혹하게 만들어서는 안 된다.

따라서 여러분의 제자에게는 동료의 불행을 느끼게 할 필요는 있으나 너무 자주 보여줘서는 안 된다. 단 한 가지 대상이라도 적당한 때에 적당한 것을 골라 보여준다면 그는 계속 감동하고 반성할 것이다. 그가 지식을 얻으면 그것과 관련된 관념을 욕망이 일어나면 그것을 억제시키는 광경을 보여주어라.

어린 시절을 어떻게 보내는가 하는 것은 그렇게 중요하지 않다. 그러나 진정한 삶이 시작되는 지금 이 시기는 충분히 지속되지 않기 때문에 이 시기를 되도록 오래도록 연장시키는 기술이 중요하다. 훌륭한 재배법 중에서 가장 유익한 방법은 가능한 늦추는 일이다. 어른이 되기 위해 해야 할 일은 모두 다 마쳐야 하므로 그때까지는 어른이 되는 것을 막아야 한다.

만일 신체를 완성하기 위해 주어진 정기를 다른 것의 형성에 사용한다면 쌍방이 모두 무기력해져서 자연의 작업은 미완성으로 남게 된다. 그렇게 되면 정신도 육체와 마찬가지로 허약하고 무기력하게 작용할 수밖에 없다. 그러므로 정신과 육체를 연결하는 기관들이 제대로 잘 이루어지고 힘과 활력이 있는 혈액을 그 원동력으로 삼고 있어야 한다.

교사들은 이 시기의 격정이 청년을 지도하기 힘들게 한다고 말하는데 나도 그것은 인정한다. 하지만 그것은 교사들이 잘못한 결과이며, 교사는 제자가 격정으로 인해 관능에 빠지지 않도록 하면 된다. 이와 같은 청년의 정열은 교육에 방해가 되는 것이 아니라 그 정열로 인해서 교육이 성취되고 완성되는 것이다.

그들의 강한 힘은 열정의 실마리를 제공해 주며 최초의 애정은 행동의 고삐가 된다. 사랑함으로써 그는 처음으로 인류와 결합하게 된다. 그렇다고 싹트기 시작한 그의 감수성을 인류 쪽으로만 돌린다고 해서 인류를 포용하게 되는 것은 아니다. 감수성은 처음에는 자기와 가까운 친지에게만 국한되는데 개인적인 애정을 인류로 확산시키는 것은 그의 자연성을 키워나가 자신의 감정과 타인의 감정을 숙고한 연후에 비로소 이루어지는 것이다.

우리는 자신에게 친절을 베푸는 사람을 사랑한다. 인간의 마음에는 이기심이 있기 때문에 이기심 때문에 친절을 베푸는 사람보다는 은혜를 입고서도 은혜를 배은하는 사람이 더 적다. 선물이 소중한 것은 아무런 조건 없이 주기 때문이며 마음을 구속하면서 주는 선물은 그 마음을 멀리하는 결과를 가져온다.

우연한 기회에 과거에 받았던 은혜를 잊지 않고 있음을 뜻하지 않은 봉사로써 표시할 수 있다면, 그 감사의 정이 만족된 것에 대해 얼마나 기뻐할 것인가? 얼마나 큰 감격으로 그 은인에게 말할 것인가? "이제야 제 차례가 되었습니다." 이것이야말로 진정한 자연의 음성이다. 진정한 은혜는 결코 배은망덕을 가져오지 않는다.

여러분은 제자에게 어른으로 인정받기까지는 그의 의무를 문제삼아서는 안 되며, 그 자신에 대한 의무만이 문제시되어야 한다. 그를 복종케 하려면 그에게 완전한 자유를 주어라. 그리고 사랑의 의미를 느끼기 시작하면 항상 자기를 보살펴주는 여러분의 열정을 친구에 대한 애착으로 끌어올릴 것이다. 그런데 그러한 열정 속에서 가장 중요한 역할을 차지하는 것은 충분히 인식된 우정이다. 우정은 언제나 우리의 이익을 위해서만 존재하기 때문에 친구가 우리를 오해한다고는 생각할 수 있어도 그가 우리를 속일 것이라고는 생각지 않기 때문이다.

우리는 마침내 도덕적 질서 속으로 들어간다. 인생의 제2단계로 접어든 것이다. 나는 여기에서 어떻게 해서 마음의 최초의 충동이 양심의 최초의 목소리에 도달하는가를, 그리고 어떻게 해서 사랑과 미움의 감정에서 선악에 대한 최초의 관념이 생기는가를 시도해 보려 한다.

정의와 선은 단순히 추상적인 말이나 오성에 의해서 이루어지는 순수한 도덕적 개념이 아니라 이성에 의해 깨달은 영혼의 참된 애정이며, 그것은 우리의 근원적인 애정의 질서 있는 진보의 한 단계에 불과하다는 것, 또 양심과 상관없이 이성만으로는 어떠한 자연적 법칙도 확립될 수 없다는 것, 그리고 모든 자연적 권리도 만일 그것이 인간의 마음의 근원적인 필요에 입각한 것이 아니면 모두 하나의 환영(幻影)에 지나지 않는다는 것을 증명하고 싶다. 그러나 나는 여기서 형이상학이나 윤리학을 거론할 생각도 없으며 어떤 연구를 강의할 생각도 없다. 나로서는 우리를 구성하고 있는 감정들이나 우리의 인식의 질서와 발달을 기록하는 것으로 충분하다.

나의 에밀은 지금까지 자기 자신만 생각해 왔으므로 자기 자신과 똑같은 인간에게 갖는 최초의 관심은 자기를 그들과 비교하는 것이다. 이러면서 생기는 최초의 감정은 언제나 최고가 되고자 하는 감정이다. 이것은 자기에 대한 사랑이 이기심 또는 자존심으로 바뀌는 지점이며 자존심과 관련된 모든 정념이 이때부터 생기기 시작한다.

이러한 탐구로 그를 이끌어 가기 위해서는 공통된 불행에 처한 인간의 모습을 보여준 다음 그것들의 차이에 의해서 인간을 제시해 주어야 한다. 여기서 자연적인 불평등과 사회적인 불평등의 척도가 생기게 되며, 이때야말로 사회 전반의 질서를 그려 보이는 시기인 것이다. 그러나 우리는 무익한 욕망과 인간의 육체적인 욕구를 혼동하기 때문에 육체적인 욕구를 인간사회의 기초로 생각하고 있는 사람은 항상 결과를 원인이라고 생각하며, 그들은 모든 추리에서 혼란을 일으킬 뿐이다.

자연의 상태에는 현실적으로 파괴할 수 없는 평등이 있다. 그러나 문명 사회에서는 권리를 통한 평등이 있다. 그리하여 평등을 유지하려는 수단 그 자체가 평등을 파괴하며 권력은 자연의 균형을 파괴하고 있다. 이 최초의 모순 때문에 다수가 소수의 희생이 되고 공공의 이익은 개인의 이익의 희생이 되며, 정의에의 복종이라는 그럴듯한 말이 폭력과 불의의 무기로 되는 것이다. 우리는 여기서 정의와 이성에 의해서 특권층에게 어느 정도의 존경을 나타내야 할지를 분명히 판단해야 한다. 또한 각자의 운명을 정확히 판단하려면 그들의 지위가 과연 그들에게 행복의 열쇠가 되는지를 알아보아야 한다. 이 중요한 연구과제를 위해 먼저 인간의 마음을 알아보자.

청년에게는 인간 그대로의 모습을 보여주는 것이야말로 인간이 인류에 대해 가질 수 있는 가장 알맞은 생각을 심어주는 첩경이다. 피타고라스는 "세상은 올림픽 경기와 비슷해서 어떤 사람은 가게를 차려 자신의 이익을 구하고, 어떤 사람은 몸을 바쳐 명예를 추구하고, 또 어떤 사람은 구경하는 것으로 만족하고 있는데 그렇다고 해서 최하의 부류의 사람은 아니다"라고 말했다.

　나는 청년이 친구를 잘 선택하도록 하여 사람들에게 호의를 갖게 하고, 세상을 충분히 알게 하여 세상의 모든 일에 흥미를 갖도록 했으면 한다. 인간은 본래 선하다는 것을 인식하게 하여 이웃을 판단하게 하라. 반면에 사회가 인간을 어떻게 타락시키고 잘못되게 하는가를 알게 해서 사람들의 편견이 모든 악의 근원임을 깨닫게 하라. 모든 사람은 가식에 차 있지만 그 가식 뒤에는 아름다운 얼굴이 있음을 알려 주어라.

　인간의 마음을 그에게 이해시키기 위해서 나는 그에게 멀리 떨어져 있는 인간의 모습을, 또 다른 시대와 다른 지방의 인간의 모습을 보여주고 싶다. 이때가 곧 역사를 가르쳐야 할 시기인 것이다. 그는 역사를 통해 철학 없이도 인간을 이해할 것이다. 그는 역사를 통해서 단순한 관객, 중립을 지키는 재판관의 자격으로 사람의 마음을 볼 것이다.

　사람을 알려면 그들의 행동을 보아야 한다. 사회에서 사람들은 말만 할 뿐 행위는 숨기지만 역사에서는 그들의 행동이 적나라하게 나타나므로 판단이 가능하다. 또한 그들의 말로써도 그들을 평가할 수 있는데, 왜냐하면 말과 행동을 비교하면 있는 그대로의 모습과 나타내 보이고자 하는 모습을 동시에 보게 되기 때문이다. 불행하게도 이 연구에는 몇 가지 위험과 불편이 있다.

　역사의 가장 큰 결점 중 하나는 인간의 좋은 면보다 나쁜 면을 묘사한다는 점이다. 역사가 어떤 국민을 오래 기억하게 하는 것은 그 나라가 쇠퇴기에 처해있을 때뿐이다. 사실상 오늘날에 있어서도 훌륭한 정부는 화재의 대상에 오르지 않는 법이다. 선이 역사에 남는 일은 거의 없다.

여러분은 역사의 충실성은 풍습이나 성격의 진실성보다 흥미가 덜하기 때문에 인간의 내면묘사가 사건의 기록보다 중요하다고 말할지 모른다. 그리고 2천 년 전의 사실의 현재적 유용성에 의문을 던질 것이다. 인물이 충실히 묘사되었다면 별 문제가 없으나 대부분의 인물이 역사가의 상상에 의존한다면 우리는 다시 교사의 권위로부터 없애려고 하던 것을 도리어 이번에는 저자의 권위에 일임하는 셈이 된다.

청년에게 가장 나쁜 역사가는 스스로 판단을 내리는 역사가이다. 읽는 사람 스스로 판단을 내리도록 하는 역사를 통해서 인간을 아는 것을 배운다. 인간의 마음을 연구하려면 개인의 전기를 읽는 것이 좋다. 전기에는 적나라한 인간의 모습이 살아 숨쉬기 때문이다. 몽테뉴는 다음과 같이 말했다. "전기 작가는 사건보다는 교훈에, 외적인 일보다 내적인 일에 더 흥미를 가지므로 이런 종류의 플루타크(그리스의 역사가)가 나에게 가장 적합하다."

대중이나 국민정신은 개개인의 성격과는 크게 다르므로 인간의 마음을 집단 속에서 검토하는 것은 곧 불완전하게 인간을 인식하게 된다. 그러나 인간을 판단하려면 먼저 개인을 연구해야 되며, 또 개인의 성향을 완전히 파악하지 않고서는 국민 전체 속에서의 총괄적인 결과를 예상할 수 없다는 것 또한 사실이다.

플루타크는 매우 탁월하게 상세한 묘사를 한 역사가이다. 그는 적당한 표현법을 선택하여 위인들을 묘사하고 말 한마디로 주인공의 특징을 충분히 나타냈다. 한니발은 농담 한마디로 겁에 질린 군대를 안심시키고 진군하여 이탈리아를 점령하였다. 케사르는 가난한 마을을 지나면서 자신은 폼페이우스가 되고싶을 뿐이라고 친구들에게 말하면서 모반의 마음을 무심결에 드러냈다. 알렉산더는 약을 삼키면서도 단 한마디도 하지 않았다. 아리스티데스는 조개껍질에 자기 이름을 새겨 자신의 별명을 증명하였으며, 필로포에멘은 외투를 벗고 자기가 묵고 있던 집 부엌에서 장작을 팬다. 이것이 인간을 그리는 진짜 기술이다. 인간의 본성이 드러나는 곳은 위대한 행동이 아니라 사소한 일에서이다.

우리는 어려서부터 아무 생각도 없이 독서하는 습관에 젖어 있으므로 우리 자신이 가지고 있는 편견과 정념에 사로잡혀 역사나 전기 속의 주인공에 대해서도 감동을 받는 일이 적다. 그러나 내 충고에 따라 교육받는 에밀을 상상해 보라. 인생이라는 무대 뒤에서 분장하는 모습과 관객의 눈을 속일 여러 도구를 바라보는 그를 상상해 보라. 인류에 대한 최초의 감정은 수치와 경멸감이 되어 전 인류가 이런 장난으로 서로를 속이는 타락에 빠져있다고 분개할 것이다. 또한 그는 사소한 일로 서로 싸우며 짐승과 같은 상태로 전락하는 것에 비탄해 할 것이다.

그러나 올바른 독서태도를 형성한 어린이에게 이러한 학습은 실천철학의 강의가 될 것이다. 에피루스의 왕이었던 피로스의 허황된 계획을 알고 키네아스(피로스의 신하)는 그런 세계정복이 그에게 어떤 행복을 가져다주며 그 행복을 얻기 위해서 어떤 고통을 당하는지를 그에게 물었다. 우리는 여기서 재치 있는 말만을 생각하겠으나 이 이야기는 에밀의 머리에서 전혀 사라지지 않을 것이다.

자존심이 발달하면 상대적인 자아의식이 계속 작용하며 다른 사람을 관찰할 때도 자기를 남과 비교하게 된다. 그러므로 그가 자신과 똑같은 인간을 조사한 뒤에 자신을 어떤 위치에 두어야 하는 것을 아는 것이 중요하다. 청년들은 잘못된 역사 연구 방법으로 자신을 역사의 주인공으로 혼동하고 있다. 그리하여 막상 본래 자신의 위치로 돌아오면 이내 낙담하고 만다. 그러나 나의 에밀은 타인이 되어 자신을 잃어버리는 이러한 행동은 하지 않을 것이다.

철학자들은 철학이라는 편견을 통해서만 인간을 본다. 그는 자신의 부도덕을 알면서도 우리의 부도덕에 대해서는 분개한다. 철학자는 "우리는 모두 악인이다"고 말하는 반면 미개인은 "우리는 모두 미치광이다"고 말한다. 에밀도 이렇게 말하는 미개인이다. 단지 나의 제자와 미개인 사이에 차이가 있다면 많이 생각하고 많은 관념을 비교하며 우리의 과오를 보다 더 가까이에서 보았으므로 자기 자신에게 더 많은 주의를 기울이고 자기가 알고 있는 것밖에는 판단하지 않는다는 것이다.

타인의 정념에 대해 우리를 자극하는 것은 우리의 정념이며 악인을 미워하게 하는 것은 우리의 이해관계 때문이다. 그들이 우리에게 해를 끼칠 때 우리는 그들을 미워하게 된다. 우리의 정욕도 우리를 유혹한다. 우리에게 손해를 입히는 정념은 우리를 반항하게 한다. 그러한 정념에서 오는 모순에 의해서 자신이 모방하려던 것을 타인이 하면 그를 비난한다.

그러므로 인간을 충분히 관찰하기 위해서는 인간에 대한 깊은 관심, 인간에 대한 공정한 판단, 인간의 정념을 이해하면서도 정념으로 인해 시련을 느끼지 않는 평온한 마음이 필요하다. 이러한 연구를 할 수 있는 절호의 기회는 에밀을 위해 선택한 이 시기일 것이다. 지금 그에게는 그를 지배할 세론이 없으며, 그의 마음을 동요시킬 정념도 아직 형성되지 않았다. 그가 사람들을 판단할 때 그들을 제대로 판단한다면 그는 그들 중 누구의 위치와도 자신의 위치를 바꾸려하지 않을 것이다. 왜냐하면 에밀은 편견이 없기 때문에 그들 스스로가 가지는 고통을 허무하게만 생각할 것이다.

자기 자신에 만족하고 아무런 편견도 없으며 건강한 신체와 얼마간의 욕망과 그것을 충족시킬 수단도 가지고 있는 에밀이 도대체 누구에게 의존할 필요가 있겠는가? 자유롭게 자라난 그는 예속을 가장 큰 악으로 생각한다. 그는 자신에게 복종하는 모든 것의 노예였던 왕을 불쌍하게 느낀다. 그는 덧없는 명예에 예속당한 가짜 현인들과 호화로운 생활의 희생자인 부자들을 불쌍하게 생각한다.

위인은 자신이 훌륭하다고 생각하면서 자만심에 빠지지 않고 언제나 겸손한 태도를 잃지 않는다. 그리고 그들은 남이 갖지 못한 재산을 소유하고 있으면서도 충분한 양식을 가지고 있으므로 재능 따위는 결코 자랑하지 않는다. 미덕은 자신의 것이지만 재능은 결코 자신의 것이 아니다. 에밀은 결코 재능이 뛰어나다고는 할 수 없지만 자신이 느끼는 생활방식에 만족하고 있다. 그러나 자신의 생활방식 때문에 남들보다 재능이 뛰어나다고 생각한다면 옳지 않다. 그 오류를 잡아주고 예방해야 하며 그것을 제거하기에 너무 늦지 않았을까를 근심해야 한다.

정상적인 사람이라도 허영심이란 오류는 깨우쳐줄 수 없다. 허영심을 고쳐줄 수 있는 것은 경험밖에는 없다. 적어도 그것이 싹트기 시작할 때라면 자라지 못하도록 방지할 수 있다. 그러므로 일단 느끼도록 하라. 여기서 예외적인 방법을 취하여 나는 나의 제자가 우리보다 결코 현명하지 못하다는 것을 증명하는 모든 사건을 끌어들인다.

에밀이 아첨꾼이나 사기꾼에게 속아 마침내 빈털터리가 되고 사람들이 그를 비웃을 때, 그는 그들이 자신에게 준 교훈을 감사하게 생각할 것이다. 내가 지켜줄 유일한 것은 창녀의 유혹이다. 학생들을 얕보고 언제나 어린이 취급을 하며 위엄만을 과시하려는 교사들의 잘못은 그들의 젊은 용기를 꺾고 있다. 그들의 정신을 앙양시키기 위한 모든 노력을 아끼지 말아라. 그들을 여러분과 동등하게 하려면 실제 그들을 동등하게 대해주고 그들이 여러분의 수준에 미치지 못한다면 주저 없이 그들의 수준까지 내려가면 된다. 여러분의 영예는 여러분 제자에게 있으니 그의 잘못은 함께 나누고 그의 수모를 씻어 주려거든 대신 그 수모를 짊어져라. 만일 내가 에밀에 대한 나의 의무를 수행하다 치욕을 당했다면 치욕에 보복하기보다는 오히려 자랑으로 삼을 것이다.

교사도 제자와 같은 정도의 지식밖에는 가지고 있지 않으며, 자기처럼 유혹 당하기 쉽다고 생각해야 된다는 말이 아니다. 사리분별이 있는 에밀이 교사에 대해 갖는 신뢰는 이성의 권위와 월등한 지식, 그리고 청년이 알 수 있고 청년에게 도움이 되는 이익에 의한 것이어야 한다. 그는 오랜 경험으로부터 자기가 교사로부터 사랑 받고 있으며, 또 교사는 현명하고 지식이 풍부한 사람으로 자기의 행복을 원하고 자신을 후원해주는 사람이란 것을 알아야 한다. 제자로 하여금 교사가 고의로 덫을 놓았다고 생각하지 않게 하려면 그가 빠져들 위험을 미리 경고해주고, 그 위험을 확실히 알 수 있도록 보여주는 일이 필요하다.

그런 후에도 그가 고집을 피운다면 자유롭게 내버려두고 그와 똑같이 자유롭게 행동하라. 그런데 여기서 교사의 가장 큰 기술은 청년이 어떤 때엔 굴하고도 어떤 때엔 고집을 피우는가를 미리 알 수 있도록 여러 기회를 만들어 주고 또 여러 충고를 조정하여 어디서나 경험에서 얻은 교훈으로 그를 감싸주어 결코 큰 위험에 빠지지 않도록 하는 것이다.

그가 잘못을 범하기 전에 미리 경고하라. 그러나 일단 잘못을 범했다면 꾸짖지 마라. 그의 자존심만 건드릴 뿐이다. 만일 마음 아파하고 있는 그를 힐난한다면 그는 여러분을 싫어할 것이며 여러분의 충고의 중요성에 반박이라도 하려는 듯이 다시는 여러분의 말에 귀를 기울이지 않을 것이다. 여러분의 위로의 말은 그가 그것을 교훈이라고 생각하지 않기에 오히려 더 유익한 교훈이 될 수 있다. 이를테면 수많은 사람도 그와 같은 잘못을 범한다고 말한다면 여러분은 그를 동정하는 척 하면서도 그를 교정하게 된다.

과실(過失)의 시기는 우화를 들려주는 시기이다. 잘못을 범한 자에게 간접적으로 비난을 한다면 그의 마음을 손상하지 않고도 교훈을 줄 수 있다. 칭찬에 속아 본 적이 없는 어린이는 앞서 말한 라 퐁텐의 우화를 이해하지 못하지만, 아첨꾼에게 속아본 청년은 까마귀가 바보라는 사실을 알게 된다. 이렇게 경험을 통하여 하나의 교훈이 판단력 속에 새겨진다.

그런 다음 교훈담에 의해서 그가 알고 있는 특수한 격언으로 간추린다. 대부분의 우화는 마지막에 교훈을 덧붙여 독자 스스로 교훈을 끄집어내는 일을 없애고 있다. 교육의 기능이란 제자가 그 교육을 기꺼이 받도록 하는데 있다. 그러므로 교사는 어느 정도 양보해서 "이해한다, 꿰뚫어본다, 행동한다, 스스로 배운다"고 말할 수 있어야 한다.

그러므로 우화를 들려주기 전에 작가가 주려는 결론을 삭제해야 한다. 만일 여러분의 제자가 설명 없이는 이 우화를 이해하지 못한다면 설명을 해도 역시 이해하지 못할 것이다. 다시 말하지만 어른만이 우화에서 교훈을 얻을 수 있으니 이제 에밀을 위하여 그것을 시작할 시기가 온 것이다.

내가 제시하는 길을 따라가면 여러분의 제자는 인간과 자기 자신에 대한 지식을 쉽게 얻을 수 있을 것이다. 또한 운명의 장난도 관조하면서 현명하지 않은 자기 자신에 대해서도 만족감을 느낄 수 있으리라. 여러분은 그를 관객으로 만들 목적으로 그를 배우로 만드는 법부터 시작했으나 자기 자신밖에는 자유로이 할 수 없는 그는 사실 아무것도 할 수가 없는 실정이다.

여러분은 의미도 없는 신체를 움직이는 방식이나 대화의 형식 따위를 가르치고는 사는 방식을 가르쳤다고 생각한다. 나도 에밀에게 살아가는 기술을 가르쳤으나 그 기술은 스스로 살아가고 빵을 구하는 방법이었다. 그러나 그것만으로는 부족하다. 세상에서 살자면 인간관계나 사람들을 움직이는 수단, 공공사회에서의 개별적인 이해작용과 반작용도 계산에 넣어야 한다. 그리고 성공하기 위해서 최상의 수단을 정확히 예상해야 한다.

청년이 무지해서 맹목적이거나 정념 때문에 해를 입는다면 우리가 막아야 한다. 어떤 연령에도 선행을 베풀 수 있으며, 현명한 지도를 필요로 하는 불행한 사람들을 도와줄 수 있다.

사람이란 선한 일을 하면서 선한 사람이 될 수 있다. 그러므로 여러분의 제자로 하여금 진정한 정성으로 선행을 베풀고 가난한 자의 이해관계가 자신의 이해관계가 되도록 하라. 그리하여 그들을 보호하고 자신의 몸과 시간을 바치는 그들의 대변자가 되도록 하라.

에밀은 사람들 사이에서나 동물들 사이에서조차도 소란이나 싸움을 좋아하지 않는다. 이러한 평화정신은 그에게 강한 이기심이나 우쭐함을 조장하지도 않고 남이 괴로워하는 것을 보면 자신도 괴로워한다. 청년을 냉정하게 만들고 고통을 보아도 괴로워하지 않는 것은 허영심이 작용하여 자기는 그런 일을 당하지 않으리라고 생각하기 때문이다.

허영심이 없는 에밀은 평화를 좋아한다. 그의 선행은 적극적이어서 친구들의 불화를 화해시키고 비통해 하는 사람들을 보면 그 괴로움의 이유를 묻는다. 또한 그는 불쌍한 사람에 대해 깊은 관심을 가지고 그들을 불행에서 건져낼 방법을 찾기도 한다. 다시 반복하지만 청년에 대한 교훈은 경험으로 가르칠 것이되 절대 책으로 가르치지 마라. 아무 할 말이 없는데 말 연습을 시킨다든가, 사용법을 모르는데 수학을 가르친다는 것은 참으로 어리석은 일이다.

모든 정념이 발달한 청년에게 내가 수사학을 가르친다고 한다면 나는 그의 정념을 기쁘게 해줄 대상을 끊임없이 제시할 것이며 또 다른 사람들이 그의 욕망을 만족시키기 위해서 그들에게 어떻게 말해야 할 것인지를 그와 함께 검토할 것이다. 그의 언어는 때로는 열정적이고 숭고한 감정은 그에게 힘과 기품을 주고 있다. 인류에 대한 애정으로 충만한 그의 말에는 솔직함과 함께 영혼의 움직임이 스며 있다.

타인에 깊은 관심을 가지고 인류의 행복에 어떠한 행동과 취미와 쾌락이 적합한지를 검토해온 사람이라면 어느 누구에게도 관심을 갖지 않는 사람보다는 일반적으로 올바른 평가를 내리는 법을 배웠을 것이다. 자신의 문제만을 생각하는 사람은 자신의 이해관계에 따라 세상을 판단하는 편견에 이끌려 올바른 판단을 내릴 수 없다.

이기심을 다른 사람에게로 펼치자. 그러면 그것은 미덕으로 바뀌며 모든 인간의 마음에는 미덕의 뿌리가 박혀있는 것이다. 우리 관심의 대상이 우리와 직접적인 관계가 없다면 사욕에서 오는 환상을 염려할 필요도 적어진다. 그 사욕을 일반화하면 인류를 향한 사랑이란 우리에게 있어서 정의에의 사랑에 불과할 것이다. 그러므로 에밀이 진리를 사랑하고 알기를 원한다면 모든 일에 사욕을 버리게 해야 한다. 그러면 그는 더욱더 현명해져서 편파적이거나 선입관에 사로잡힌 판단은 내리지 않을 것이다.

동정이 약한 감정으로 되는 것을 막으려면 동정을 인류 전체에게로 확대시켜야 한다. 그러면 정의와 일치하는 한에서만 동정이 생긴다. 왜냐하면 정의만이 인류의 공통된 행복에 공헌하기 때문이다.

나는 먼저 수단을 제시했지만 이젠 그 결과를 제시해 보자. 그에게는 많은 견해가 축적되어 사소한 감정은 그의 숭고한 감정에 의해 전혀 발생하지 않는다. 각자의 성품에 따라 영혼의 소망을 가능한 한도 내에 머무르게 하고 남보다 월등한 사람은 스스로 다른 사람의 수준으로 내려가는 경험을 쌓음으로써 그는 명석한 판단과 명확한 추리를 할 수 있게되는 것이다.

이 책을 쓰기 시작하면서 나와 같이 관찰할 수 없는 것은 하나도 가정하지 않았다. 인간의 탄생은 우리 모두에게 동일점이기 때문이다. 여섯 살 때의 나의 제자는 여러분의 제자와 다를 것이 없었으나 지금은 닮은 데라고는 전혀 없다. 그들이 얻은 지식의 양은 서로 같을지 모르나 내용에 있어서는 전혀 다르다. 여러분의 제자는 이미 철학자이며 신학자이지만 나의 제자는 아직도 철학이나 신에 대해서 알지도 듣지도 못했다. 그런데 만일 누군가가 "당신이 상상하는 그런 청년은 있을 수가 없다"고 말한다면, 그것은 마치 우리 집 정원의 배나무는 모두가 작은 것뿐인데 어찌 큰 배나무가 있겠냐고 말하는 것이나 마찬가지이다.

내가 자신 있게 말하는 이유는 나는 어떤 학설이나 추론에도 구애받지 않고 단지 관찰을 중요시했다는 점이다. 나의 경험들을 특수한 환경이나 신분에 국한하지 않았고 어떤 계급, 어떤 국민이든 간에 모든 사람에게 공통된 것만을 인간에게 속하는 것으로 간주했다. 만일 여러분이 다른 사람의 권위와 의견에 의존하지 않는 청년을 어린 시절부터 지켜본다면 나의 제자와 여러분의 제자 중 어느 편이 이 청년과 닮았으리라고 생각하는가?

인간은 일단 사고하기 시작하면 그칠 줄 모른다. 그러나 나는 인간을 자연인으로 만들려고 숲 속으로 몰아넣는 것이 아니라 사회의 소용돌이에 휘말려 있다고 하더라도 인간의 정념이나 편견에 이끌리지 않고 자신이 스스로 느껴 타인의 권위를 배제하는 것만으로 충분하다고 생각한다. 그런 상태에 있는 사물, 자신의 감정, 그의 필요를 충족시켜주는 수단들이 그에게 생소한 혹은 이후에 가질 관념들을 주게될 것은 분명하다.

정신의 자연적인 발달은 촉진되어도 그 반대의 현상은 일어나지 않는다. 또한 우리의 능력이 감각적인 사물에만 국한되어 있으면 추상적이고 지적인 관념에 대해서는 결코 판단하지 못한다. 거기에 도달하기 위해서는 육체적 고정관념에서 해방되거나 점진적으로 대상을 바꾸던가 아니면 단숨에 그 중간단계를 뛰어넘어야만 한다. 그러기 위해서는 어른이라 할지라도 특별한 발판이 필요하다. 그러나 그 발판을 어떻게 만들어야 할지는 나도 모른다.

인식의 최초 도구는 감각이므로 구체적인 물체만이 우리가 직접 그 관념을 얻을 수 있는 유일한 것이다. 정신이란 철학을 배우지 않은 사람에게는 아무런 의미가 없다. 그러나 공기의 존재에 대해서는 누구나 수긍하는 바이다. 물질이라는 관념보다 정신의 관념이 더 빨리 자라난 원시인은 우주를 감각적인 신으로 가득 채웠다. 다신교가 그들의 종교였으며 우상숭배가 그들의 종교의식이었다. 그러다가 유일신을 인정하게 된 것은 그들이 서서히 여러 관념을 일반화하여 최초의 원인으로까지 거슬러 올라가게 되고, 존재하는 것에 대한 전체를 단지 하나의 관념으로 묶어서 가장 큰 추상인 실체라는 말에 하나의 의미를 부여하고 나서부터 가능했다.

그러므로 신을 믿는 어린이는 모두가 우상 숭배자이거나 신인 동형론자(神人同形論者)이다. 일단 상상으로 신을 보게 되면 논리적인 생각으로 신을 인정하는 일이란 거의 없다. 이것이 바로 로크가 주장하는 순서의 오류인 것이다.

그러면 여기서 실체와 신성의 관념 사이에, 또한 우리의 육체에 대한 영혼의 작용이라는 관념과 모든 존재에 대한 신의 작용이라는 관념 사이에 얼마나 큰 간격이 있는가를 생각해 보자. 창조, 파멸, 영원, 전능 등과 같은 관념은 매우 불분명한 관념이며 일반 대중에게는 이해되지 않기 때문에 조금도 애매하지 않다고 받아들여지고 있다. 그렇다면 감각의 근원적인 작용에만 사로잡혀있는 청년이 과연 이러한 관념들을 이해할 수 있을까? 어린이는 무한이라는 심연도 두려워하지 않는다.

어린이에게 있어서는 모든 것이 무한이며, 무한이라는 관념은 눈에 보이지 않을 정도로 먼 공간이 아니라 갈 수 없을 정도로 먼 곳이다. 그들은 공간을 눈이 아닌 발로써 판단하는 것이다. 만일 그에게 신의 능력을 말한다면 그들은 자기 아버지만큼 힘이 강하다고 상상할 것이다.

에밀은 열다섯 살이 지나서야 종교도 모르면서 자신도 영혼을 가지고 있다는 것을 알게 된 청년이다. 만약 딱하고 어리석은 상황을 그려야 한다면 나는 어린이들에게 교리문답을 가르치는 현학자를 그릴 것이다. 기독교 교리의 대부분이 신비스러운 것이므로 인간이 그것을 이해하려면 어른이 되기를 기다릴 것이 아니라 인간이 이 세상 사람이 아닌 다른 형태로 되기를 기다려야 할 것이라는 주장에 대해 나는 이렇게 말할 것이다.

"신비라는 것을 인정하려면 그것이 이해하기 어렵다는 것도 깨달아야 하는데 어린이는 그런 생각을 갖지 못한다." 모든 것이 신비롭게 보이는 나이에는 엄밀한 의미에서 신비란 존재하지 않는다. '구원을 받으려면 하나님을 믿어야 한다'는 교리는 비관용적이며 인간의 이성에 배척되는 교리이다.

믿음의 의미는 믿음의 가능성을 전제로 한다. 그런데 기독교를 믿는 어린이들은 과연 무엇을 믿고 있을까? 어린이들과 어른들의 신앙은 지리적인 문제이다. 만일 그가 로마가 아닌 메카에서 태어났어도 기독교를 믿을까? 한 어린이가 자기는 하나님을 믿고 있다고 한다면 그는 신을 믿는 것이 아니라 신이 있다고 말해준 사람의 말을 믿고 있는 것이다.

편견에 사로잡히지 않고 어떤 권위에도 속박되지 않으려고 하는 에밀을 우리는 어떤 종교 속에서 기를 것인가? 그 대답은 아주 간단하다. 우리는 그를 어떤 특정 종파에 소속시키지 않고 그가 자신의 이성을 바르게 사용함으로써 자신이 스스로 종파를 선택하도록 해주는 것이다.

독자 여러분은 내가 진리의 친구답지 않게 너무 신중하게 생각한다고 걱정할 것은 없다. 여기서 내 생각대신 보다 훌륭했던 사람의 생각을 말하고자 한다. 내가 인용하고자 하는 것은 자신에게 실제로 일어났던 것으로써 나는 이 진실성을 보증하거니와 여기에서 여러분이 어떤 유익한 고찰을 끌어낼 수 있는가는 여러분의 일이다.

30년 전에 이탈리아의 어느 도시에 추방당한 한 청년이 극한 빈곤의 상태에 빠져 있었다. 그는 켈빈교도로 태어났지만 경솔한 행동 탓에 외국으로 추방당한 신세였다. 그는 빵을 얻기 위해 개종자를 위한 구호소에 들어갔다. 그곳에서 그는 여태껏 보지 못한 악을 배웠으며 새로운 교리를 듣고 전혀 새로운 풍습을 목격했기 때문에 희생물이 될 것 같아서 도망가려다가 다시 붙잡히고 불평을 늘어놓았다고 벌을 받았다.

그가 그들과 같이 죄를 짓지 않았기 때문에 압제자들은 마음대로 그를 죄인 취급하였다. 그는 모든 사람들에게 자신의 처지를 하소연했으나 그의 주위에는 죄인들뿐이었다. 그는 우연히 구호소를 찾아온 성실한 한 성직자를 만나 그의 도움으로 그곳을 탈출할 수 있었다. 악에서 빠져나와 가난한 생활로 되돌아간 청년은 운명과 싸웠다. 한때 그는 운명을 극복했다고 생각하였고, 행운의 서광이 비치자 자신의 불행이나 자기를 보호해 준 사람도 망각하였다. 이러한 배은망덕 탓에 그는 곧 벌을 받았다.

그는 또다시 옛날과 같은 곤경에 빠지자 그때서야 과거의 은인을 생각했다. 그는 다시 그곳으로 가서 은인을 만났다. 그 은인은 반가이 맞아 주었다. 그는 청년에게 잠자리를 주고 필수품들을 청년과 나누어 썼다. 또한 그는 청년을 격려하고 역경을 이겨 내는 어려운 기술을 배우게 했다. 이 진실한 성직자는 원래 사보 아 태생의 가난한 보좌신부였는데 젊은 날에 잘못을 저지르고 새 터전을 찾아 타국에 온 것이다. 그는 재능도 있고 교양도 갖 추고 뛰어난 용모를 지녔으므로 어느 후원자의 추천으로 고관 집의 가정교사로 있게 되었다.

그러나 그는 어느 산 속의 조그마한 교구를 맡아 평생을 보내 는 것을 최대의 야망으로 삼았다. 이 신부는 이 젊은 도망자를 자 세히 관찰하였다. 이 젊은이의 마음에는 모욕과 멸시, 악의 환상 이 깃들어 있으며 젊은이에게 있어 종교란 이해관계를 숨기고 있 는 가면에 불과하고 신성한 예배의식은 위선을 감추는 것 외에는 아무것도 아님을 알아차렸다. 그리고 사람들의 터무니없는 상상 으로 말미암아 신에 대한 숭고하고 근원적인 관념이 손상된 것을 알았다.

인간은 모든 종교를 잊어버리게 되면 마침내 의무마저 잊어버 리게 된다. 이와 같은 무관심한 상태가 신앙이 없는 청년의 마음 속을 이미 반 이상 점령하고 있었다. 그러나 그는 본질적으로 나 쁜 사람은 아니었다. 다만 무신앙과 가난이 그의 천성을 서서히 잃게 하여 마침내 파멸로 치닫게 하고 드디어 걸식의 습성과 무 신론자의 도덕관을 가지게 된 것이다.

신부는 위험과 동시에 구제의 길을 찾아냈다. 그는 이 일에 일 생을 걸고 악에 빠진 자를 신중하게 미덕의 길로 인도하려고 했다. 그 아름다운 동기가 그에게 용기를 주었고 그의 열정에 맞는 방법을 알도록 깨우쳤다. 그는 먼저 이 개종자의 신뢰를 얻기 위해 자기 은혜에 대한 보상도 요구하지 않았고 귀찮게 굴지도 않았으며 자신을 그의 위치에 맞게 낮추려고 하였다. 그처럼 성실한 사람이 한 부랑자의 친구가 되고 그의 방종한 생활에 함께 뛰어든다는 것은 매우 감동적인 일이다. 이 경솔한 청년이 자신의 문란한 행위를 고백하였을 때, 신부는 그의 마음을 안정시키고 무턱대고 꾸짖거나 하지 않았다.

청년의 감정과 성격을 충분히 관찰한 신부는 청년이 지식은 지녔으나 반드시 알아야 할 사항은 모두 잊고 있다는 것과 운명이 준 치욕적인 생활이 선악에 대한 판단을 그르치게 하고 있다는 것을 알았다. 신부는 이 청년을 정신적인 죽음으로부터 건져내기 위해 그의 자존심과 애착심을 길러주는 일부터 시작했다. 그는 청년에게 재능이 가져다줄 행복과 타인의 선행을 들려줌으로써 관용의 정신을 일깨워 주었다. 유랑벽을 고쳐주기 위해 책을 선택해서 그것을 요약하게 하였다. 이렇게 간접적으로 청년을 교육하여 스스로 자존심을 갖게 하였다.

어느 날 청년은 자신도 가난한 사람이므로 기탁금을 받아야 한다고 말했다. 그때 신부는 "그건 안 돼. 너와 나는 형제이므로 나를 위해 이 헌금에 손을 대서는 안 된다."라고 말하면서 자신의 돈을 청년에게 주었다. 나는 이제 3인칭으로 말하는 것이 싫어졌다. 동향인들은 이 불행한 도망자가 바로 나라는 것을 알고 있으며 나 또한 젊은 날의 방탕에서 완전히 손을 끊었으므로 지금은 그것을 고백해도 아무 거리낌이 없을 것으로 믿고 있다. 그리고 나를 거기서 꺼내준 은인에게 어느 정도의 경의를 표해야 한다고 생각하기 때문이다.

예전에 불명예스러웠던 사실만을 제외하면 그의 생활은 모범적이었으며 그가 하는 말도 매우 성실하고 정직하였다. 나는 날이 갈수록 그를 존경하게 되었고 그의 친절이 나의 마음을 사로잡았기 때문에 나는 호기심으로 어떠한 원리 위에 이와 같은 기묘한 생활의 통일성이 이루어지고 있는가를 알 기회를 기다리고 있었다.

그 기회는 빨리 오지 않았다. 그는 자기의 속마음을 제자에게 털어놓기 전에 먼저 나의 마음에 뿌린 이성과 선의 씨앗을 싹트게 하려고 노력했다. 내 마음에서 뿌리뽑기 힘들었던 것은 부자나 행복한 사람들에 대한 원한에서 비롯된 사람을 혐오하는 성격이었다. 교사가 심어준 자존심은 자만심으로 바뀌어 모든 사람을 비천하게 보고 그들에 대한 과거의 증오심은 경멸감까지 더하게 되었다.

부자들의 횡포와 편견과 억압에 시달리는 가난한 자들을 익히 본 그는 "내 말을 믿어라. 우리의 망상은 우리의 불행을 감추기는커녕 오히려 무가치한 것에 가치를 부여하여 가공(架空)의 궁핍을 느끼게 함으로써 더욱더 우리를 불행하게 만들뿐이다. 마음의 평화는 그 평화를 혼란시키는 전부를 무시하는데 있으며,

생명을 가장 소중히 여기는 사람은 생명을 가장 적게 향락하는 사람이고, 행복을 가장 탐욕하는 사람은 언제나 가장 불행한 사람이다."하고 말했다.

"만일 모든 것을 거부한다면 삶은 도대체 무슨 의미가 있으며, 행복까지도 경멸해야 한다면 누가 행복해지려고 할까요?"라고 서글픈 마음으로 외쳤다. 그러자 "난 행복해."하고 성직자는 말했다. "행복하다고요? 당신이? 이처럼 가난하고 불운하고 추방당해 박해받는 당신이 행복하다고요? 그래, 당신은 행복을 얻기 위해 무슨 일을 했나요?"

"기꺼이 말해주지. 내 가슴속을 모조리 털어놓겠네. 내 신앙고백을 다 듣고 내 영혼을 알게되면 왜 내가 행복하다고 생각하는가를 알게 될 걸세. 그리고 자네도 나처럼 생각한다면 행복해지는 방법을 터득할 걸세. 그러나 이 고백은 당장 할 수 있는 것이 아니네. 인간의 운명과 생활의 진정한 가치에 대해 설명하려면 상당한 시간과 조용히 얘기할 수 있는 때와 장소가 필요하거든."

나는 얼른 그 이야기가 듣고 싶었다. 다음날 새벽 그는 나를 데리고 높은 언덕으로 올라갔다. 언덕 아래에는 기름진 평야 사이로 포 강이 흘렀고 저 멀리에는 알프스의 거대한 산줄기가 뻗어 있었다. 벌써부터 들판에는 풍요로운 아침햇살이 집과 나무의 그림자를 만들고 있었다. 한 폭의 그림이 우리를 감명 시키고 있을 때, 그는 잠시 그 광경을 바라보더니 조용히 입을 열었다.

사보아 보좌 신부의 신앙 고백

학문적인 이야기나 이론을 나에게서 기대하지 마라. 나는 위대한 철학자도 아니며 또 그렇게 되고자 하지도 않는다. 나에게는 양식과 진리를 사랑하는 마음이 있지만 단순히 내가 생각하고 있는 것을 자네에게 말하려는 것이다. 설령 내가 잘못 생각하더라도 악의는 없으니 자네가 착각하더라도 특별히 나쁠 것은 없다. 만일 내 생각이 옳다면 이성은 누구에게나 공통되므로 그것은 이로울 것이다.

나는 가난한 농부의 아들로 태어났으므로 농사를 지어야 했네. 부모는 내가 신부가 되는 것이 좋겠다고 생각하여 공부할 수 있는 길을 마련해 주었지만 선행을 베푼다는 생각 없이 성직을 위해 필요한 것만 공부하였네. 그들이 하라는 것만 하여 오늘날 성직자가 되었으나 얼마 지나지 않아 도저히 실행할 수 없는 것을 약속해 버렸음을 알게 되었다네.

양심이란 편견의 산물이라고 말하지만 나는 경험을 통해 양심은 인간의 법칙을 거역하고 자연의 법칙을 따르려고 하는 것임을 안다네. 금지사항이라 하더라도 자연이 우리에게 허용하고 명령한 것이라면, 그것을 어긴 후회의 마음은 미약한 것이네. 선량한 젊은이여, 그대의 감각을 강요하지 않는 자연 속에서 행복하게 머물러 있게나. 자연에 대항하는 것보다 앞질러 가는 것이 훨씬 더 자연을 손상시키는 것임을 명심하게.

나는 젊었을 때부터 결혼을 가장 신성한 제도로 존중했다네. 나는 결혼할 권리를 빼앗겼으나 그 권리를 모독하지 않기로 결심했네. 바로 이 점이 나를 파멸케 한 것이라네. 결혼에 대한 나의 존경심은 추문을 낳았고, 그 대가로 파면을 당했네. 이러한 경험에도 불구하고 정의나 정직과 같은 이전의 나의 관념들이 뒤집히는 것만이 서글펐다네. 이런 여러 가지 관념들의 명료함이 서서히 빛을 잃어가면서 지금 자네가 놓여있는 것과 같은 상태에 머물게 되었다네.

나는 철학자와 직·간접적으로 접해 보았으나 그들 모두는 오만하고 단정적이며 독단적이라는 것을 알게 되었네. 그들의 논리에는 파괴적인 것밖에 없었으며 그들의 수단은 오직 자기만의 수단이었네. 중요한 것은 그들은 다른 사람과는 다르게 생각한다는 점일세. 그들은 신앙인들 속에서는 무신론자가 되고 무신론자들 속에서는 신앙인이 된 것이네. 이와 같은 고찰에서 찾아낸 최초의 성과는 자신에게 직접 관계되는 것에만 연구를 한정할 것, 그리고 의심스러운 것이 있어도 그것을 꼭 알아야할 중요한 일이 아니면 관심을 갖지 말 것 등이네.

철학자들이 나에게 단 하나도 해결의 실마리를 주지 않음을 알고 다른 안내자, 즉 내면의 빛에 따르기로 했네. 그 빛은 철학자들처럼 나를 착란케 하지는 않을 것이며 설령 그렇게 된다 하더라도 그것은 나의 잘못일 것이네. 그리고 그들의 거짓에 자신을 의존하기보다는 자신의 환상에 의존하는 것이 더 나을 것이라고 생각했네.

그래서 비록 확실한 견해는 아니었으나 지금까지의 견해가 어느 정도는 진실된 것도 있었으며, 그 진실성의 차이에 따라 내면에서 찬성도 하고 거부도 했음을 알았네. 이런 과정을 통해서 나는 최초의 가장 일반적인 관념이 가장 단순하고 합리적인 관념이라는 것을 발견하였네. 그래서 나는 진리에 대한 사랑을 유일한 철학으로 삼고 간단하고 쉬운 나의 규칙에 따라서 자신과 관계되는 지식을 재검토하기 시작했네. 내가 존재한다는 것, 그리고 그것을 느끼는 감각이 있다는 것만이 나를 감동시키는 유일한 진리라네.

　그리하여 내가 해결할 수 없는 첫째 의문은 자신의 존재에 대한 인식이 무엇인가 하는 점이라네. 나의 존재를 느끼는 감각은 내부에서 생기지만 그 원인은 외부에서 오네. 감각은 나의 소유물이므로 내부의 감각과 외부의 원인이 있으나 그 대상은 별개라는 것을 알게 되었네. 그리하여 나 이외에도 내 감각의 대상이 존재하는 것이네. 그런데 자신의 감각의 대상이 되는 것을 물질이라고 부르네. 여기서 나는 자신의 존재와 더불어 우주의 존재도 완전히 확신하기에 이르렀네. 그리고 감각의 대상을 인식하고 그것을 비교하는 능력이 나에게 있음을 발견하였네. 전에는 의식하지 못했던 능동적인 힘이 나에게 있음을 깨달았던 것이네.

　지각하는 것은 느끼는 것이며 비교하는 것은 판단하는 것이네. 그 능력은 나의 내부에 있는 것이지 사물의 내부에 있는 것이 아니며, 나 자신이 인상을 만들어내는 힘을 가지고 있다는 것은 사실이네. 그러므로 나는 단순히 감각적이거나 수동적인 존재가 아니라 지적이며 능동적인 존재인 것이네. 다만 진리란 나의 정신이 아닌 사물 그 자체에 존재하는 것이며 따라서 내가 내리는 판단 속에 내

것을 덜 넣을수록 그만큼 진리에 가까워지는 것이 확실하네.

감각을 통해서 내가 지각하는 것은 모두 물질인데, 물질의 본원적인 특질이 물질을 내게 지각시키고 물질로부터 분리되지 않도록 하는 것일세. 물질의 자연상태는 정지상태인 것이며 물체에는 외부에 의한 운동과 자발적인 운동이 있네. 그런데 생명체와 공통된 것이라곤 하나도 없는 이 우주는 운동을 하고 있다네. 따라서 알 수 없는 어떤 원인이 우주를 움직이고 있는 것이네.

물질은 운동을 받아 전달하지만 스스로 운동을 일으키지는 못하네. 그러므로 물질 속에는 운동의 제1원인이 없네. 따라서 비생명체는 운동에 의해서만 움직일 수 있으며, 의지가 없는 곳에는 참된 행동이란 있을 수 없네. 이것이 바로 나의 제1원리라네. 그러므로 하나의 의지가 우주를 움직이고 자연에 생명을 주고 있다는 것을 나는 믿네. 이것이 제1교리이며, 제1신앙 신조인 것이네.

그러면 어떻게 해서 의지가 물리적 작용과 물체적인 운동을 일으키는가? 그것은 솔직히 나도 모르지만 체험을 통해서 나는 알고 있네. 나는 나의 의지에 따라 몸을 움직이지만 비생명체는 스스로 움직일 수 없네. 나는 의지를 운동의 원인이라고 생각하네. 어떻게 해서 내 의지가 내 몸을 움직이는지 안다고 해서 내 감각이 영혼에 미치는 영향을 알 도리는 없네.

운동이란 이동을 뜻하므로 방향이 없는 운동이란 있을 수 없네. 그러면 물질은 어느 방향으로 이동하는가? 아니면 모든 물체가 일률적인 운동을 하는가, 혹은 각 원자가 스스로 운동을 일으키는가.

첫째 관념을 따르면 우주 전체가 분리할 수 없는 단단한 덩어리를 형성해야 하며 두 번째 관념을 따르면 두세 개의 원자가 결코 결합할 수 없는 분산적인 하나의 유체가 되어야 하네. 만일 모든 물질이 똑같은 운동만 한다면 운동이 전달되는 일이나 추상적인 운동방향을 설정하는 것 또한 무의미하며 원소가 우연히 결합했다면 그 속에서는 질서도 충돌도 있을 리 없네.

그러면 우주의 혼돈 또한 나에게는 불가사의한 일이 된다네. 분명 우주란 이해하기 어렵지만, 일단 설명하려 하면 이해할 수 있는 것만을 말해야 하네. 만일 운동하는 물질에 의지가 있다면 그 물질은 어떤 법칙에 의존한다는 말이 되네. 이것이 나의 제2의 신조라네. 행동하고 비교하고 선택하는 것은 사고하는 존재의 특성이므로 그 존재는 실재하는 것이네.

세계의 목적은 알 수 없더라도 부분들을 비교하고 그 관계를 연구해서 조화를 터득함으로써 그 질서는 판단이 가능하네. 우주에는 어떤 점에서 만물의 공통의 중심으로서 볼 수 없는 존재란 하나도 없네. 즉 다른 것들은 모두 그 주변에 질서를 이루고 있어서 그것들은 서로 목적이 되고 수단이 되네.

이러한 모든 조화를 물질의 맹목적인 기제로부터 끌어낸다는 것은 얼마나 많은 불합리를 가정해야 할 것인가? 그러므로 추상이니 일반원리니 하는 상징적인 표현으로 애매한 이론을 은폐해 봤자 소용없는 일이네. 무생물체에서 생명체가 태어난다든가, 맹목적인 숙명에서 지적인 존재가 태어난다든가, 또는 생각하는 능력이 없는 것에서 사고하는 존재가 태어난다든가 하는 이론을 나로서는 도저히 믿기 어렵네.

우주에는 무질서한 것이나 또는 질서라는 체계 속에서 그것을 유지하기 위한 노력에 참여하지 않는 것은 단 하나도 없네. 그러므로 우주에는 어떤 지적 존재가 있다는 것은 확실하네. 이 존재가 무엇이건 우주를 움직이고 만물을 주관하는 이 자의적이고 능동적인 존재를 나는 신(神)이라고 부른다네. 나는 이 명칭에 지혜·능력·의지의 관념이 엮어내는 총체적 관념, 즉 선(善)의 관념을 첨가하네.

그가 자력(自力)으로 존재하며 그 존재 안에 나와 내가 아는 모든 것이 종속되어 있음을 아네. 그러나 신의 본성에 대한 추론은 항상 무모해서 현명하지 못한 사람만이 그런 것에 손을 대곤 한다네. 신성모독은 신에 대해 생각하지 않는 것이 아니라 신을 잘못 생각하는 것이네.

신의 속성 가운데 신의 존재를 확인할 수 있는 근거를 발견한 후에야 비로소 나는 자신에게로 돌아와 나의 위치를 확인할 수 있다네. 그렇게 되면 나는 인간으로서 내가 속해 있는 종(種)을 발견한다네. 이 지구상에서 도대체 인간 이외의 어떤 존재가 다른 존재의 운동이나 작용을 계산하고 짐작할 수 있겠는가? 만약 내가 모든 것을 내게로 연결시킬 수 있도록 만들어낼 수 있는 유일한 존재라면 모든 것이 나를 위해 만들어 졌다고 생각해도 하등 우스울 것이 없지 않겠는가?

그러므로 모든 동물을 지배하고 여러 물질을 이용하고 천체까지도 자신의 생활에 이용하는 인간은 확실히 지구상의 왕이라 할 수 있네. 나는 질서와 미와 덕의 의미를 알고, 선을 사랑하고 행할 수 있네. 신을 제외하고 인간보다 더 좋은 위치가 없다고 생각하는 내가 인간 이상의 무엇을 택할 수 있겠는가? 이러한 생각은 나를 자만하게 하기보다 오히려 나를 감동케 하네. 이리하여 조물주에 대한 감사와 축복의 감정이 생기며 자애로운 신에 대한 나의 최초의 경의(敬意)가 우러나게 되는 것일세. 이렇게 신에 대한 나의 신앙은 자연 그 자체가 내게 일깨워준 것이라네.

그러나 인간 사이에서 나의 위치를 알아보려 하면 어떻게 되는가? 지금까지 관찰해 온 질서는 어디로 갔는가? 자연은 조화와 균형을 보여주는데 인류는 혼란과 무질서만을 보여주지 않는가?

선량한 나의 벗이여! 이러한 모순으로부터 일찍이 가질 수 없었던 영혼에 대한 숭고한 관념이 머리에 형성되는 것이네. 나는 인간의 본성을 생각하면서 두 가지의 확실한 원리를 발견하였네. 하나는 진리의 탐구, 정의와 도덕적인 미에 대한 사랑을 통한 지적인 영역으로의 향상이며, 다른 하나는 첫째 원리에 의해 향상된 인간의 고귀한 상태를 끌어내리는 정념에의 예속이네.

이 상충된 두 원리 사이를 오가면서 나는 이렇게 중얼거렸네. "그렇다. 나는 어떤 것을 원하면서도 동시에 원하지 않고 있다. 나는 노예인 동시에 자유인임을 느끼고 있다. 나는 선을 사랑하고 동경하면서도 악을 행한다. 나는 이성에 귀를 기울일 때는 능동적이지만 정념에 이끌릴 때는 수동적이다. 그리고 내가 굴복 당했을 때 느끼는 가장 큰 괴로움은 저항할 수도 있었는데 저항하지 않았다는 것이다."

나는 의사와 욕망을 지배하는 의지를 가진 능동적 존재라네. 그러나 그 의지를 실행에 옮기는 힘은 그것을 원하는 힘보다 약하네. 나는 유혹에 의해 수동적인 인간이 되며, 악행에 의해 노예가 되고, 후회에 의해 자유인이 되네. 나의 이 자유감정은 내가 타락할 경우가 아니고는 또 육체의 법칙에 대항하여 끓어오르는 영혼의 비난하는 소리를 내가 봉쇄하는 경우를 제외하고는 결코 내 안에서 사라지지 않는다네.

물론 나도 자신의 행복을 바라지 않을 만큼 자유롭지는 못하고, 악을 바랄 만큼 자유롭지도 못하네. 그러나 나의 자유란 나와 상관없는 것에는 결코 강요받지 않고, 나에게 적합한 것, 또는 적합하다고 생각되는 것 외에는 바랄 수가 없는 그것이네. 모든 행동의 근원은 자유로운 존재의 의지에 있네. 그 이상은 거슬러 올라갈 수 없네. 능동적인 근원에서 출발하지 않은 어떤 행위나 그 어떤 결과를 예상하는 것은 곧 원인 없는 결과를 예상하는 것이며, 그것은 순환논법(循環論法)에 빠져드는 일이네. 그러므로 인간은 행동에 있어서 자유로우며, 그것으로서 어떤 영원한 실체로부터 생명이 주어진 것이라고 하겠네. 이것이 나의 제3의 신앙신조라네.

이렇듯 인간은 능동적이고 자유로운 의지로 행동하는데 신은 인간이 자유를 악용하는 것을 바라지도 않지만 막으려고 하지도 않네. 왜냐하면 인간과 같이 매우 약한 존재의 악행이 신에게는 아무것도 아니거니와 자유를 제한하지 않고는 그것을 막을 수 없기 때문이네. 신은 인간이 선을 선택하도록 자유의지를 주면서도 인간이 자유를 남용하여 자연의 질서를 파괴하는 일이 없도록 인간의 능력을 적당히 제한하였네. 인간이 악을 행하는 것을 신이 막아주지 않는다고 불평하는 것은 신이 인간에게 뛰어난 본성과 도덕성, 그리고 미덕의 권리를 주었다고 불평하는 것과 마찬가지라네.

인간이여! 악을 창조하는 자는 바로 그대들이네. 그대가 행하는 악이나 그대가 괴로워하는 악 이외의 다른 악이란 존재하지 않네. 악은 자연이 아닌 우리 스스로가 만든 오류로 이 악을 버려야만 하네. 그러면 모든 일이 잘되고 부정(不正)도 없어질 것이네. 정의와 분리될 수 없는 선은 무한한 힘과 자기애의 필연적인 결과라네. 그러므로 최대의 능력을 가지고 있기 때문에 최고의 선이라고 할 수 있는 신은 최고의 정의라네.

신에게는 그의 피조물에 대한 의무는 없다고들 하지만 나는 신이 그들에게 존재를 부여하면서 약속한 모든 것에 대해 의무가 있다고 생각하네. 그러므로 신이 인간에게 선의 관념을 주고 그 필요를 느끼게 하는 것은 바로 신이 인간에게 선을 약속하는 것이네. 그리하여 나는 영혼 속에 쓰여진 '바르게 살면 행복하리라'는 말을 읽지만, 현실은 그렇지가 않아서 악인은 번영하고 의인은 박해를 당하네. 그러기에 이 같은 기대가 어긋났을 때, 우리는 분개하고 창조자에게 반항하고 불평하는지도 모르네. 행복해지려거든 먼저 선량해야 하며 일을 한 다음 보수를 요구해야 하네.

나는 영혼의 비물질성에 대한 증거로서 '악인의 승리'와 '의인의 박해'라는 것만 있어도 충분하다고 보네. 나는 '우리에게 있어 모든 것은 죽음으로 끝나는 것이 아니라 죽음에 이르러 그 질서를 회복하는 것'이라고 생각하네. 인간에게 있는 감각적인 것이 소멸될 때 인간은 무척 당황할 것이네. 그러나 나는 영혼과 결합되어 있는 육체가 소멸되더라도 영혼은 보존된다고 생각하네. 즉 결합이 깨짐으로써 상반되는 두 성질이 결합했던 불안한 상태에서 오히려 본연의 자연적 상태로 되돌아간다고 생각하네.

그러나 영혼의 삶이란 무엇이며, 영혼이란 본질적으로 불멸의 것인가? 무한하다는 것은 나의 오성으로는 파악할 수 없네. 그러나 나는 육체가 죽어도 영혼은 살아서 질서를 유지한다는 것을 믿고 있으며 육체가 어떻게 소모되고 어떻게 소멸되어 가는지를 알고 있네. 나는 내 영혼을 느끼며 감정과 사고에 의해서 영혼을 알고 있네. 그 본질은 모르지만 그 존재는 알고 있다는 것일세. 그러므로 죽은 뒤에 생전의 '나'는 어떤 인간이었던가를 상기하려면 생전에 내가 느낀 것, 또 내가 행한 것을 다같이 기억해내야 할 것이네. 나는 이 추억이 먼 후일 언젠가는 선인에게는 기쁨이 되고 악인에게는 고통이 되리라는 것을 믿어 의심치 않네.

이리하여 신을 그 업적과 속성을 통해 바라보면서 나는 처음에 가졌던 불완전하고 한정된 관념을 확대 발전시키기에 이르렀네. 살아있는 육체에 생기와 활력을 주는 것이 바로 신이라는 것을 생각할 때, 내 영혼은 영적인 것이지만 누가 신이 하나의 정령(精靈)이라고 한다면 나는 이 신성한 본질의 가치를 저하시키는데 대해 분개하는 것이네. 설명할 수 없는 신의 실체와 우리의 영혼과의 관계는 마치 우리의 영혼과 우리의 육체와의 관계와 같은 것이네.

신이 물질, 육체, 영혼, 정신을 만들었는지는 나는 모르네. 창조의 관념은 나를 혼동시키고 내 이해력의 범위를 벗어나는 것일세. 그러나 나는 신이 우주와 모든 존재를 창조하고 그것에 질서를 주었다는 사실은 안다네. 내가 아는 것은 신은 만물에 앞서 존재했고 그 만물이 존재하는 한 신 또한 존재할 것이며, 모든 만물에 종말이 온다 하더라도 신은 계속 존재할 것이라는 점이네.

인간은 추론할 때 현명하지만 신의 예지에는 추론이나 전제, 결론도 없으며, 심지어 명제조차도 없다네. 신의 예지에는 진리도 관념일 뿐이며 모든 장소와 시간도 한 점과 한 순간에 지나지 않네. 인간의 힘은 수단에 의해서 발휘되지만 신의 힘은 그 자체로서 움직이네. 인간에 있어 선이란 인류애지만, 신의 선이란 질서에 대한 사랑이네. 신은 그 자체가 정의지만 인간은 불의를 만드네. 그런데 인간의 정의란 각자에게 자신의 몫을 돌려주는 것인데 비해 신의 정의란 신이 준 것에 대해 각자에게 그 책임을 묻는 것이네.

우리는 자연이 관능에게 속삭이는 말은 믿으면서도 우리의 마음에게 말하는 것은 믿지 않네. 양심은 영혼의 소리이며 정념은 육체의 소리라네. 이 두 소리가 서로 모순될 때는 우리를 속이지 않는 양심에 따르면 되네. 양심과 영혼의 관계는 본능과 육체의 관계와 같아서 양심에 따르는 자는 곧 자연에 따르는 것과 마찬가지일세.

우리 행위의 도덕성은 우리가 그 도덕성에 대해서 내리는 판단 속에 있네. 그리고 정의에 대한 가장 큰 보상은 자기가 정의를 실행하고 있다고 느끼는 일이네. 나의 젊은 벗이여! 다시 우리 자신의 내부를 되돌아보자. 우리를 기쁘게 하는 것은 남의 불행일까? 아니면 남의 행복일까? 우리가 행해서 즐겁고 행한 뒤에도 좋은 인상을 주는 것은 선한 행위일까? 아니면 악한 행위일까? 우리는 죄인의 범죄를 기뻐하는가? 아니면 죄인이 벌받는 것에 슬퍼하는가? 자신과 이해관계가 없는 일에는 일체 관심이 없는 사람도 우정과 인간애로 인해 자신의 고통을 위로 받는다네.

자연에 복종하면 자연의 인자함을 알게 될 것이네. 또 자연의 소리에 귀를 기울이면 선량한 자신에게 매력을 느끼게 될 것이네. 악인은 자신을 두려워하여 자기를 벗어나게 하는 것에서 기쁨을 찾네. 반대로 올바른 사람의 평온은 내면적인 것으로서 그의 웃음은 조소가 아니라 기쁨에서 오는 것이네. 그는 자신의 만족을 그와 가까이하는 사람들에게서 얻는 것이 아니라 오히려 그 만족감을 그들에게 전하고 있는 것이네.

모든 민족과 그 역사를 보면 온갖 기괴한 제식과 갖가지 풍습과 예절 속에서도 정의와 성실에 대한 동일한 개념을 도처에서 발견하게 될 것이네. 고대의 이교(異敎)는 죄를 범하는 일과 정욕을 만족시키는 일을 주관하는 신들을 만들었네. 그러나 악이 신성한 권위의 옷을 입고 신들이 사는 곳에 내려왔지만 아무 소용이 없었네. 도덕적인 본능이 인간의 마음에서 그 악덕을 몰아냈기 때문이네.

그러므로 인간의 마음속에는 정의와 미덕의 천부적인 원리가 있어 우리 자신의 준칙이야 어떻든 간에 우리는 이 원리에 입각하여 자신의 행동과 타인의 행동을 선과 악으로 판단하고 있는데 나는 그것을 양심이라는 이름으로 부르고자 하네.

존재한다는 것은 느끼는 것이네. 감성은 지성보다 먼저 존재하며 우리는 관념 이전에 감정을 가졌다네. 우리의 존재의 근원이 어떤 것이든 그것은 우리의 본성에 적합한 감정을 줌으로써 우리를 지킬 수 있는 수단을 마련해 준다네. 그리고 이러한 감정은 개인적으로는 자기에 대한 사랑, 고통과 죽음에 대한 공포, 그리고 행복에 대한 욕구라네. 그러나 인간이 본질적으로 사회적 동물이라면 인간에게는 인류와 관계 있는 천부적인 감정이 필요할 것이네. 그런데 자기 자신과 자신의 동족에 대한 이중관계로부터 형성되는 윤리체계에서는 양심의 충동이 생기게 되네. 인간은 선에 대한 천부적인 지식을 가지고 있지는 않지만 이성으로 인해 양심은 선을 느끼게 된다네.

양심은 소극적인 성격을 가져서 조용한 생활을 즐기며 침묵을 좋아하네. 그러나 편견과 광신의 방해로 양심은 더 이상 우리에게 진실을 말하지 않고 대답도 하지 않게 되었네. 그리하여 이처럼 경멸을 당한 양심을 다시 불러들이기란 그것을 추방했을 때만큼이나 힘이 든다네.

나는 이 연구를 하면서 비애와 권태감에 휩싸이곤 했네. 나의 마음은 진리를 사랑하는데 나약하고 미약한 열의밖에 나타나지 않았네. 나는 이렇게 생각했네. '나는 왜 존재하지도 않는 것을 고민하며 찾으려 하는가? 정신적 행복이란 한낱 공상에 지나지 않으며 관능적 쾌락보다 더 좋은 것이 어디 있겠는가?' 망각한 정신적 행복을 찾는 것과 의식하지 못했던 정신적 행복을 느낀다는 것은 얼마나 어려운 일인가!

이성만으로는 미덕이 이루어지지 않는다네. 항상 질서에 대한 사랑이 안락에 대한 사랑을 극복해야 미덕은 이루어질 수 있는 것이네. 그러나 감성과 지성이 있는 곳에 언제나 정신적인 질서가 있음을 감안한다면 악 또한 질서인데 이것을 어떻게 설명할 수 있을까? 다만 차이가 있다면 선의 질서는 모두를 위한 질서이지만 악의 질서는 한 존재만을 위한 질서라는 점뿐이네. 그러므로 신이 없다면 선을 행하는 사람은 어리석은 자에 지나지 않을 것이네.

나는 우주의 질서를 찬양하고 또 거기서 느낄 수 있는 현명한 창조자를 숭배하기 위해 우주의 질서에 관해 명상을 한다네. 나는 그와 대화를 나누며 그의 신성한 본질이 나의 능력에 침투토록 한다네. 그에게 기도는 하지만 요구는 하지 않네. 나는 신에게 선을 행할 힘조차도 바라지 않네. 그는 이미 나에게 선을 사랑하는 양심과 선을 판별하는 이성, 그리고 선을 선택할 자유를 주지 않았던가? 만약에 내가 악행을 저질렀다고 해도 그것은 자신의 상태에 만족하지 못하고 인간임을 포기하고자한 나 자신에게 원인이 있음은 변명의 여지가 없네.

정의와 진리의 원천이시며 관대하고 자애로우신 신이여! 당신을 신뢰하는 내 마음의 가장 간절한 바램은 당신의 뜻대로 이루어지는 것입니다. 나는 당신의 의지에 내 의지를 결부시켜 당신의 선의에 복종할 뿐입니다. 나는 그 보수로 최상의 행복을 미리 나누어 가진 것이라고 믿고 있습니다.

이것을 행할 자신이 부족한 내가 신에게 구하는 단 한가지는 정의에 어긋나는 나의 잘못된 행동이 있다면 그것을 시정해 달라는 것뿐이네. 나는 진리에 도달하기 위해 최선을 다했네. 그러나 진리의 원천은 너무나 높은 곳에 있네. 그러므로 더 먼 곳까지 갈 수 있는 힘이 나에게 없다면 나에게 무슨 죄가 있겠는가? 진리가 내게로 가까이 와 주어야 하지 않겠는가?

신부는 열띤 어조로 말을 마쳤고 우리는 감격했다. 그가 양심에 따라서 말을 하는 동안 나의 양심은 그 말을 확인하는 것 같았다. 나는 말했다. "당신이 지금 말씀해 주신 것은 당신이 믿는다고 말씀하신 것보다도 모른다고 고백하신 것에 의해 더욱 새롭게 느껴집니다. 거기서 약간 다르기는 하나 유신론이나 자연종교를 보는 것 같습니다. 당신과 같은 신념을 갖게 된다면 당신은 최후의 스승이 될 것이고 죽을 때까지 당신의 제자가 될 것입니다. 당신은 내가 알아야 할 것을 절반만 말씀해 주셨습니다. 더 자세히 설명해 주십시오. 어려서부터 이해하고 믿을 수 없었던 긍정도 부정도 하지 못한 채 갈피를 잡지 못한 그러한 문제들에 대해 말씀해 주십시오." 나를 포옹하고 말하기 시작했다.

"그렇다면 나의 생각을 다 털어놓기로 하지. 지금까지 나는 자네에게 유익하고 내가 확신하는 것만을 얘기했네. 이제부터 검토할 것들은 난처하고 신비하고 애매한 것들뿐일세. 나는 나의 의견이 아닌 의문을 피력할 것이네. 진리는 자네 자신이 찾도록 하게. 나로서는 성실하게 말할 것을 약속할 뿐이네."

자네는 내 설명에서 자연종교만을 발견했다고 했는데 다른 종교가 필요하다는 것은 매우 이상한 일이네. 신이 나의 정신에 준 빛과 신이 나의 마음에 준 감정에 따라 신을 섬기는 것이 왜 나쁜가? 자연과학에 기반을 두지 않은 실증적인 학설에서 순수한 윤리와 인간과 창조자에게 유익한 어떠한 교리를 끌어낸다는 것은 내 능력 밖의 일이네. 신의 영광과 사회의 복지와 또 나의 이익을 위해서 자연법의 의무에 덧붙일 것이 무엇인가?

자연의 광경을 보고 내면의 소리에 귀를 기울여라. 신이 인간에게 부여한 우리의 눈과 양심과 판단력 외에 또 무엇이 필요하겠는가? 인간의 계시는 신의 품위를 저하시키고 인간의 교리는 신의 관념을 훼손할 뿐이네. 인간의 어떤 특수한 교리는 이 땅 위에서 평화가 아닌 총과 칼을 가져와 인류의 죄와 불행을 초래하고 있을 뿐이네. 신을 숭배하기 위해 계시가 필요하다고 느낀 사람들은 갖가지 괴상한 신앙의 다양성을 제시하지만 사실 그 다양성 자체가 계시의 공상성에서 나온다는 것을 그들은 모르고 있네. 신이 인간의 마음에 말하는 것에만 귀를 기울였다면 지상에는 단 하나의 종교밖에는 없었을 것이네.

종교의식과 종교 그 자체를 혼동해서는 안 된다네. 신은 마음의 신앙을 요구하고 있네. 그러므로 의식에 신이 큰 관심을 갖는다는 것은 하나의 망상에 지나지 않네. 신은 정신적으로 진실을 다하여 예배하기를 바라네. 예배의 형식에 있어서는 경건한 질서를 위해 일정한 양식이 필요할지 모르나, 그것은 어디까지나 규율상의 문제이지 계시가 필요한 것은 아니네.

모든 종교가 다 올바르고 신의 뜻에 일치하거나 그것이 아니라면 신이 정해준 하나의 종교가 있어서 인간이 그것을 믿지 않으면 벌을 준다면 신은 인간에게 그것을 선택할 수 있는 식별력을 주던가 아니면 그런 종교에 모든 사람이 볼 수 있는 표식을 달아야만 했네. 그러므로 모든 권위를 벗어나 양심과 이성의 판단에 따라 성실하게 진실을 탐구해 보세.

인간의 증언은 결국 이성의 증언에 불과하며 그것은 진리를 알 수 있도록 신이 나에게 부여하고 있는 자연의 방법에 아무것도 덧붙이지 않은 것이네. 그대는 내가 판정을 내리지 못하고 있는데 무엇을 나에게 말하려는가? 신은 사도를 통해 기적을 통해 당신을 유혹에서 지키려 하고 있다. 그 기적은 어디에 있는가? 성서 속에 있다. 그러면 책은 누가 만들었는가? 사람이 만들었다. 그러면 누가 그 기적을 보았는가? 그것을 증언하고 있는 사람이다. 이 또한 인간의 증언이 아닌가! 신과 나 사이에는 얼마나 많은 사람이 개입되어 있는가?

신이 인간을 대변자로 택한다면 왜 인간에게 신의 대변자라고 알려주지도 않고, 그에게 무작정 복종하라고만 하는가? 소수의 사람들 앞에서만 표시를 보여주고 나머지 모든 사람들은 소문으로만 알 수 있게 하는 것이 과연 정당한 방법일까? 모든 나라에서 모든 사람이 본 기적이라면 그 기적은 옳다고 할 수 있을 것이네. 그러나 나는 신을 깊이 믿고 있으므로 신에게 부합되지 않는 그 많은 기적을 믿을 수가 없네.

신으로부터 오는 교리는 신의 신성한 성격을 지녀야 하며 신에 대한 모호한 관념을 밝게 해주고, 이와 더불어 신앙과 도덕 그리고 그것에 의해 알 수 있는 준칙들을 제시해야 하네. 만일 교리가 황당무계한 것을 가르치고 동료에 대한 혐오감과 자신에 대한 공포감만을 심어주고 시기심 많고 편파적이며 전쟁과 투쟁의 신만을 보여준다면 그러한 종교를 섬기기 위해 나의 자연종교를 버리려고는 하지 않을 것이네. 나는 그 종파의 사람들에게 이렇게 말할 것이네. "당신의 신은 나의 신이 아니오. 특정 국민만을 선택하는 신은 모든 인간의 아버지가 아니오. 그가 만든 최대다수를 영원히 고통에 빠뜨리는 그런 신은 나의 이성이 보여준 관대하고 자애로운 신이 아니오."

명확한 증명에 의해 마음에 호소하는 것만이 진정한 교리라고 이성은 말하네. 인간의 정신으로 인식될 수 있는 방법으로 우리에게 진리를 가르치는 것이야말로 계시라고 할 수 있네. 그러므로 최상의 종교는 명료한 종교라고 할 수 있네. 신앙을 설교하면서 신비나 모순을 설교하는 사람은 그 종교를 의심토록 만드네. 내가 숭배하는 신은 암흑의 신이 아니라 나의 이성을 사용하도록 권유하는 신이네. 진리의 사도는 나의 이성에 억압을 가하지 않고 오히려 이성의 빛을 발하게 해 주네.

서로 배척하고 추방하는 숱한 종교들 가운데서 진실한 종교가 있다면 단 하나만이 진실인 것이네. 그러나 그 진실을 확인하기 위해서는 모든 종교를 다 검토해야 하네. 그리고 갖가지 반론을 편견 없이 비교해야 하네. 내가 알아야 하는 사건이라면 신은 왜 내게서 멀리 떨어진 곳에서 일으켰는가? 그것은 마치 달세계에서 일어난 일도 내가 알아야 한다는 것과 똑같은 이치가 아닌가? 여러분의 말에 의하면 그 일을 나에게 가르쳐주러 온 것이라고 했네. 그러나 왜 여러분은 선량하고 진리를 구하는 사람들에게 알리지 않고 그를 지옥에 빠뜨렸는가? 도저히 믿을 수 없는 말을 여러분들의 증언만으로 믿어야 한단 말인가?

만일 이 세상에 참다운 종교라는 것은 하나밖에 없고, 또 누구라도 그것을 믿지 않으면 모두 지옥으로 갈 수밖에 없다고 한다면 사람은 이 모든 종교를 조사하고 탐구하고 비교하고 그 종교가 생긴 나라들로 여행하는데 한 평생을 허비해야만 할 것이네.

각자가 자기 주장만을 내세우고 자기만이 옳다고 믿으면 그 자만과 편협성으로 인해 불합리한 곳으로 빠져들게 되네. 나는 내가 숭배하고 여러분에게 말한 평화의 신을 성실히 연구했음에도 불구하고 성공하지 못하고 끝없는 바다로 표류하고 있음을 안 뒤, 되돌아가 신앙을 스스로의 소박한 관념 속에 머무르게 했네.

모든 사람의 눈앞에 있는 유일한 책은 곧 자연이라는 책이네. 이 위대하고 숭고한 책이야말로 신을 숭배하는 법을 가르치네. 성서의 숭고함에 놀라며 복음서의 신성함이 나를 감동케 하였음을 인정하네. 철학서적의 미천함과 비교해 보게나. 매우 숭고하면서도 소박한 성서가 인간의 작품일 수 있는가? 이 책의 등장인물이 단순한 인간에 불과하다고 할 수 있을까? 그들의 행위는 얼마나 따뜻하고 순수한가? 그의 가르침에는 얼마나 감동적인 은혜로 가득 차 있는가? 그 규율은 얼마나 소중한 것인가? 그의 이야기에는 얼마나 깊은 지혜가 있는가?

　이해하기 힘든 신비가 무엇이든 간에 심판의 날에 그 신비를 손상했다는 이유로 벌을 받게될 염려는 없다고 생각하네. 비록 낮은 신분이라도 성직에 있음을 영광으로 생각하는 나는 그 숭고한 의무를 이행하는데 결코 어긋나는 일은 하지 않을 것이네. 나는 사람들에게 미덕과 선행을 권장할 것이네. 그리고 그들에게 본보기가 될 것이며, 신앙을 돈독하게 하는 유익한 교리만을 설교할 것이네.

　나는 교회보다는 복음서의 정신에 더 역점을 두고 가르칠 것이네. 나는 무엇을 해야하는가를 가르치기 이전에 내가 그들에게 말하는 모든 것은 나 자신이 모두 믿고 있다는 것을 그들이 알 수 있도록 스스로 실천하려고 노력할 것이네. 위대한 진리를 기다리면서 공공의 질서를 유지하고 어느 나라에 살든지 그 법률을 존중하고 그 법률이 명하고 있는 신앙을 준수하도록 하세.

　자네는 앞으로의 생애를 위해 정신과 마음이 악과 선 중 하나를 택해야 하는 위험한 시기에 처해 있네. 이 시기에 인간의 본성이 굳어져서 더 이상 변하지 않게 된다네. 나 자신이 확신하고 있는 것은 모두 털어놓았네. 나의 의문은 의문으로, 의견은 의견으로 모두 이야기했네. 이제 그 판단은 자네에게 맡기겠네.

만일 자네가 이런 나의 고찰을 인정하고 나의 생각이 자네의 생각이 되어 우리가 같은 신앙고백을 한다면 자네에게 이런 충고를 하고싶네. 자네의 생활을 빈곤과 절망의 유혹에 내버려두지 마라. 앞으로는 남이 베풀어주는 치사한 빵을 먹지 마라. 조국으로 돌아가 선조의 종교를 믿어라. 그것은 지극히 단순하고도 신성한 종교로서 가장 순수한 윤리를 포함하고 있네. 과오를 범하는 것은 부끄러운 일이지만 뉘우치는 것은 부끄러운 일이 아니네. 자네는 모든 것을 용서받을 수 있는 시기이지만 죄를 짓고도 벌을 면할 수 있는 나이는 이미 지났네. 양심의 소리에 귀기울이면 모든 장애는 사라지고 말 것이네. 신은 스스로가 범한 잘못보다는 그곳에서 자라온 잘못을 용서할 것이네.

자네가 언제나 신이 존재하기를 바라면 결코 신의 존재에 의심을 품지 않을 것이네. 그리고 어떤 종교를 택하든 종교의 참된 의무는 인간의 제도와는 무관하다는 것과 올바른 마음이야말로 신이 존재하는 곳이라는 것, 나라와 종교를 불문하고 신과 이웃을 사랑하는 것이 모든 종교의 핵심이며 종교의 의무와 윤리의 의무는 어떤 본질적이라는 것, 그리고 내면적인 신앙이 가장 중요한 것으로서 그것 없이는 진정한 미덕도 존재하지 않는다는 점을 기억해야 할 것이네.

자연을 설명한다는 구실로 사람들의 마음에 무익한 교리의 씨를 심는 사람들, 그들 반대자의 결정적인 논조보다 훨씬 독단적인 겉치레의 회의론을 주창하는 사람들을 멀리하라. 그들은 상상 위에 확립한 이해할 수 없는 학설을 진정한 원리라고 거만하게 우리에게 강요하네. 그들은 사람의 마음속에서 죄에 대한 고뇌와 미덕에 대한 희망을 없애면서도 자기는 인류에 대한 은인이라고 자랑하고 있네. 그들도 나와 마찬가지로 진리는 인간에게 해로운 것이 아니라고 말하네. 그러나 나로서는 그것이야말로 그들이 가르치고 있는 것이 진리가 아니라는 명백한 증거라고 생각되네.

젊은이여, 자만하지 말고 정직하고 진실 되어라. 다른 사람의 귀를 의식하지 말고 자신의 양심에 따라 이야기하라. 지식의 남용은 회의를 일으키므로 세속적인 감정을 무시하고 자신만의 감정을 가지려는 감정의 극단을 멀리하라. 항상 진리의 길에 자네의 마음에 진리라고 생각되는 길에 굳게 서라. 철학자들 앞에서도 신을 인정하며 관용이 없는 사람 앞에서도 인간애를 가르쳐라. 진실을 말하고 선을 행하라. 인간에게 중요한 것은 이 땅에서 자신의 의무를 다하는 것이네. 이기주의는 우리를 속이는 것이니 우리를 속이지 않는 것은 오직 정의로운 희망뿐이라네.

나는 종교의 정신적 규칙이 아니라 내가 확립하려고 노력한 방법에서 이탈하지 않도록 하기 위해서 제자를 대상으로 이렇게 생각해 볼 수 있다는 실례로 이상과 같은 기록을 옮겨 쓴 것이다. 인간의 권위나 자국의 편견을 인정치 않고 자연의 교육에 있어 우리를 자연종교보다 더 먼 곳으로 인도해 가는 일은 없을 것이다. 사물의 근원으로 거슬러 올라가면 우리는 감각의 지배에서 벗어날 것이다. 자연 연구로부터 창조주의 탐구로 가는 것은 간단한 일이었다.

여기까지 이르면 우리의 제자는 비로소 법과 세론을 의식하지 않고도 진정으로 선을 행하고 의무를 다하며 미덕을 가지려는 관심을 보이게 되는 것이다. 사람이란 누구나 질서에 대한 사랑보다는 자기에 대한 사랑으로 쏠리기 마련인데, 그것은 질서와 자신에 대한 사랑, 즉 창조주에 대한 사랑으로 확장될 수 있다.

여러분들은 에밀을 여러분의 제자와 똑같이 경솔하고 경박하며 한가지 일에 집착하지 못하고 쾌락만을 찾아다니는 청년과 같다고 생각할 것이다. 그러나 에밀과 여러분의 제자를 비교해 공통점이 있다면 그것은 기적일 것이다. 여러분의 제자들은 규칙을 어린 시절의 멍에로 생각하겠지만 에밀은 이 구속을 이성의 구속으로 생각하고 명예로 받아들일 것이다. 이러한 시기는 여러분의 제자에게는 방종의 시기에 지나지 않지만 에밀에게는 이성을 움직이게 하는 시기가 되는 것이다.

그러므로 에밀에게 제시할 다음의 길은 호기심을 충분히 끌만한 주제가 될 것이다. 반대로 여러분의 청년들은 지루한 수업과 장황한 설교, 계속되는 교리문답에 지쳐있기 때문에 이 모든 주제에 대해서 오직 혐오와 반감과 권태만을 느낄 것이다. 나는 이성을 위해 자연의 진보를 지연시킴으로써 그에게 이중으로 시간을 벌게 하는 것이다. 나는 조기교육을 다른 수업으로 균형을 유지했으며 현대교육의 탁류에 반대되는 교육을 실행한 것뿐이다.

드디어 자연의 참된 시기가 다가온다. 내가 누누이 말한 여러분의 위기가 닥쳐올 시기를 예감했다면, 여러분은 지금까지의 낡은 태도를 버리고 여러분의 제자를 여러분의 친구이며 한사람의 성인으로서 대우해야 한다. 여러분은 말할 것이다. "권위가 가장 필요한 때에 그것을 버리라니? 탈선이 우려되는 시기에 그를 제멋대로 내버려두라니? 그에게 가장 필요한 시기에 내가 행사해 오던 권리를 포기해야 한단 말인가?"

누가 여러분에게 그 권리를 포기하라고 했던가? 이제야 비로소 그 권리는 그에게 의미를 갖기 시작한다. 지금까지 여러분은 완력이나 잔재주로 그 권리를 행사하였으며 그의 마음을 구속하였다. 그는 가장 기본이 되는 정념인 자기에 대한 사랑을 품고 그 감정을 여러분에게 의탁하고 있다. 이 외의 다른 감정들은 일시적인 감정으로서 서로 지워버린다. 그가 반항하기 시작했을 때는 그는 이미 타락한 것이다.

여러분이 싹트기 시작하는 그의 욕망에 정면으로 부딪히면 그는 오랫동안 여러분의 말을 결코 들으려고 하지 않을 것이다. 또한 여러분이 나의 방법을 버리는 순간부터 나는 여러분에 대한 어떤 문제에 있어서도 아무런 책임을 지지 않을 것이다. 그러면 어떻게 해야 할까? 그의 경향을 북돋아줄 것인가 아니면 억누를 것인가? 그를 추종해야 할 것인가 아니면 거역해야 할 것인가? 그 어느 쪽을 택하는 것이 마땅하겠지만 어느 쪽이나 다 위험한 결과를 가져오기 때문에 그 선택을 주저하지 않을 수 없다.

이 어려움을 해결하기 위한 첫째 방법은 그를 서둘러 결혼시키는 일이다. 이것은 가장 확실하고 자연스러운 방법이긴 하지만 가장 유익한 방법인지는 의심스럽다. 그 이유는 앞으로 설명하겠지만 그가 성숙할 때까지 결혼적령기를 늦추는 것이 좋다.

만일 그들의 경향을 들어야만 하고 그 지시를 따라야 한다면 당장에도 되겠지만 자연의 권리와 사회의 법칙 사이에는 많은 모순이 있어서 그것을 서로 조화시키는 데에는 모순이 따른다. 이러한 이유로 해서 내가 제시한 방법에 따르면 욕망에 대한 무지와 관능의 순결은 스무 살까지는 지켜나갈 수 있다고 생각한다. 몽테뉴에 의하면 그의 아버지는 이탈리아 전쟁에 종군한 뒤 서른세 살에 동정을 간직하고 결혼했는데 예순이 넘어서도 튼튼한 체력을 유지했다고 한다.

그러나 이러한 예는 그와 같은 상황에서 자라지 못한 주위의 청년들에게는 아무런 증명이 되지 못한다. 하지만 에밀이 지금까지 타고난 순결을 지켜왔다고 해도 자연의 법칙에서 벗어난 것이 아니며 이 행복한 시기도 이제는 끝날 때가 왔다고 생각한다. 계속 증가하는 위험에 둘러싸인 그는 내가 무엇을 하든 기회만 있으면 내게서 벗어나려고 한다. 그 기회는 곧 찾아올 것이다. 그는 관능의 맹목적인 본능에 따르려 하고 있다.

그를 파멸로 유혹하는 기회는 얼마든지 있다. 내가 만일 아무 것도 못 본 체 한다면 파멸을 방조하는 자가 되는 것이다. 그는 더 이상 내 말을 들으려고 하지 않고 나를 부담스러운 존재, 필요치 않는 존재로 여길 것이다. 여기서 내가 취해야 할 유일한 합리적인 태도는 그의 행동에 그 스스로 책임을 지우며 불의의 과실로부터 그를 보호하고 그를 둘러싸고 있는 위험을 확실하게 보여주는 일이다. 지금까지는 그를 무지에 의해 제어했지만 이제는 지식에 의해 제어해야 한다.

이 새로운 교육은 중요하기 때문에 원점으로 되돌아가 이야기 하는 것이 좋을 것이다. 그는 누구이고 나는 또 누구인가, 그는 무엇을 했으며 나는 또 무엇을 했는가를 알려 주어야 한다. 또한 그의 모든 윤리적 관계와 그가 약속한 모든 일, 또 내가 그에게 서약한 일, 그의 능력이 도달한 단계, 앞으로 나아가야 할 길, 거기서 그가 부딪칠 어려움, 그 어려움을 극복할 방법, 내가 아직도 그를 도울 수 있는 점 그리고 마지막으로는 그가 현재 처해있는 위기, 그를 둘러싸고 있는 새로운 위험들, 그리고 싹트기 시작하는 그의 욕망에 따르기 전에 주의 깊게 자기 자신을 경계해야 되는 확고한 이유를 그에게 말해 주어야 할 때인 것이다.

어른을 지도할 때는 어린이를 지도할 때와는 정반대의 방법을 취하면 된다고 생각하라. 오랫동안 그에게 숨겨왔던 위험한 신비들을 주저하지 말고 가르쳐라. 결국은 알게 되는데 문제는 다른 사람도 그 자신도 아닌 여러분이 가르쳐야 한다는 것이다. 그는 앞으로 적과 싸우는 이상 불의의 습격을 당하지 않도록 적을 알아야 한다.

내 방법에 대해 기대를 갖는 이유 중의 하나는 제자를 살펴보면 그의 생활에는 유쾌하지 않은 것이란 단 하나도 없다는 점이다. 그가 가끔 일으키는 동요와 흥분 속에서도 어린 시절의 단순함을 엿볼 수 있다. 그의 육체처럼 순결한 마음은 부도덕이나 가식을 알지 못한다. 비겁한 두려움 때문에 자기를 속이는 법을 그는 모른다. 그는 순진해서 아무런 거절도 하지 못하며 남을 속이는 것이 무슨 이득이 되는지 아직 모른다. 그의 내면은 입과 눈을 통해 모두 드러나므로 그가 느끼고 있는 감정을 내가 빨리 알아차리는 일이 많다.

그가 이처럼 자기 가슴을 활짝 열고 자기가 느낀 것을 이야기하는 한 나는 아무것도 걱정할 필요가 없다. 그러나 내성적이 되고 소심해지고 이야기할 때에 부끄러움으로 당황해 하는 눈치가 보이면, 서둘러서 그에게 그것에 대해 가르쳐 주지 않으면 그는 곧 무슨 수단을 동원해서라도 알아내고야 말 것이다. 자면서 절벽 끝을 걸어다니던 몽유병 환자가 갑자기 눈을 뜨면 절벽에서 추락하듯이 무지의 잠 속에서 헤매는 에밀을 갑자기 흔들어 깨우면 그도 추락하고 말 것이다.

독서, 고독, 나태, 여성과 젊은이들과의 교제, 이것이 그의 나이에 파고들 위험한 길이다. 이와는 다른 감각적인 대상으로써 나는 그 감각을 속이려고 한다. 즉 고된 노동으로 그의 육체를 훈련시켜서 그를 유혹하는 상상력의 활동을 멈추게 한다. 가장 신속하고 간단한 예방책은 그를 유혹하는 대상으로부터 육체와 정신 모두를 멀리하게 하는 것이다. 만일 그러지 못한다면 그를 그 속에 방치하는 것과 같다.

나는 이러한 취미들이 합하여 상호 보완이 되는 법은 알고 있다. 그러나 청년의 정열은 그렇지 않아서 그가 좋아하는 일만을 열중하게 하는 것이 좋다. 그러면 다른 일은 모두 잊어버릴 것이다. 다양한 욕망은 다양한 지식에서 오는 것이므로 우리가 맨 처음 알게 된 쾌락은 오랫동안 그것만 추구하는 유일한 쾌락이 되는 것이다.

현대인들은 힘과 이기심으로 사람을 지배하지만 옛날 사람들은 표정의 언어를 도외시하지 않았기 때문에 설득과 영혼의 감동에 의해서 사람들에게 영향을 미쳤다. 고대인들은 화술로써 놀랄 만한 것들을 성취하였다. 이 화술은 가장 적게 말을 하면서 몸짓으로 이루어질 때 가장 큰 효과를 거두었다. 청년들에게는 이론을 내세우지 말고 영혼의 언어를 구사하여 이론을 이해할 수 있도록 해야 한다. 이론은 우리의 의견을 결정할 수는 있어도 행동까지 결정하지는 못한다. 그러므로 내가 주고싶은 인상에 가장 알맞은 때와 장소와 대상을 택하여 그의 상상력을 새롭게 하는 일부터 시작할 것이다. 눈과 말투와 몸짓으로 그에게 이야기하여 그를 감동시키면 그는 자신의 의무를 한층 더 존중하게 될 것이다. 나는 오로지 엄숙하고 진지하게 적은 말로 이치를 설명할 것이다. 이때 그를 위해 한 모든 일이 마치 나를 위한 것처럼 보이게 한다면 그를 더욱 감동시킬 것이다.

그의 마음속에 우정, 관용, 감사하는 마음을 심어주면서 "너는 나의 재산이고 아들이며 작품이다. 나의 행복은 곧 너의 행복에 있으니, 네가 만일 나를 실망시킨다면 너는 내게서 20년 간의 인생을 빼앗은 것이 되며 나의 노년을 불행하게 만들 것이다."하고 말할 것이다. 이것이 그의 기억을 새롭게 하여 마음속에 간직하도록 하는 방법이다.

때가 되기 전에 쓸데없는 교훈을 설교하는 것은 막상 그것을 이해할 나이가 되면 오히려 그것을 경시하게 되므로 때를 기다려 자연의 참된 법칙들을 설명해 주어야 한다. 그리고 믿기 어려운 생식의 신비를 말할 때는 자연의 창조자가 이러한 행위에 부여하는 매력의 관념에 그 매력을 배가시키는 정절의 의무와 수치의 의무를 결부시켜서 말해 주어야 한다.

결혼을 모든 계약 중에서 결코 파기할 수 없는 신성한 계약임을 인식시키고, 신성한 결합과 그렇지 못한 결합이 가져오는 세상의 평가를 강조해야 한다. 방탕과 문란에서 오는 파멸을 정확하게 묘사해 주고, 건강과 힘, 용기와 미덕, 사랑과 행복이 순결과 어떤 관계가 있는지를 그에게 가르쳐 준다면 순결을 소중하게 느낄 것이며 그의 영혼은 그것을 지키는 방법을 솔직하게 받아들일 것이다. 왜냐하면 순결을 지키는 사람은 순결을 존중하지만 순결을 잃은 사람은 그것을 경멸하기 때문이다.

이런 문제를 얘기할 때에는 항상 신중하게 말하면서도 그가 귀기울이지 않을 수 없도록 하는 매력을 지녀야 한다. 그의 상상력을 억압하지 말고 그 상상력이 바른 길에서 벗어나지 않도록 항상 인도하라. 또한 진정한 이야기 상대가 되려면 어떤 종류의 이야기도 피해서는 안 된다.

내가 만일 이와 같이 필요한 모든 주의를 기울였고 또 에밀에게 나이에 알맞고 그가 도달한 상태에 적합한 이야기를 할 수 있다면 내가 의도하는 지점에 스스로가 도달하여 나의 보호 아래 몸을 의탁하며 나이에 맞는 열정을 가지고 이렇게 말하리라는 것을 나는 알 수 있다.

"오, 친구이자 보호자이며, 나의 스승이여! 당신의 권위는 절실하니 그대로 보존하십시오. 과거에는 내가 연약해서 권위를 인정하였으나, 이제는 굳은 의지로 당신의 권위를 인정하겠습니다. 지금 나를 쫓고있는 적─내면에 있는 적, 나를 배신하는 적─으로부터 나를 지켜 주십시오. 언제까지나 당신의 규칙을 따르려는 확고한 의지를 가지고 있습니다. 고통스러운 정념으로부터 나를 보호함으로써 자유하게 해 주십시오. 그리고 내가 관능에 굴하지 않고, 이성에 따라 자신의 지배자가 되도록 강제해 주십시오."

여러분이 여러분의 제자를 이 지점까지 이끌어 왔다면 빠른 시간 안에 그 말에 동의하지 않도록 조심하라. 만약 여러분의 영향력이 과하다고 느끼면 자신을 농락하는 줄 알고 비난과 함께 지배로부터 벗어날 권리를 찾게될까 두렵다.

젊은이를 관능의 함정에서 구해낸다고 하면서 사랑을 혐오케 한다거나 연애를 죄악시 만드는 것은 자연의 교훈에 어긋나는 것이다. 에밀은 사람들과 더불어 살아야 하기 때문에 사회적 의무를 다해야 하며 사람을 알아야 한다. 그는 인류를 알게 되었지만 이제는 개인을 알아야 한다. 이제는 거대한 무대 뒤의 내막을 넘어서서 무대의 외형을 보여주어야 할 때이다. 학문연구에도 적당한 시기가 있듯이 세상의 관습을 판단하는 데도 적당한 시기가 있다.

모든 것을 가능한 빨리 배우는 것이 좋다는 생각은 잘못된 것이다. 그렇다고 너무 늦게까지 기다려도 안 된다. 모든 종류의 교육에는 적당한 시기가 있고 피해야 할 위험이 있다.

나의 방법이 하나의 목적을 성취하고 또 어떤 위험을 피하면서 동시에 다른 위험을 예방할 수 있을 때라야 비로소 나의 방법이 훌륭한 것이며 내가 올바른 길을 걷고있다고 생각할 수 있다. 만일 내가 제자에게 엄격하고 무뚝뚝하게 대하면 그는 나를 믿지 않고 피하려고 할 것이다. 만일 내가 그에게 아량으로 대해주고 눈감아 주면 이는 그의 방탕을 묵인하고 양심을 편하게 하기 위해 나의 양심을 속이는 결과가 될 것이다. 만일 내가 그를 세상에 내보내지 않는다면 이는 그가 시민으로서 가장 필요한 기술, 즉 동료와 함께 사는 기술을 못 배우게 하는 것이다. 만일 내가 그에게 즐거운 일만을 가르친다면 이는 그를 허약하게 하고 결국은 아무것도 배우지 못하게 하는 것과 같을 것이다.

그러나 나는 이에 대한 방비책을 갖고 있다. 나는 청년에게 이렇게 말할 것이다. "자네는 여자 친구를 원하고 있으니 어울리는 사람을 찾아보자. 진실로 가치 있는 것은 희귀하지만 우리가 바라는 여성에 가장 가까운 사람은 반드시 존재하니 결국 찾게될 것이다." 이 이상 무슨 말이 필요하겠는가?

내가 그의 장래의 연인 모습을 묘사할 때 그녀의 성격이 그를 즐겁게 할지, 그리고 그가 구해야 할 것과 피해야 할 것에 대해서 자신의 모든 감정을 자유로이 조정할 수 있는지는 여러분의 상상에 맡기겠다. 만일 사랑하는 대상을 있는 그대로 정확하게 본다면 이 세상은 사랑이라고는 존재하지 않을 것이다.

우리가 더 이상 사랑을 느끼지 않게 되면 그때까지 사랑하던 사람에게 아무런 변화가 없더라도 이미 같은 사람으로는 보이지 않는 법이다. 가면이 벗겨지면 사랑은 자취를 감춘다. 그러나 나는 비현실적인 완벽한 모형을 그려서 청년을 속일 생각은 없다. 단지 그에게 적합하고 그의 마음에 들고 결점을 바로잡는 데 도움이 될 수 있는 결점도 가진 연인을 물색할 작정이다.

또한 나는 웃으면서 이렇게 말해 준다. "자네의 미래 연인을 소피라고 부르자. 자네의 연인이 그 이름을 갖지 않았더라도 적어도 그런 이름을 가질만한 여성일 것이다." 이렇게 말한다면 그의 의심은 확신으로 변할 것이다. 그는 자기에게 정해진 신부를 숨겨두고 있는 것으로 생각할 것이며, 때가 되면 그 여성을 만날 수 있으리라고 확신할 것이다.

청년이 탈선하는 것은 그의 기질이나 감각 때문이 아니라 세상의 여론 때문이다. 학교와 수도원에서 자란 소년소녀를 보면 친구와 어울리면서 그들에게 최초의 교훈이자 결실이 맺게 되는 유일한 교훈은 악덕의 교훈이다. 그러나 농촌의 아버지 밑에서 건전하게 교육받은 청년이 사회에 첫발을 디딜 때면, 모든 일을 이성에 의해 생각하고 이성만큼의 건전한 의지를 가지며 악덕과 방탕에 모멸감을 가질 것이다. 그러던 청년이 반년 후에는 거만하고 불손한 언행을 하게 된다. 그 짧은 기간 동안 이처럼 급격한 변화는 어디서 오는 것일까?

결국 이러한 변화는 사고방식의 변화에서 오는 것이다. 그의 감정은 전과 같지만 의견이 변한 것이다. 그가 사회에 발을 들여놓게 되면 과거의 교육과는 다른 제2의 교육을 받게 되고, 그 교육에 의해서 이전에 존경하던 것을 경멸하고 경멸했던 것을 존경하며 부모와 교사의 가르침을 현학자의 농담으로 생각하고 자신이 배운 의무를 유치한 도덕으로 생각하게 되는 것이다.

그것이 확실하다면 여러분에게 묻고 싶다. 품행과 감정 및 자기의 주장을 공격할 모든 것에 대해 내 제자보다 더 무장된 청년이 이 세상에 있는지, 또 그보다 더 심한 격류에도 저항할 수 있는 청년이 있는지를 묻고 싶다. 그는 방탕에 대한 두려움을 갖고 있기 때문에 창녀나 결혼한 여성들을 멀리 할 것이다. 청년의 문란한 행위가 시작되는 것은 언제나 이 두 여성들 중 어느 한쪽에 의해서이다. 적령기의 숙녀라면 교태를 부릴 수 있어도 불미스런 행동은 하지 않을 것이며 누군가 보호자가 있을 것이다.

에밀도 완전히 혼자만은 아닐 것이다. 그들에게는 적어도 최초의 욕망에 반드시 따르는 두려움과 부끄러움이라는 보호자가 있기 마련이다. 그들은 단번에 부도덕한 방향으로 접근할 수도 없고 점진적으로 친해진다고 해도 아무런 장애도 없이 그곳에 도달하게 될 여가도 없을 것이다. 그가 다른 방법으로 행동한다면 그는 동료들로부터 소심함과 비웃는 방법, 그들을 따라하는 뻔뻔스러움을 배워야 할 것이다.

그러나 조롱받는데 대처하도록 20년 동안이나 그를 무장시켜 왔기 때문에 쉽사리 조롱거리가 되지는 않을 것이다. 문제는 그들이 그를 속이고 있다는 것과 그를 어른으로 대하는 것 같으면서도 어린이로 취급하고 있다는 것을 그에게 보임과 동시에 나만은 그를 진정으로 어른으로 대하고 있다는 것을 보여주는 것이다.

나는 이렇게 말할 것이다. "그 청년들이 자네를 설득하는 이유는 어떤 애정이나 흥미를 느껴서가 아니라, 자네가 그들보다 나은 것에 열등감을 느끼고 자네를 유혹하고 싶어서이다. 그들의 유일한 동기는 자네를 지배하기 위해서 자네가 다른 사람에게 지배당하고 있다는 것을 알려주기 위함이다. 그들은 다만 경솔한 자의 흉내를 내고 있을 뿐이다. 그들은 그들의 아버지들이 갖는 편견을 극복하려고 동료들의 편견에 묶여있는 것이다. 이것은 결국 아버지의 사랑이 담긴 진실한 충고와 이미 경험했던 일에 대한 판단, 이 둘을 잃게 되는 손해를 입는 일이다.

그들이 자신들의 어리석은 준칙에 대해 성실하다고 보는가? 그들은 자네를 속이기 위해 자신마저도 속여서 양심은 자신의 행동과 말에 끊임없이 상반되고 있다. 자신들은 성실한 것을 웃음거리로 만들면서 자기 아내가 그렇게 된다면 크게 실망할 것이다. 그러나 그에게 그의 어머니에 관한 얘기를 해 보라.

그들 중에 남의 딸에게 씌우는 불명예를 자기 딸에게도 씌우려는 자가 누가 있겠는가? 그들이 자네에게 주려는 준칙들을 자네가 반대로 그들에게 적용시키려고 한다면 자네의 생명까지도 빼앗으려 할 것이다. 사랑하는 에밀이여, 그들에게도 이유가 있다면 나의 이유를 그들의 이유와 비교해 보라. 조소하는 자들의 승리는 한순간의 승리에 지나지 않으며, 진실만이 남아서 그들의 어리석은 웃음은 사라지고 말 것이다."

그의 의지를 지배할 수 있는 지금에야 나는 그의 육체와 더불어 정신까지도 지배할 수 있게 된 것이다. 나는 종종 그를 홀로 내버려두며 그때 이렇게 말한다. "에밀, 자네를 성실한 마음에 맡기고 간다. 자네를 책임지는 것은 자네의 마음이다." 그러나 나는 오래 그를 떠날 생각도 않지만 만약 내가 없는 동안 커다란 변화가 온다 하더라도 그는 나에게 모든 것을 털어놓을 것이다. 에밀은 숨기는 기술을 사용할 줄 모른다.

청년의 적 가운데 가장 위험하고도 피할 수 없는 적은 바로 자신이다. 이 적은 우리가 실수하지 않는 동안에는 위험하지 않다. 거듭 말했듯 관능을 눈뜨게 하는 것은 오직 상상뿐이어서 만일 난잡한 대상이 관념을 자극하고 이 관념이 우리의 정신을 사로잡지 않았다면 틀림없이 이 거짓욕구인 관능은 결코 우리에게 느껴지지 않았을 것이다. 어떤 상황과 광경이 청년의 피를 끓게 하는지 모르고 청년이 느끼는 불안의 원인을 자신도 모르지만, 이러한 중대한 위기에 관해서 고독한 인간은 아무리 나이를 먹어도 동정인 채 죽어갈 것이라는 생각에 휘말리게 된다.

　사랑하는 에밀! 만일 자네가 강한 욕정에 굴복하게 된다면 자연의 목적에 따라 그것으로부터 자네를 구출시킬 능력이 있는 다른 압제자를 선정해 줄 것이다. 어떤 일이 생기더라도 자신보다는 여자로부터 자네를 해방시키는 일이 더 용이할 것이다. 육체의 성장이 필요한 스무 살까지는 금욕이 자연의 질서에 맞지만 스무 살 이후의 금욕은 도덕적인 의무이며, 그것에는 여러 가지 변화와 예외와 규칙이 있다. 인간의 나약함으로 인해 양자택일이 불가피할 경우에는 그 중 작은 악을 택하기로 하자.

　소인배가 저지르는 잘못 중의 하나는 교사의 권위를 내세워 제자의 마음속에 완벽한 인간이라는 인상을 주려는 것이다. 그것은 자신의 권위를 파괴하는 행위이며 제자의 교육목적을 상실한 행위이다. 제자의 약점을 교정하려할 때는 자신의 약점을 그에게 보여주면 된다.

만일 방탕에 빠지지 않고 절제된 생활을 한 사람이라면 서른이 되었을 때 자기 자신을 지배하는데 기울였던 노력보다 훨씬 적은 노력으로 그들을 지배할 수 있을 것이다. 그러나 에밀은 다른 사람을 지배하는 것에 경멸을 느끼고 있으므로 그따위 짓은 하지 않을 것이다. 이제 사람들 사이에서 높은 지위가 아닌 세상에 대한 인식과 가치 있는 반려자를 찾기 위해 떠나는 에밀을 살펴보도록 하자.

사람들을 동정하고 깊은 연민을 느끼는 에밀에 대해 높이 평가하지도 않지만 경멸적인 태도도 보이지 않는다. 그러므로 그는 남들과 논쟁도 반박도 하지 않지만 그렇다고 상대방의 비위를 맞추거나 아첨하지도 않는다. 그는 솔직하게 말하는 것도 자유의 고귀한 권리라고 생각하고 또 그것을 사랑하기 때문이다. 그는 또 수다스럽지도 않아서 필요한 말만을 한다.

수다는 말하는 재능에 대한 자부심이나 상대방이 자기와 똑같이 하찮은 일에 관심을 가지고 있다는 생각에서 오는 것이다. 대개 아는 것이 별로 없는 무식한 사람들이 자신의 지식이 월등하다고 생각하여 하찮은 화제에 가치를 부여하지만 교육받은 사람은 할 말이 너무 많고 자기가 할 수 있는 말 이외에도 많은 말이 있다고 생각하기 때문에 쉽게 입을 열지 않는다.

에밀은 다른 사람의 의견에 도전하지 않고 거기에 순응하려 한다. 그러나 이것은 상대방의 의견을 알고 있다는 과시가 아니다. 또한 인간다운 모습을 꾸미기 위함도 아니며 사람들이 그를 남과 구별할까 두려워하기 때문이며, 남의 눈에 띄는 것을 피하기 위함이다.

사람이 사랑할 때는 자기도 사랑 받기를 원한다. 에밀은 사람들을 사랑하므로 그들의 마음에 들기를 원하며 특히 여성에게는 더욱 그렇다. 품성이 좋은 남성은 진정으로 여자들을 숭배하는데 이런 사람은 다른 남성들처럼 여성의 환심을 사기 위해 알아듣지도 못할 말을 하지 않는다. 성에 눈을 뜨면서도 그것을 억제할 수 있는 이성을 가진 에밀도 여성들 앞에서는 부끄러워하며 당황하겠지만 이런 태도가 여성의 기분을 상하게 하지 않고 오히려 재미를 느껴 더욱 당황하게 만들려고 할 것이다. 게다가 그는 기혼 여성들에게는 더욱 겸손하고 정중하게 대할 것이며, 미혼 여성들에게는 활발하고 다정하게 대할 것이다.

부드럽고 민감한 영혼을 지녔으며 세론에 흔들리지 않는 에밀은 남의 마음에 들기를 원하지만 존경받고자 하지 않을 것이다. 그리하여 그는 정이 깊고 꾸밈이나 겉치레를 모르며 요란한 칭찬보다는 따뜻한 말 한마디에 감동할 것이다. 그는 멋있게 보이기 위하여 겉치레로 치장하는 일도 결코 없을 것이다.

이것은 그가 어렸을 때 받은 교육의 한 결과일 뿐이다. 사람들은 사회의 관습이 대단한 비법인 것처럼 생각하여 그 관습을 알아야 할 시기가 되어도 그 기본적인 법칙을 발견하는 것을 금기처럼 여기고 있다. 참다운 예의는 사람에 대한 호의를 표시하는 데 있다. 그리고 그 호의는 사람이 그것을 가지고만 있으면 자연스럽게 표출되기 마련이다. 호의가 없는 사람이 겉으로 있는 것처럼 보이기 위해서 기교를 부리는 것이다.

인류에게 진실로 유익한 관념이란 옛부터 내려온 관념들로서 그것만이 사회의 진정한 유대를 이루고 있다는 점, 그리고 탁월한 재주를 지닌 사람에게 남겨진 일이 있다면 인류에게 유해하고 불행한 관념들을 사용하여 자신을 남과 구별짓는 일밖에 없다는 것을 에밀에게 주지시켜 왔다.

그는 자신의 행복을 어디서 찾아야 하며 어떻게 하면 남의 행복에 도움이 될 수 있는가를 알고 있다. 이 일 이외에는 전혀 관심을 가지지 않는 에밀은 방황도 않고 남의 눈에 띄려고도 하지 않는다. 에밀은 양식 있는 사람이지 특별한 인간이 되려고 하지 않는 것이다.

그 또한 남의 마음에 들고 싶어하므로 남의 의견에 전적으로 무관심을 표명하지는 않겠지만, 남의 의견 중에서도 자신과 직접 관련이 되고 편견과 유행을 따르지 않는 정당한 의견만을 따를 것이다. 그는 자기가 하는 일은 모두 훌륭하게 이행하려고 하고 남보다 더 우월하게 하려고 하지만, 타인의 편견이나 사적인 것에 관련되어 우월하다고 생각되지 않는 행동에서만 그렇게 할 것이다.

지금까지는 역사를 통해 인간을 정념의 면에서 연구했으나 이제는 사회적 습관에 의해 연구하게 된 에밀은 인간의 마음을 즐겁게 하거나 슬프게 하는 것에 대해 필히 생각해 볼 기회를 갖게 되었다.

　그리하여 이제 그는 인간의 취미의 원리를 탐구하고 있다. 취미란 사람들을 기쁘게 하거나 그렇게 하지 못하는 것을 판단하는 능력에 불과한 것으로서 이 점을 간과하면 취미가 무엇인지 알 수 없게 된다. 그리고 가장 일반적인 취미가 좋은 취미를 형성한다 해도 훌륭한 취미를 가진 사람은 적다. 취미란 이해관계를 떠난 오락이나 흥미에만 관계하는 것이지 결코 필요에 부응하여 존재하는 것이 아니다. 그러므로 취미란 본능에 의해 결정된다고 볼 수 있다.

　더구나 우리는 정신적인 면과 아울러 물질적인 면에 있어서 취미의 법칙을 구해야만 한다. 물질적인 취미의 원리는 설명이 불가능하나 모방과 관계되는 모든 일에는 정신적인 것이 깃들어 있다는 것을 주의할 필요가 있다. 취미란 모든 사람이 자연적으로 갖는 것이지만 모두 다른 취미를 가졌고 취미의 발달 정도도 각양각색이다. 또한 취미는 감수성과 환경에 의해 크게 좌우되기 때문에 변화 또한 심하다. 그러므로 취미를 비교하려면 첫째는 여러 사회에서 생활할 필요가 있으며, 둘째는 일을 통한 사회적 교제는 그 기준이 오락이 아니라 실리에 있기 때문에 여가나 오락을 통한 교제가 필요하다. 셋째로는 평등의 차가 너무 심하지 않고 여론의 횡포가 비교적 덜하며, 허영보다는 즐거움이 지배하는 사회가 필요한 것이다. 왜냐하면 이와 반대의 사회에서는 유행이 취미를 질식시키기 때문이다.

그러므로 다수의 취미가 건전한 취미라는 말은 사실이 아니다. 왜냐하면 목표가 바뀌기 때문이다. 그렇게 되면 다수는 이미 스스로의 판단을 지니고 있지 않으며 자기들보다 지식이 많다고 믿는 사람들의 판단에 의존하게 된다. 언제나 자기 자신의 생각을 갖게 하는 것이 중요하다. 그렇게 하면 그 자체로서 가장 좋은 것이 반드시 많은 사람의 찬성을 얻을 수 있을 것이다.

특히 남녀교제에 있어서는 취미가 좋건 나쁘건 그 성격이 나타난다. 취미를 살린다는 것은 이런 교제의 목적에 따른 필연적인 결과이다. 그러나 욕구를 만족시키겠다는 생각이 상대방의 호감을 사고싶은 욕구를 꺾을 때에는 취미는 타락하고 만다. 그리고 이 사실이 좋은 취미는 좋은 풍습에서만 생긴다는 가장 명백한 이유가 된다.

이상과 같은 고찰은 그가 처한 상황과 전념하고 있는 탐구와 관심을 갖는 문제에 대해 함께 논의할 때 그에게 제시하려는 기본적인 문제인데 그러한 문제에 대해 무관심할 수 있겠는가? 사람에게 필요한 것이 무엇이며 불쾌한 것은 무엇인가를 안다는 것은 모두에게 필요한 것이다. 사람들에게 도움을 주려면 그들의 마음에 들어야 할 필요가 있다. 글을 쓰는 기술도 진리를 말하는데 사용된다면 전혀 쓸모 없는 일도 아니다.

그릇된 취미가 지배하는 곳에서도 사색하는 것을 배울 수는 있으나 그런 취미를 가진 사람처럼 사색해서는 안 된다. 그들과 오래 지내다보면 비슷하게 생각할지도 모르기 때문에 에밀이 자신의 취미와 타인의 취미를 비교할 줄 알게되면 보다 소박한 대상에 취미를 교정시키기 위해 그곳에서 데리고 나올 것이다.

항상 그가 기뻐하는 문제로 대화를 이끌어 가면서도 그것이 그에게 유익한 교훈이 될 수 있도록 해야 하는 지금이야말로 에밀이 재미있는 책을 읽을 시기이다. 대화의 내용을 분석하는 일과 말의 표현법에서 아름다움을 느끼게 할 시기이다. 어학 자체를 위한 어학은 그 효용 면에서도 그다지 중요하지 않고, 프랑스어를 이해하고 말하는 규칙을 이해하기 위한 라틴어 학습과 같은 경우에만 필요하다고 할 것이다.

에밀은 일반적으로 현대의 저작물보다 자연이 더욱 잘 표현된 고전에 많은 흥미를 가질 것이다. 누가 뭐라고 해도 이성의 참된 진보란 있을 수 없다. 우리의 정신은 팔과 같아서 저 혼자서는 아무것도 하지 못한다. 고대인과 현대인에 대한 논쟁은 마치 옛날 수목이 지금의 수목보다 컸던가를 아는 것과 마찬가지라고 퐁토넬은 말하고 있다. 농경 방법이 변했다면 이런 질문도 전혀 부당한 질문은 아닐 것이다. 이렇게 에밀을 순수 문학의 원천으로 거슬러 올라가게 한 뒤에 그에게 신문, 번역, 사전과 같은 현대 저작물들을 보여준다. 그러면 그는 이런 것들을 대충 보고 나서 두 번 다시 보지 않을 것이다.

젊은이여, 민감하고 현명한 사람이 되어라. 만일 자네가 둘 중 하나밖에 되지 않는다면 아무 가치도 없게 되는 것이다. 그가 문학이나 시에 능통하건 능통하지 않건 문제가 되지 않으며 단지 나의 목적은 그가 애정과 취미를 결합하고, 자연의 욕구가 변하지 않도록 예방하며, 가까이서 찾을 수 있는 행복의 수단을 부에서 찾지 않도록 하는 데 있다.

취미란 사소한 것에서 자신을 발견하는 기술에 지나지 않지만 인간의 매력은 이 하찮은 것들의 연속이므로 이러한 노력은 결코 무관심할 수 없는 문제인 것이다. 이러한 노력을 통해서만 우리는 우리의 손에 미칠 수 있는 행복의 진실성 속에서 행복한 생활을 누리는 법을 배울 수 있다.

인간의 본성을 변화시켜 한 인간을 더 선하게 하거나 더 악하게 만드는 시기가 있다. 겁이 많은 사람도 나바르의 연대에 배속되면 용감해진다. 마찬가지로 내가 부자라면 부자가 되기 위해 필요한 모든 일을 다 했을 것이다. 결국 나는 재산을 쾌락의 도구로 하여 혼자만이 사용할 것이다. 여기까지는 나도 다른 모든 사람들과 같을 것이다.

그러나 내가 사람들과 다른 점은 허영심에 빠지기보다는 관능과 쾌락에 빠질 것이며, 과시하는 사치보다는 방종한 사치를 누릴 것이다. 내가 설령 부자가 되어서 변한다 하더라도 최소한 취미, 감각, 섬세함이 남아서 공허한 꿈을 좇고 재산을 탕진하여 유치한 자에게 배반을 당하고 조롱당하는 일은 없을 것이다.

억제할 수 없는 습관이 과거의 욕망을 불가피하게 만든다면 대체로 그 욕망을 만족시키겠지만, 부끄럽게 생각하면서 얼굴을 붉힐 것이다. 그런 류의 즐거움이 없더라도 인생에는 다른 기쁨이 있는데 우리에게서 도망가는 것을 추구하다 보면 남아있는 것마저 도망가 버린다. 나이에 맞게 취미를 바꾸되 언제나 자기 자신으로 남아 있어야 한다. 결코 자연을 거역해서는 안 된다.

서민들은 권태를 거의 느끼지 못하며 활동적이다. 그들의 즐거움은 단순하지만 소중하다. 오랜 노동 뒤의 짧은 휴식에서도 더없는 행복을 발견한다. 반면 부자들은 권태에 빠져 가장 큰 재앙을 경험하게 된다. 많은 비용을 들인 오락 속에서도 그들의 환심을 사려는 사람들 속에서도 권태는 견디기 어려운 무게에 짓눌려 있다. 더구나 일을 할 줄도 즐길 줄도 모르는 여성들에게는 권태란 이들의 이성과 심지어 생명까지도 빼앗는 무서운 병이 된다.

사치와 예절, 유행과 관습은 생활의 흐름을 단조로움 속에 가둔다. 그런데 남들에게 보이려고 하는 즐거움은 누구에게나 쓸데없는 것이다. 여론이 가장 두려워하는 것은 웃음거리가 되는 것인데, 여론 곁에는 언제나 웃음거리가 도사리고 있어서 그 여론을 지배하기도 하고 징벌하기도 한다. 나는 모든 경우에 있어서 다른 경우를 일체 생각하지 않을 것과 그 날 그 날을 언제나 내일과는 관계없는 하루로 맞아들일 것을 나의 불변의 법칙으로 삼고 있다.

독점적인 즐거움은 즐거움을 깨뜨린다. 자기만 즐거움을 누리려는 사람에게는 즐거움이라는 것이 없어지고 만다. 소유라는 악마는 그 손이 미치는 모든 것을 더럽힌다. 부자는 어디에서나 주인이 되고싶어 하지만 그는 어디를 가도 주인이 될 수 없다. 그래서 그는 항상 다른 곳으로 피해 다녀야 한다.

즐거움이란 가지고 싶을 때 가질 수 있으며 행복하게 보이는 것보다 행복해지는 것이 더 용이해서 행복에는 부가 필요치 않다. 자유롭고 자신을 지배할 수 있고 건강하며 필요한 만큼의 생필품만 있다면 누구든지 부자가 될 수 있다. 이것이 호라티우스의 '황금의 중용'이다. 부자들이여 즐거움에 부란 아무 소용이 없으니 다른 곳에 사용하도록 하라. 에밀은 이 모든 것을 나보다 잘 알지는 못하지만 나보다 순수하고 건강한 마음을 가졌으므로 잘 느끼고 세상을 관찰하면서 더욱 확신하게 될 것이다.

이렇게 시간을 보내면서 우리는 항상 소피를 찾고 있으나 아직 찾지는 못했다. 마침내 때는 왔다. 이제는 진지하게 그녀를 찾아야 한다. 에밀이 소피가 아닌 다른 여성을 알게 돼 뒤늦게 후회하지 않도록 하기 위해서이다.

파리여! 안녕. 여성은 정조를 남성은 도덕을 불신하는 도시여, 안녕. 우리는 사랑과 행복과 순결을 찾고 있으므로 파리로부터 멀리 떨어지는 것이 좋다. 그녀는 먼 곳에 있다. 세계의 끝에서 온 그녀는 존경을 받을 것이다.

제 5 부

결 혼 기

청춘의 마지막에 이르렀다. 그러나 아직 막을 내릴 시기는 아니다. 에밀은 이제 성인이므로 그에게 약속한 배우자를 맞아들이게 해야 한다. 그 배우자는 소피다. 우리는 그녀가 어떤 여자이며 어디에 사는지를 알아야 한다.

소피

에밀이 남자이듯 소피는 진정한 여성이어야 한다. 그것은 여성으로서의 의무를 다하기 위해 필요한 모든 자격을 갖춰야 한다는 뜻이다. 성을 연관시키지 않으면 여성은 남성과 동일한 기관과 욕망과 능력을 갖고 있다. 다만 정도의 차이만 있을 뿐이다.

그러나 성과 관련지어 보면 남자와 여자는 상호 보완적이면서 동시에 상호 대립적이다. 이 양자를 비교하는 어려움은 비교해부학이나 단순한 관찰에 의해서도 밝혀진 바와 같이 어느 것이 성에 관계하고 또 어느 것이 성에 관계하지 않느냐는 것이다. 양자의 공통점은 인간이라는 종(種)에 속한다는 것이고 양자의 차이점은 성(性)이다.

양성이 각각의 숙명에 따라 자연의 목적을 향해 간다고 생각할 때 성이 서로 다르다는 공통점에 있어서 양자는 평등하다. 그러나 양자의 다른 점에 관해서는 비교할 수 없다. 완전한 남성과 완전한 여성은 용모나 정신이 같을 수 없으며, 완전이란 그 이상이나 이하도 용납하지 않는다.

양성이 결합할 때는 서로가 같은 목적을 향해 협력하지만 그 방법에 있어서 차이가 나며, 이로써 정신적인 관계가 차이가 난다. 남성은 강하고 능동적이며 여성은 약하고 수동적이어야 한다. 그래서 남성은 힘과 의지 모두를 가져야 하며 여성은 약간의 저항만으로도 충분하다. 사실이 이렇다면 여성은 남성의 마음에 들도록 만들어져 있다고 할 수 있다. 남성도 여성의 마음에 들어야겠지만 그래도 남성은 강하다는 것으로 여성의 마음에 들게 마련이다. 이것은 사랑의 법칙이라기보다는 자연의 법칙이라고 생각한다.

지고(至高)의 신은 남성에게 정욕을 주면서 그것을 억제할 수 있는 이성도 주었다. 여성에게도 정욕과 함께 그것을 억제하도록 수치심을 주었다. 그리고 신은 남녀가 모두 정욕을 올바르게 행사하도록 사랑을 준 것이다. 또한 여성에게는 남성으로부터 자신을 보호할 수 있는 힘을 부여했다. 그리하여 여성에게 있어서 자신의 몸과 자유를 지키는 하나의 권리가 있는 것이다. 여기에서 강자는 외견상의 지배자이지만 실제로는 약자에게 의존하고 있다는 자연의 불변의 법칙이 나온다.

자연은 여성에게 남성의 욕정을 자극하는 능력을 남성에게는 자신의 욕정을 채우도록 하였으나 남성으로 하여금 자기의 쾌락을 상대방의 쾌락에 따르도록 하고 여성으로 하여금 남성의 힘에 몸을 맡기도록 한 것이다. 남성과 여성의 의무는 같지 않으며 같을 수도 없다. 남성과 여성의 불평등을 불평하는 것은 옳지 않다. 이 불평등은 자연의 소산으로서 자연은 여성에게 어린이를 맡기고 남성에게 그 책임을 지게 한 것이다. 그러므로 여성의 숭고한 의무를 가로채는 남성은 야만적인 사람이다. 그러나 부정한 아내는 더욱 나쁘다. 남편의 자식이 아님에도 불구하고 남편에게 안겨주는 것은 모두를 속이는 것일 뿐만 아니라 부정에 배신까지 범하는 것이다. 이것은 혼란과 죄악의 근원이며 모든 악의 원천이다.

따라서 아내는 성실하고 겸손하며 신중해야 한다. 아버지가 자식을 사랑해야 한다면 그는 먼저 자식의 어머니를 존중해야 한다. 그러므로 아내는 정절에 못지 않게 명예나 평판이 중요하다. 자연이 지시하는 방향에 의하면 남녀는 궁극적으로 같은 목적을 향하지만 그 일은 서로 다르다. 그러므로 여성다운 여성을 만들기 위한 방법을 살펴보자.

어머니의 건강이 자식의 건강을 좌우하며 어머니의 배려가 초기교육을 좌우한다. 남성의 품성, 정열, 취미, 기쁨, 행복까지도 여성에 의해 좌우되므로 여성의 교육은 남성에게 관련된 것이어야 한다. 즉 남성의 마음에 들고 남성에게 유익하게 되며 남성의 사랑과 존경을 받는 것, 남성이 어렸을 적에는 그들을 양육하고 성장했을 때에는 조언을 하며 남성의 마음에 위안을 주는 것, 또 남성의 생활을 즐겁고 기분 좋게 하는 것이 모든 시기에 있어 여성들의 의무이며, 어렸을 때부터 반드시 여성들에게 가르쳐야 하는 것이다. 진실하게 남성적인 것을 사랑하고 여성다움을 지키도록 하는 것이 여성교육의 목적이 되어야 한다.

신체가 정신보다 먼저 태어났으므로 초기의 교육은 신체교육이어야 한다. 남성이 체력을 발달시키는 것이라면 여성의 경우는 매력을 길러주는 것이다. 여성이 남성처럼 강할 필요는 없지만 유약하면 남성도 연약해지므로 태어날 아이를 위해 건강할 필요는 있다.

소녀에게 일을 지시할 때는 올바른 이유를 설명하여 반드시 하도록 하는 것이 좋으며 무엇보다 자제하는 습관을 길러주어야 한다. 여성의 기본적이고 중요한 장점은 온유함이다. 이것은 남편을 위해서가 아니라 여성을 지배자로 하기 위해 자연이 준 것이다. 너무 유순한 남편은 아내를 교만하게 만들 수 있으나, 거친 남성일지라도 아내의 상냥한 태도는 그를 정복하게 된다.

딸은 항상 유순해야 하지만 어머니가 지나치게 엄격해서는 안 된다. 때로는 불순종의 벌을 모면하기 위해서가 아니라 복종을 위하여 다소의 기교를 부릴 여지를 남겨놓는 편이 좋다. 중요한 것은 그 의존상태를 고통으로 만들지 말고 자신의 상태를 깨닫게 하는 것이다.

취미는 재능과 노력에 의해서 형성된다. 취미로 말미암아 정신은 미적, 도덕적 관념에까지 도달하게 된다. 이것은 품위나 예절이라는 관념이 남자아이보다 여자아이에게 일찍 싹트는 이유의 하나가 될 것이다. 대화를 이끌어 나가는 재능은 사람을 기쁘게 하는 기술 가운데 최우선으로 꼽을 수 있다.

여성은 남성보다 민첩하게 혀를 움직이므로 간혹 수다쟁이라는 비난을 받고 있다. 그러나 이것은 하나의 찬사처럼 보여진다. 여성의 입과 눈이 같이 움직이는 것도 이러한 이유 때문이다. 남성은 자기가 알고 있는 것을 말하지만 여성은 즐거운 것을 말한다. 그러므로 남성은 지식이 필요하지만 여성은 취미가 필요하다. 여자의 말은 즐거움을 목적으로 한다.

여자아이들은 비밀을 직감하고 발견해 내는 재주가 있다. 그러나 그녀들이 질문하기 이전에 미리 질문을 하는 것이 좋다. 왜냐하면 말을 많이 하게 하고 유창하게 이야기할 수 있는 능력을 갖도록 하는 것은 그들에게 대화의 기쁨을 일깨워주기 때문이다.

종교에 관한 바른 관념은 매우 중요하므로 나는 여자아이에겐 좀더 일찍부터 종교에 대한 이야기를 해주고 싶다. 여성의 이성은 현실적이어서 목적을 달성하는 수단은 쉽게 찾아내지만 목적 자체는 찾아내지 못한다.

오직 도덕과 관련되는 교리의 좁은 범위에 어린이를 머물도록 하라. 선을 행하도록 가르치는 것만이 유일한 교훈임을 설득시켜라. 여러분의 딸들을 신학자나 이론가로 만들어서는 안 된다.

신은 항상 그녀들을 지켜보며 자신의 행동과 생각과 덕행과 즐거움의 증인으로 신을 택하도록 하라. 선행을 하더라도 그것을 내세우지 않도록 하라. 마침내 신 앞에 섰을 때에는 과거의 행동에 후회 없이 만족하는 자가 되도록 그녀의 하루하루를 생활해 나가도록 해야 한다. 이것이 참다운 종교이다.

여성의 교육에 있어서 양심의 길을 잃지 않고 편견의 오류를 바로잡을 수 있는 재능을 기르는 것이 중요하다. 그 재능은 곧 이성이다. 그러나 이 말에는 많은 의문이 생겨난다. 여성은 추론하는 능력이 있을까? 여성에게 그런 능력이 순조롭게 자랄 수 있을까? 또 그와 같이 이성을 기른다는 것이 여성에게 부여된 여러 가지 직분에 유익한 것인가? 그것은 여성에게 적합한 단순성과 양립할 수 있을까?

남성에게 남성의 권리를 인식시키는 것은 그다지 복잡하지 않으며, 여성에게 여성의 의무를 인식시키는 것은 더욱 간단하다. 자기 남편에 대한 순종과 정절 및 자식에 대한 사랑과 배려는 여성의 입장에서는 퍽 자연스럽고 명백한 사실인 만큼 여성은 악의가 없는 한 자기를 이끄는 내면의 감정에 동의할 것을 거부할 수 없고 또한 타락하지 않은 본능 속에서는 그 의무를 깨닫지 않을 수 없다.

여성은 특히 남편의 존경을 받을 수 있어야 한다. 단순히 남편으로부터 사랑만을 받을 것이 아니라 자기의 행동을 인정받을 수 있어야 한다. 아내는 남편이 자기를 선택한 것이 옳았음을 세상 사람들에게 증명할 수 있어야 하며, 자기에게 주어진 존경이 남편에게로 돌아가게 해야만 한다.

여성의 의무는 알기 쉬우나 그것을 행동으로 옮기기는 대단히 어렵다. 여성이 가장 먼저 배워야 할 것은 자신의 의무를 사랑하는 마음의 자세이다. 중요한 것은 자연이 만들어준 그대로의 우리 모습을 지키는 것이다.

평화로운 가정생활을 사랑하게 하려면 어렸을 때부터 그 생활을 알려주어야 한다. 이것은 가정에서만 가능한데 불행히도 도시에서는 이미 가정교육이 없어지고 교제가 일반화되었다. 집에서도 대중들과 함께 살아가는 것이다. 우리는 어머니의 젖을 빨면서 동시에 금세기의 쾌락과 지배원칙에 대한 취미를 빨고 있는 것이다. 사람들은 외모만을 보고 구혼하는 남자들을 찾기 위해 딸들에게 외모의 치장을 강요한다.

이런 교육에 빠진 여성들은 똑같이 세속적인 쾌락에 몸을 맡긴다. 중요한 것은 퇴폐를 극복할 수 있는 판단력을 길러주기 위해 항상 자연의 감정을 유지시키거나 그것을 회복하는데 있다. 설교나 딱딱한 도덕은 필요 없다. 의무 그 자체가 즐거움의 근원이요, 권리의 토대라는 점, 사랑을 받기 위해 사랑하고 행복해지기 위해 친절해져야 한다는 점, 순종이 곧 자존심이라는 점, 존경받기 위해서 명예를 지켜야 한다는 점을 가르쳐 주어야 한다.

여성이 이런 가치를 알고 행할 때 남자는 존경심을 갖게된다. 그것을 즐기기 위해 세월을 기다릴 필요는 없다. 여성의 권리는 미덕과 함께 시작하며 여성의 매력은 유연함과 겸손함에 좌우된다. 그러므로 여성의 영향력이 점차 사라지고 여성의 판단력이 점점 존경의 대상이 되지 못하는 이 시대를 나는 슬퍼한다. 이것은 타락의 최후 단계이다.

나는 또 이렇게 주장하고 싶다. 미덕은 연애나 다른 모든 자연의 권리에 대해서도 유리한 것이며, 연인의 권위도 어머니나 아내의 권위와 마찬가지로 미덕에 의해서 얻어지는 것이고, 열정이 없이는 참된 연애란 있을 수 없고 사랑하는 마음에 존재하는 진정한 아름다움 역시 우리의 환상이 빚어내는 것이니 문제될 것이 없다. 우리는 사랑으로 인해 인간 본성의 오염으로부터 보호되고 사랑하는 사람을 위한 희생 또한 기꺼이 감수할 수 있는 것이다.

의무가 무겁고 중대할수록 그 이유 또한 명백한 것이어야 한다. 현명하고 경건하게 자란 소녀라면 유혹에 대항하는 무기를 가지고 있겠으나 그렇지 않다면 최초의 유혹자에게 걸려들고 말 것이다. 젊고 아름다운 여성은 육체를 학대하는 행위는 하지 않으며, 자기의 아름다움이 범하는 죄를 슬퍼해야 할 일도 결코 하지 않을 것이다. 따라서 만일 젊은 여성들에게 바른 행실을 하도록 하려면 '현숙하라'고 말할 것이 아니라 그렇게 되겠다는 관심을 가지게 하는 것이 좋다. 이를테면 훌륭한 남성상을 제시하고 그런 남성만이 그녀를 행복하게 할 수 있다는 것을 보여주어야 한다.

이상이 소피를 교육한 방침이었다. 그녀는 엄격하기보다는 충분한 보살핌을 받으며, 타고난 취향을 방해받는 일 없이 오히려 그 취미를 따르는 방향으로 교육되어 왔다. 여기서 내가 에밀에게 그려 보였던 가상의 인물, 또 에밀의 이상적인 아내상에 따라 소피의 인격에 대하여 간략하게 서술해 보고자 한다.

에밀처럼 소피도 평범한 인간이다. 에밀이 남성이고 소피가 여성이라는 것, 그것이 그들 명예의 전부다. 오늘날과 같은 혼성시대에서는 각자가 성에 어울리게 자라는 것은 거의 기적이라 하겠다. 소피는 평범한 가정에서 태어났으며 선량한 천성을 지니고 있다. 그녀의 얼굴은 평범하나 유쾌한 인상을 주며 그 표정에는 거짓이 없다. 그녀에게 접근할 때에는 무심하게 대하다가도 그녀 곁을 떠날 때에는 어떤 감동을 받는다. 그녀는 다른 사람보다 더 좋은 성격을 가졌다고 말하기는 어려워도 다른 사람보다 조화된 성격을 가지고 있다. 그녀는 아름답다고 말할 수는 없어도 보면 볼수록 아름다운 여성이다. 그녀는 사람을 현혹시키지는 않지만 사람의 관심을 불러일으킨다.

소피는 몸단장을 좋아하며 외모에도 신경을 쓰지만 비싼 옷은 입지 않는다. 그녀의 옷은 수수하면서 품위가 있고 잘 어울린다. 그녀를 보는 이들은 순진하고 총명한 여성이라고 할 것이다. 소피는 태어날 때부터 잘 먹었으나 자라면서 습관에 의해 절식했고 지금은 덕성에 의해 절제한다. 그녀는 맛있는 음식을 좋아하며 미각을 즐길 줄도 알지만 맛이 없는 것도 참을 줄 안다.

소피는 쾌활하지만 화려하지 않고 확고한 정신을 갖고 있지만 심각하지는 않다. 그녀의 말은 화려하지는 않아도 다른 사람들의 마음을 기쁘게 한다. 왜냐하면 그녀의 정신은 독서에 의해서 이루어진 것이 아니라 부모와의 대화나 자기 자신의 반성이나 자기가 만난 얼마 안 되는 사람들에 대한 관찰 등에 의해서 이루어진 것이기 때문이다.

소피는 감수성이 예민해서 항상 똑같은 기분을 유지하지는 않는다. 그 감수성으로 인해 간혹 마음은 상처를 입더라도 다른 사람의 위로 한마디에 기분을 회복하곤 한다. 또한 그녀에게도 변덕은 있어서 흥분하면 반항으로 변하여 자기 자신을 잊어버린다. 벌을 주면 자신의 잘못을 깨닫고 용서를 받으면 무척 기뻐하고 고마워한다. 그녀는 다른 사람의 잘못도 잘 참아내고 자신의 잘못을 기꺼이 고칠 줄 안다. 이것이 여성 본래의 착한 천성이라고 말할 수 있다.

소피의 종교는 단순한 종교로 교리나 의식 같은 것은 거의 알지 못한다. 그녀는 도덕 이외에는 본질적인 실천이라는 것을 모르며 자신의 생활 속에 선을 행함으로써 신에게 봉사하고 있는 것이다. 그녀는 부덕한 여성의 생활 가운데서 비참함과 자포자기와 불행과 수치와 불명예밖에는 보지 못하므로 여성을 행복으로 인도하는 유일한 길은 미덕으로 미덕을 사랑한다. 이러한 감정이 그녀에게 감동을 주어 사소한 것까지도 고귀한 정열 밑에 흡수시키고 만다.

그녀에게도 사랑에 대한 욕망이 있어서 축제기간 중에 그녀의 마음에는 심한 동요가 일어난다. 그녀는 이전과 같이 쾌활함을 잃어버리고 고독을 원하고 즐기려고 한다. 많은 사람들과 무관심한 관계에 놓여지고 싶고 오직 한 사람의 애인만이 필요한 것이다. 그녀는 인기인이 되기보다는 성실한 단 한 사람의 마음에 들어 영원한 사랑을 받기 원한다.

소피는 남녀의 권리와 의무, 그리고 남녀의 장단점을 잘 알고 있다. 품행이 올바른 여성에 관하여 그녀가 품고있는 관념 이상으로 높은 관념을 가질 수는 없다. 그러나 덕이 많은 남성과 가치 있는 남성에 대해서는 더욱 호의적이다. 그녀는 자신이 그런 남성을 위해 태어났고, 자기만이 그러한 남성에게 어울리는 여성이며, 자기만이 그러한 사람으로부터 받는 행복을 그에게 되돌려줄 수 있는 여성이라고 확신하고 있다. 그녀는 그러한 남성이 나타나기만 하면 한눈에 알아볼 수 있을 것 같은 생각이 든다. 문제는 그를 찾아내기만 하면 된다.

소피는 사교계의 예절에 대해서는 들은바 없지만 친절하고 품위 있게 행동한다. 그녀에게는 그녀 나름대로의 어떤 예의가 몸에 배여 있는데 그것은 격식을 갖추거나 유행을 따르거나 관례와 맞는 것이 아니라 사람을 기쁘게 하려는 본심에서 우러나오는 예절이다. 윗사람에게는 존경할만한 지혜가 있다고 생각하고 있으며, 지혜는 모든 것에 앞서 존중되어야 하는 줄 안다.

그러나 동년배인 남성에게 존경을 받으려면 다른 처세가 필요하다. 만일 어떤 남성이 겸손하고 신중하다면 그녀는 다정한 친밀감으로 대할 것이다. 만일 그들이 무미건조한 말을 한다면 그녀는 더 이상 대화를 나누려 하지 않을 것이다. 여성의 권리에 대해 고상하게 생각하고 순수한 감정에서 오는 미덕을 소유한 그녀는 결코 감상적인 대화를 즐겨하지 않는다. 그녀는 드러내고 화를 내지는 않지만 비꼬는 듯한 찬사로 상대방을 당황하게 하든가 예상치 못한 대담한 어조로 대꾸해 버리고 만다.

소피는 열다섯 살이지만 매사에 스무 살짜리 숙녀만큼 성숙한 분별력을 가지고 있다. 그래서 부모로부터 어린이 취급을 받지 않는다. 그녀의 부모는 그녀에게서 청춘시기에 오는 어떤 불안이 나타나면 그 불안이 커지기 전에 즉시 그 대책을 강구하고 딸에게 상냥하게 이치에 맞는 이야기를 들려줄 것이다.

"소피야, 너도 이제 숙녀가 되었다. 너를 위해서 또 우리를 위해서 네가 행복해지기를 바란다. 성실한 숙녀의 행복은 성실한 한 남성을 행복하게 하는 데 있다. 그러니 이제 너의 결혼문제를 생각하지 않을 수 없구나. 왜냐하면 인생이란 결혼에 의하여 좌우되기 때문이지. 좋은 아내를 선택하는 것도 어려운 일이지만 좋은 남편을 고르는 것은 더욱 어려운 일이란다.

세상에는 너를 빛나게 해 줄 남성들이 많겠지만 많은 사람들 중에서 너에게 가장 합당한 사람을 찾아야 한다. 가장 행복한 결혼이란 두 사람 사이의 많은 일치를 필요로 하는 것이지만 모든 것을 만족시킬 수는 없으므로 가장 중요하다고 생각되는 몇 가지를 선택할 필요가 있다. 신분과 재산을 중시하는 결혼은 제도와 인습에 의한 것으로서 자연의 질서에 어긋나는 것이란다. 그런 것들은 가변적인 것이나 사람 그 자체는 불변하므로 결혼에서 가장 중요하게 고려해야 할 점은 사람과 사람과의 관계라고 할 수 있다.

부모가 우리를 결혼시킬 때 조사한 것은 어머니는 좋은 신분을 가졌고 나는 많은 재산을 가졌다는 거였지. 그러다가 재산을 잃고 어머니는 지위를 잃었으나 모든 어려움을 극복했었다. 너는 우리의 보배란다. 다른 모든 것을 빼앗으면서도 너를 우리에게 주신 하나님께 감사를 드린다.

배우자는 스스로 선택해야 한다. 그들은 자신의 안목과 마음에 의하여 인도되어야 한다. 결혼은 그에 앞서 서로 사랑해야 하는 의무가 있다. 나는 너에게 까다로운 도덕을 설교하는 것이 아니라 자유를 주려는 것이다. 너는 훌륭한 아내가 될 수 있는 재능과 매력을 겸비하고 있으나 가난하다. 너는 가장 존경할 만한 재산을 가지고 있으나 세상에서 높이 평가되고 있는 재산은 가지고 있지 않다.

너는 사랑스럽기 때문에 누구에게나 사랑 받을 것이다. 그리고 가난하기는 해도 남성에게 짐이 될 정도로 가난하지는 않다. 너에게 청혼하는 남성이 진실을 보여준다면 별 문제가 없겠지만 경험이 없기 때문에 그들의 진가를 제대로 판단할 수 없을 것이다. 모든 함정 중에서 가장 무서운 것은 관능이라는 함정이다.

네가 만일 그 함정에 빠진다면 오직 환상에 눈이 어두워 판단은 혼란에 빠질 것이며 마음은 방황을 거듭할 것이다.

나는 너를 자신의 이성에 맡기겠다. 너의 마음이 흔들리지 않을 때에는 자신의 판단에 따르라. 그러나 일단 누군가를 사랑하게 되거든 어머니의 도움을 받는 것이 좋다. 남편의 선택은 네가 하는 것이지 우리가 하는 것은 아니다. 그러나 욕망의 눈에 어두워 남편을 잘못 선택하는지 어떤지는 우리가 판단할 것이다. 만일 그 사람이 품행이 단정하고 자기의 가족을 사랑하는 사람이라면 그것으로 족하다. 우리는 세상의 동의를 구하려는 것이 아니고 너의 행복을 원하는 것이다."

그녀의 부모는 적당한 신랑감을 찾기 위해 그녀를 숙모가 살고 있는 도시로 보내 한 겨울을 지내게 하였다. 물론 그 의도가 알려진다면 자존심 강한 소피로서는 참을 수 없는 일이기에 소피에게는 비밀로 하였다. 숙모는 소피를 사교계에 출입을 시켰다. 소피는 그런 시끄러운 일들에 관심은 없었으나 품위 있는 청년들을 피하지는 않았다. 그러나 두세 번 만나보고는 그들을 피했으나 그녀는 더욱 청년들의 선망의 대상이 되었다. 그리고 감정이 없는 시끄러운 모임과 모임에 참석하는 사람들의 메마른 취미 등에 싫증을 내고 그녀는 예정보다 일찍 부모를 만나기 위해 집으로 돌아가 버렸다.

그녀가 다시 집안 일을 돌보면서 행동에는 변함이 없었으나 기분에는 상당한 변화가 생기고 있음을 부모들은 곧 알아차렸다.

걱정이 된 어머니는 조용히 소피를 불러 다음과 같이 말했다.

"소피야, 네가 과거에 배 안에 있었듯이 지금도 넌 내 마음속에 있단다. 너의 고통을 같이 나누어 아파할 사람은 부모밖에 더 있겠니? 그런데 너는 이 엄마가 너의 고민이 무엇인지도 모르는 채 그 괴로움 때문에 죽어가기를 바란단 말이냐?"

이유는 간단했다. 도시에서 애인을 고르는 일은 간단했지만 일생을 함께 보낼 남편은 쉽게 구할 수 없었다는 것이다. 그리고 이 두 선택을 분리할 수 없기 때문에 충분히 기다려야만 하며, 그런 남성을 만나기 전에 청춘을 잃는 수도 있다는 것이 소피의 경우였다. 결국 소피는 애인이 필요했으나 그 애인은 또한 결혼 상대자라야 했던 것이다.

"전 정말 불행해요."하며 그녀는 어머니에게 말했다.

"나는 사랑하고 싶지만 관능이 바라는 사람은 마음이 원하지 않았어요. 제 마음속에는 이상형의 남성이 오래 전부터 새겨져 있어서 그 사람 외에는 사랑할 수도 없으며 행복하게 될 수도 없을 것 같아요. 사랑하기보다 오히려 저를 불행하게 할 사람 곁에서 절망하느니 차라리 불행하더라도 자유롭게 죽고 싶어요."

어머니가 그 이유를 다그쳐 묻자 소피는 잠시 망설이다가 책 한 권을 가지고 왔다. "이 불쌍한 딸을 동정해 주세요, 어머니. 전 이 슬픔을 구할 길이 없어요. 제가 슬퍼하는 이유는 여기에 있어요."하고 그녀는 책을 책상 위에 놓으며 말하였다. 어머니는 책을 들어 펼쳐 보았다. 그것은 《텔레마쿠스의 모험》이라는 책이었다. 어머니는 딸이 유카리스(텔레마쿠스의 연인)의 연적(戀敵)이 되어있음을 깨닫고 크게 놀랐다.

그녀는 부모에게 다음과 같이 하소연하였다. "나와 똑같은 생각을 가진 남성이 아니면 내 생각을 따라올 수 있는 남성을 주십시오. 저는 이 세상에 존재하지 않는 환영을 쫓는 것이 아니라 다만 그와 닮은 사람을 찾고 있을 뿐이에요. 그 사람도 틀림없이 어디선가 나를 찾고 있을 거예요. 어머니께선 왜 나를 이렇게 미덕에 얽매이게 만드셨나요? 이것이 정말 내 책임일까요?"

이제 우리는 에밀에게 소피를 보여주기로 하자. 그리고 이 사랑스러운 숙녀에게 희망을 주어 보다 행복한 운명을 안겨주기로 하자. 나는 평범한 여성을 그리려고 하였으나 그녀의 영혼을 앙양시켰기 때문에 이성을 혼란시키고 말았다. 그리고 나 자신도 길을 잃고 말았다. 다시 원 위치로 돌아가자. 소피는 평범한 정신 속에 착한 성품을 지니고 있는데 불과하다. 그녀가 다른 여성들보다 우월하게 된 것은 그녀가 받은 교육 덕분이다.

나는 에밀에게 어려서부터 배우자를 정해주지 않고 어떤 여자가 그에게 알맞은가를 알 때까지 기다리기로 했다. 이렇게 결정을 내린 것은 내가 아니고 자연이다. 내가 할 일은 자연이 선택한 것을 찾아내는데 있다

신분이 동일하다는 것이 결혼 조건에 반드시 필요한 것은 아니지만 다른 조건이 일치됨과 아울러 신분까지도 같다면, 이것이 그 부합된 조건들에게 새로운 가치를 부여하는 것이 된다. 그것

은 다른 어떤 조건과도 비교될 수는 없지만, 모든 조건이 대등할 때에는 자연히 신분 쪽에 중점을 두게 된다.

남성은 군주가 아닌 다음에야 모든 계급에서 아내를 찾을 수는 없다. 따라서 분별 있는 아버지라면 신부감을 고르는데 어떤 제한을 둘 것이다. 젊은 남성에게 신분이 중요한 문제가 되겠는가? 자연의 법칙에 의하면 여성은 남성에게 따라야 하는데 만약 남성이 자신보다 낮은 신분의 아내를 얻으면 자신의 신분은 낮추지 않고 아내의 신분을 높이는 것이 된다. 반대로 그가 자신보다 높은 신분의 아내를 고르면 자기의 신분은 올리지 않고 아내의 신분을 낮추는 것이 된다. 그러면 아내는 자신의 권위를 휘둘러서 남편에게 폭군 행세를 할 것이며, 노예가 된 남편은 가장 우습고 비참한 인간이 될 것이다.

자연에 의하면 인간은 본래 사고하지 않지만 사고력이란 것도 다른 기술과 마찬가지로 배워서 몸에 익히는 것이다. 실제로 구별해야 할 계급이란 사고하는 사람들과 사고하지 않는 사람들 바로 그것이다. 그런데 이 차이는 거의 모두 교육에 기인하고 있다. 사고하는 남성과 사고하지 않는 여성은 결혼해서는 안 된다. 그리고 세상에서 가장 정숙한 여성이란 어쩌면 정숙이라는 것이 무엇인지 모르는 여성일 것이다. 게다가 사고할 수 없는 여성이 어떻게 자식들을 교육할 수 있겠는가? 무엇이 자녀들에게 적합한 것인지를 판단할 수 있겠는가? 그런 여성은 어린이들의 비위나 맞추거나 위협할 줄밖에는 모를 것이다. 그래서 어린이들을 거만하게 만들거나 무기력한 어린이들로 만들고 말 것이다.

그러므로 교육을 받은 남성이 교육을 받지 못한 여성을 아내로 맞이하는 것은 불합리하다. 그러나 나는 유식한 여성보다는 소박하고 티 없이 자라난 숙녀 쪽을 훨씬 더 좋아한다. 다음에는 용모를 생각해야 한다. 용모란 우리의 마음을 제일 먼저 움직이는 것이나 제일 나중에 고려해야 할 문제이다. 모든 일에 있어서 중용이 가장 좋다. 미에 있어서도 결코 예외는 아니다. 사랑을 느끼게 하지는 않지만 호감을 주는 얼굴을 택해야 한다. 상냥함은 미처럼 쉽게 사라지지 않으며 최후의 순간까지도 여자의 상냥함은 결혼 첫날처럼 남편의 마음을 즐겁게 할 것이다.

이러한 생각 끝에 나는 소피를 택하도록 하였다. 에밀과 같이 자연 속에서 자라난 그녀야말로 잘 어울리며 에밀의 훌륭한 아내가 될 것이다. 그녀는 재능과 신분 면에서는 에밀과 동등하지만 재물 면에서는 에밀보다 못하다. 그녀는 첫눈에 반할 정도의 미모는 아니더라도 날이 갈수록 참신한 매력을 풍긴다.

그녀가 읽는 책은 《발렘》(수학책)과 《텔레마쿠스》뿐이다. 그러나 《텔레마쿠스》에 열중할 수 있는 숙녀 치고 무감각하고 섬세하지 않은 여성이 있겠는가? 그녀는 남편의 교사가 아니라 제자가 되어 남편과 같은 취미를 즐길 것이다. 그리고 남편은 그녀에게 모든 것을 가르쳐 주면서 기쁨을 느낄 것이다. 마침내 두 사람이 서로 만날 시기가 왔다. 이제 두 사람이 만나도록 힘써 보자.

우리는 우울하고 슬픈 생각에 잠겨 파리를 떠난다. 이 시끄러운 도시는 우리가 살 곳이 못된다. 이제 우리는 정처 없이 헤매는 기사처럼 시골을 배회하고 있다. 우리는 유유히 나그네로서 여행을 즐긴다. 에밀에게 바빠야 할 이유는 결코 없으며, 있다면 단 한 가지 인생을 즐기는 일뿐이다.

어느 날 우리는 계곡과 산 속을 오랫동안 헤매다가 돌아갈 길을 잃어버렸다. 목적지에만 도달하면 되므로 그런 것은 별 문제가 아니지만 시장기는 참을 수가 없었다. 다행히 한 농부를 만나 그로부터 간소한 식사를 먹을 수 있었다. 우리가 피로하고 허기진 것을 본 농부는 이렇게 말했다. "만일 하나님이 언덕 너머로 여러분들을 인도하셨다면 더 나은 대접을 받았을 거예요. 그들은 매우 친절하고 좋은 사람이고 부자랍니다. 이 고장 사람들은 모두 그분의 덕으로 살고 있지요."

이 말을 듣고 에밀은 마음이 밝아져 나에게 말했다. "그 집으로 가시지 않겠어요? 그런 사람들을 만나면 기쁘겠는데요. 그들도 우리를 반갑게 맞이할 거예요." 저녁때가 되어서 우리는 그 집에 도착할 수 있었다. 그 집은 소박하면서도 웅장한 멋이 있었다. 우리를 소개하고 하룻밤 묵어 갈 것을 청했다. 주인은 공손하게 여러 질문을 하였으나 우리는 여행의 목적에 대해서는 말하지 않고 그냥 길을 잃었다고 대답했다.

우리는 아주 작지만 깨끗하고 아늑한 방으로 안내되었다. 그 방에는 갈아입을 옷 등, 우리에게 필요한 것이 있었다. 에밀은 감탄하며 말했다. "저 분은 마치 우리를 기다리고 있었던 것처럼 친절을 베푸는군요. 이건 마치 호메로스 시대에 사는 것 같아요." 나는 이렇게 말했다. "너는 그렇게 놀라서는 안 된다. 손님이 별로 없는 집은 사람을 친절하게 대접하는 법이지. 호메로스 시대에도 여행자는 거의 없었기 때문에 어디를 가던지 환대를 받았다. 어쩌면 이 집도 우리가 올해 들어 처음으로 찾아온 손님인지도 모르지." 그러자 그는 "어쨌든 따뜻하게 환대하는 것은 칭찬 받을 일이죠."하고 대답했다.

옷을 갈아입고 집주인과 자리를 같이했다. 그는 우리에게 아내를 소개했다. 그녀는 우리를 정중하고 친절하게 대했으며 에밀을 눈여겨보았다. 우리를 위해서 저녁준비를 서둘렀다. 다섯 사람 분의 식사가 준비되었다. 우리가 식탁에 앉자 젊은 숙녀가 들어와서 공손히 인사를 하고 빈 자리에 얌전히 앉았다. 에밀은 그녀에게 인사를 하고는 먹는 일과 대답하는 일에 바빴다.

주인은 에밀에게 이렇게 말했다. "젊은이는 아주 총명하고 품위 있게 보이는군요. 그래서 그대와 선생님을 처음 봤을 때 칼립소의 텔레마쿠스와 멘토(텔레마쿠스의 스승)를 연상시키더군요." 이에 에밀은 "그래요. 우리는 여기 칼립소의 환대를 받고 있습니다."하고 대답했다. 이번에는 내가 한마디 덧붙인다. "거기다가 유카리스의 매력까지도요." 그러나 에밀은 《오디세이》는 읽었으나 《텔레마쿠스》는 읽지 못했으므로 유카리스가 누구인지를 몰랐다. 그런데 젊은 숙녀는 눈언저리까지 붉어져서 고개를 접시 위로 숙이고 숨도 제대로 쉬지 못하고 있었다.

그녀의 어머니는 딸이 당황하는 것을 보자 남편에게 눈짓을 했다. 그래서 화제는 다른 데로 옮겨졌다. 그는 자신의 삶에 대해서 장황하게 말했으나 딸에 대해서는 말이 없었다. 마침내 자기 아내와의 사랑 얘기로 옮겨지자 에밀은 자기도 모르게 주인과 안주인의 손을 잡고 감동의 눈물을 흘렸다. 모두가 에밀의 순진한 열정에 감격하였다. 그러나 누구보다도 감격한 것은 젊은 숙녀였다. 그녀는 마치 필로크테스의 불행에 눈물을 흘렸던 텔레마쿠스를 보는 것 같았다.

그의 온화한 태도는 자유로우면서도 거만한 티가 없었으며, 그의 거동은 생기가 넘쳐 있었으나 경박하지 않았다. 그의 감수성은 눈길을 더욱 부드럽게 하였으며, 그의 외모를 더 매력적으로 보이게 했다. 젊은 숙녀는 수줍어하면서도 에밀을 자세히 살펴보았다. 딸을 주시하고 있던 어머니는 딸이 곤혹스러워하는 것을 보고 일부러 심부름을 보냈다. 딸은 곧 돌아왔으나 여전히 흥분한 채였다. 어머니는 "소피야, 마음을 가라앉혀라."고 말했다.

소피라는 이름을 듣고 에밀은 숙녀를 뚫어지게 바라보았다. '소피! 내 마음이 찾고 있던 소피가 바로 당신이었던가? 마음속으로 사랑하던 사람이 바로 당신인가!' 그는 두려움과 의혹을 가지고 그녀를 바라본다. 그는 그녀의 얼굴과 동작, 몸짓 하나하나를 살펴보았다. 그녀가 한마디라도 해준다면 생애의 절반이라도 줄 수 있을 것 같은 기분이었다. 그는 나를 쳐다보았다. 그 눈은 백 가지 질문과 백 가지 비난을 동시에 내게 퍼붓고 있었다.

소피의 어머니는 지금이야말로 텔레마쿠스의 마음을 결정할 시기라는 것을 느끼자 딸에게 말을 시킨다. 천성이 온순한 딸은 부끄러운 태도로 대답을 했으나 그것의 효과는 더욱 컸다. 에밀은 그녀의 첫 말에 완전히 사로잡히고 말았다.

사람의 마음을 사로잡는 이 숙녀의 매력은 에밀의 마음속으로 밀려들어 왔다. 그는 소피만을 바라보고 소피의 말만을 듣게 되었다. 그녀가 한마디 하면 그도 입을 열고 고개를 숙이면 그도 고개를 숙였다. 이제 떨리는 것은 소피가 아니라 에밀인 것이다. 에밀은 당황하고 있지만 소피는 에밀이 불안해하는 것을 보고 안심한다. 그녀는 자신의 승리를 느끼고 그것을 즐긴다. 그녀는 겸허한 자세로 눈을 내리뜨고 있지만 마음은 기쁨으로 뛰고 있었다. 그리고 텔레마쿠스를 찾았다고 외치고 있었다.

다음날 아침 에밀이 이 집에서 준 속옷을 입는 것을 보고 웃었다. 그것은 다시 이 집을 방문할 기회를 마련하기 위해서였다. 나는 소피야말로 외모에 더욱 신경을 쓸 것으로 생각했으나 그렇지 않았다. 그러나 무관심 속에서도 내가 그녀의 우아함을 발견할 수 있었던 것은 그 무관심이 의식적이었다는 것을 엿볼 수 있었기 때문이었다.

어젯밤에 내가 에밀과 이야기하고 있는 동안 모녀도 여러 가지 의견과 교훈이 오갔을 것이다. 다음날 우리는 전날과는 달리 모든 준비를 갖추고 다시 만났다. 그들은 서로 형식적인 인사만 나누고 피하는 것 같았으나 이미 서로를 이해하고 있는 눈치였다.

우리는 떠날 때 우리가 빌린 물건들은 다시 돌려주러 오겠다고 말했다.

에밀은 이 근처에 숙소를 정하고자 하였다. 그는 가까운 도랑에서라도 자고 싶었던 것이다. 나는 측은한 어조로 이렇게 말했다. "가엾은 친구야, 그 집에서 나온 젊은이가 그 집 근처에서 지내려고 한다는 것이 알려진다면 자넨 그 숙녀를 모욕한 것이 되네. 남성의 명예를 여성의 명예와 동일하게 생각해서는 안 된다. 그리고 자네의 명예는 자신 안에 있는 것이지만 그녀의 명예는 다른 사람에 의해서 결정되는 것이다. 그러니 그것을 아무렇지도 않게 생각한다는 것은 결국 자네의 명예 자체를 손상시키는 것이다."

그는 이제 사랑하는 사람의 명예를 위해서는 자신의 행복을 얼마든지 희생시킬 각오가 되었다. 그래서 우리는 20리쯤 떨어진 마을에 숙소를 정했다. 이렇게 해서 싹트는 열정을 선하고 명예로운 쪽으로 이끌어 가면서 무의식 중에 그의 모든 성향을 같은 방향으로 이끌어 갔던 것이다.

그들의 애착심은 서로 사랑하고 존중하는 마음에서 비롯된 것이기에 언제까지나 지속될 것이다. 그들의 애정은 신뢰와 믿음으로 충만하여 이내 행복으로 연결될 수 있는 것이다. 그는 지금 인간으로서는 최고의 행복을 누리고 있다. 그런데 이처럼 순수한 기쁨을 깨뜨려야 하는가? 만일 내가 그에게서 그것을 빼앗는다면 나는 거기에 상응한 것을 무엇으로 보상해줄 수 있겠는가?

만일 그를 행복의 정상 위에 올려놓는다 하더라도 나는 그 행복의 가장 큰 매력을 파괴하는 격이 되었을 것이다. 최고의 행복은 소유했을 때보다 그것을 기대하는 동안 더욱 감미로운 것이다.

오! 선량한 에밀이여, 마음껏 사랑하고 사랑받으라. 사랑이 네 것으로 될 때까지 오랫동안 즐겨라! 사랑과 순결을 동시에 누리라! 나는 너의 인생에서 이 행복한 시기를 결코 순간적인 것으로 하지 않겠다. 나는 너를 위해 그 마법의 실을 뽑아 될 수 있는 한 길게 그 실을 늘려 주리라. 곧 끝은 오고야 말겠지만 기억 속에서나마 영원히 지속되도록 노력해 보자.

우리의 방문은 계속되었으며 그들의 대화도 차츰 많아졌다. 에밀은 사랑에 도취되어 행복이 그의 손에 있다고 믿고 있었으나 소피로부터 어떤 확답을 받은 것은 아니었다. 그러나 자기가 소피에게 나쁜 인상을 주지 않고 있다는 것을 알았으며, 또 자녀들의 결혼은 부모의 승낙이 있어야 한다는 것도 알고 있었다.

그는 소피가 부모의 명령을 기다리고 있는 것이라고 생각해 자기가 부모에게 청혼토록 해 달라고 소피에게 말했다. 그런데 소피의 아버지로부터 소피는 결혼을 자신의 의사로 결정한다는 것과, 에밀을 행복하게 하는데는 그녀가 그것을 원하면 된다는 이야기를 들었을 때 에밀에게는 얼마나 놀라운 사실이었겠는가? 에밀은 자신의 생각대로 진행되지 않자 놀라게 되고 자신감이 줄어든다. 그녀는 자신이 가난한 것과 에밀이 부자라는 것을 알고 있다. 이 불평등을 어떻게 없앨 것인가?

에밀은 자신이 부자라는 것을 모르고 있다. 도대체가 에밀은 재산의 많고 적음이 사람의 가치판단에 어떤 상관이 있는지 상상도 못한다. 그래서 내가 재산이 세상 사람들의 편견에 어떤 영향을 미치는가를 설명해 주자 그는 웃고 있었다. 얼마나 기뻤던지 당장에라도 집에 가서 재산증서를 찢어버리고 소피처럼 가난하게 되어 그녀의 남편이 될 자격으로 돌아오자는 것이었다.

내가 그의 성급함을 이렇게 말했다. "그런 무모한 생각은 너의 입장만 더욱 나쁘게 할 뿐, 소피를 전보다 더 다루기 힘들게 만든다는 것을 모르느냐? 너는 무엇보다도 네 고귀한 영혼의 보물을 펼쳐서 너를 이해시키고 그 여성에게 너의 재산 따위는 생각지 않게 해야 한다. 재산으로 모욕당한 그 인간의 가치를 더욱 존중하는 것만이 그녀가 존중하는 인간의 가치와 화해시킬 수 있는 유일한 수단인 것이다." 이런 말을 듣고 에밀은 확신과 희망을 되찾고 그녀를 기쁘게 하는 데 기쁨을 가지게 되었다.

이렇게 해서 공공연한 연인으로 인정받게 된 에밀은 말도 걸고 재촉도 하고 귀찮게도 하면서 연인으로서의 모든 권리를 갖는데 성공하였다. 즉 그녀는 부탁하는 말 대신에 명령을 하고, 감사하다는 말 대신에 선물을 받아들이며, 방문의 회수와 시간을 제한하는 권리를 갖기에 이르렀다. 에밀은 그녀에게 이러한 권리를 갖게 한 것에 후회할 때도 있었으나 그녀의 명령이라면 무엇이든지 다 했다. 그리고 종종 그녀의 뜻에 따라 그녀 곁을 떠날 때에도 그는 즐거운 눈빛으로 나를 바라보곤 하였다.

우상 숭배자는 자신이 소중히 여기는 보물로 숭배하는 대상의 제단을 장식하듯, 사랑에 빠진 남성도 자기 애인에게 끊임없이 새로운 장식을 주고 싶어한다. 그래서 그는 자기가 아는 모든 학문을 가르치고 소피도 기꺼이 배우려고 애썼다. 우리 사이에는 점점 따뜻한 우정과 친밀감이 싹트게 되어 조금씩 그 뿌리를 내리게 되었다. 이제 나는 그를 혼자서 방문하게도 하였다. 신뢰도 사람의 영혼을 앙양시키므로 어른을 아이 취급해서는 안 되는 것이다.

이틀 동안이나 서로 만나지 못한 어느 날 아침, 나는 편지 한 통을 들고 에밀의 방으로 들어갔다. 그리고 그의 얼굴을 똑바로 주시하면서 "만일 소피가 죽었다는 소식이라도 들리면 자넨 어떻게 하겠나?"하고 마음을 떠보았다. 그랬더니 화가 나서 거의 위협하는 태도로 말했다. "제가 어떻게 하다니요! 모릅니다. 하지만 그런 소식을 전한 자와 한평생 얼굴을 대면치 않으리란 것은 압니다." 나는 미소를 지으며 "안심해라. 그녀는 멀쩡하다. 오늘 우리를 초대했더구나. 잠시 산책을 하면서 얘기를 좀 하세."

그의 마음을 완전히 사로잡고 있는 정념은 전처럼 순수하게 이성적으로 이야기하지 못하게 만들고 있다. 다름 아닌 그 정념으로 내가 들려주는 말에 강한 관심을 갖게 할 필요가 있다. 그는 틀림없이 내 말에 귀를 기울일 것이다.

"사랑하는 에밀, 우리는 행복해야만 한다. 이것이야말로 자연이 우리에게 준 최초의 희망이며, 또 절대로 우리에게서 떠나지 않는 유일한 희망인 것이다. 그 행복이 어디에 있는지 아무도 모른다. 모두들 일생동안 행복을 찾아다니지만 찾지도 못한 채 죽어간다. 갓 태어난 너를 안고 너의 행복을 위해 나의 인생을 바치겠다고 감히 말할 수는 없다. 다만 너를 행복하게 해주면 나도 행복하리라는 것만을 알고 있었을 뿐이다.

무엇을 해야할지 모르는 동안에는 아무것도 하지 않는 것이 지혜로운 것이다. 행복이 어디 있는지도 모르면서 행복을 찾는 것은 행복에서 멀어지는 위험이 있으며 또 수많은 모험을 하게 되는 것이다. 나는 그런 과오는 피하려고 노력했다. 너를 돌보면서 나는 쓸데없는 걸음은 단 한 발자국도 내딛지 않고, 또 네게도 그런 일은 시키지 말자고 결심했다. 나는 자연이 행복의 길을 제시해 줄 때를 기다리며 자연의 길만을 따랐다.

네가 이성의 시기에 이르자 나는 세인의 편견으로부터 너를 보호했으며, 감수성이 강해질 때는 정념으로부터 너를 보호했다. 이런 내면의 평화를 언제나 간직한다면 너는 인간의 모든 행복을 향유할 수 있을 것이다. 사랑하는 에밀아, 그러나 나는 너의 영혼을 스틱스의 강물에 담가 불사신이 되게 하려 했으나 새로운 적이 나타나고 말았다. 그것은 바로 네 자신이다. 지금 너는 욕망의 노예가 되고 있다. 네 자신에겐 아무런 변화도 질병도 없는데 너의 영혼은 무수한 고통을 받고 있는 것이다. 죽지 않고도 너는 얼마나 많은 죽음의 고통을 느낄 것인가! 사소한 거짓과 실수와 의심까지도 너를 절망으로 이끌어 갈 것이다.

너는 육체의 병은 다스리고 있지만 욕망을 다스리는 법은 마련하고 있지 않다. 우리 생활에서 고뇌가 생기는 것은 필요에 의해서가 아니라 대개 감정에서 기인하는 것이다. 사랑도 영원하지 못한데 모두들 영원한 것처럼 생각하고 있다. 너는 소피가 죽지 않았을까 하는 의혹만으로 무척 놀랐는데 과연 그녀는 영원히 살 수 있다고 보는가? 그녀도 결국은 죽는다. 자연은 한번 죽을 것을 명령하는데 너는 두 번의 죽음을 자신에게 주고 있다.

너에게는 이것이 처음으로 느끼는 정념이며 만일 남자답게 그것을 지배할 수 있다면 또한 마지막 정념이 될 것이다. 이 정념은 그것을 느끼는 영혼처럼 순수하다. 너희들을 기다리고 있는 유쾌한 결합은 애착의 결과인 동시에 지혜의 보상이기도 하다. 그러나 성실한 인간 역시 이토록 순수한 정념의 노예가 되어 있지 않은지? 지금이야말로 너의 힘을 평가받을 시기이다. 막상 힘을 사용해야만 할 때가 되면 이미 늦어버린 것이다. 이런 위험한 시도는 위험이 다가오기 전에 미리 지도해야만 한다. 어떤 정념이건 우리의 지배 하에 놓여 있으면 모두가 좋은 것이다.

자연은 우리의 힘 한계 내에서 대인관계를 넓힐 것을 원하며 이성은 우리가 누릴 수 있는 것만을 얻길 원하며, 양심은 우리가 유혹에 이기기를 원하고 있다. 정념을 느끼는 것과 느끼지 않는 것은 우리의 능력 밖에 있으나 그것을 지배하는 것은 우리 능력 안에 있다. 사랑에 대한 교훈은 하나밖에 없다. 인간이 되어라. 너의 마음을 인간이라는 조건의 한계 속에 끌어 들여야 한다. 그

한계가 아무리 좁아도 그 안에만 들어가 있으면 우리는 결코 불행하지 않으나, 이 한계를 뛰어 넘으려고 할 때 비로소 불행은 시작되는 것이다. 아예 불가능한 소원은 우리의 마음을 괴롭히지 않는다.

사람을 속이고 있는 수많은 편견을 극복한 정복자로서 또다시 인생에 대해 참으로 큰 가치를 부여하는 의견에 대해서도 정복자가 될 것이다. 마음의 혼란 없이 인생을 보낼 것이며 두려움 없이 인생을 마칠 것이다. 죽음은 악인에게는 생의 종말이지만 선인에게는 생의 시작이다."

에밀은 약간의 불안을 느끼며 내 이야기를 들었다. 영혼의 힘을 단련시킬 필요를 제시하면서 그와 같은 단련을 내가 부과하려 한다는 것을 그는 예감한 것이다. 그는 두려움을 지닌 채 나에게 물었다. "어떻게 해야 합니까?" 나는 확고한 어조로 말했다. "자네는 소피와 헤어져야 한다." 나는 이야기를 계속 한다.

"사랑하는 에밀! 어떤 상황에 놓인 자라도 자네가 지난 3개월 동안 누렸던 행복보다 더한 행복을 누릴 수 있는 사람이 있을 수 있다고 생각하는가? 자네는 인생의 기쁨을 맛보기에 앞서 인생의 행복을 완전히 맛본 것이다. 관능의 최대 기쁨은 한순간에 사라져 버린다. 사람이 원하고 있는 것을 아름답게 미화하는 상상은 그것을 소유하게 되면 이미 사라져 버린다. 인생에 있어서 모든 것은 끝이 있고 지나가게 마련이다.

자네는 소피와 결혼하기를 원하고 있지만 그녀를 알게 된지는 불과 5개월 남짓이다. 자네가 결혼을 원하는 것은 그녀가 자네에게 알맞기 때문이 아니라 그녀가 마음에 들기 때문이다. 소피는 아직 열여덟 살이 안 되었고 자네는 이제 겨우 스물두 살이다. 그 나이는 연애를 할 나이이지 결혼할 나이는 아니다.

자네에 관해 말하자면 남편이 되고 아버지가 되기를 바라고 있지만 그 의무에 대해 충분히 생각해 보았는가? 한 집안의 가장이 되려면 우선 국가의 일원이 되어야 하고 정부, 법률, 조국에 대해서 알아야 하며 시민의 질서 속에서 자리를 잡기에 앞서 계급을 알아야 하고 그곳에서 어떤 지위가 자네에게 알맞은가를 배워야 한다. 자네는 소피에게 어울리는 자가 되어 돌아오기 위해 지금은 헤어져야 한다. 자네가 돌아왔을 때 자네는 그녀 앞에서 무언가 자랑할 수 있을 것이며, 은혜로써가 아니라 하나의 보상으로써 그녀에게 결혼을 신청할 수 있을 것이다. 에밀, 소피와 헤어져야 하며 그러길 바란다.

"에밀은 고개를 숙인 채 아무 말 없이 생각에 잠겨있더니 확신에 찬 태도로 나에게 말한다. "언제 출발합니까?" "일주일 후에 출발한다. 소피도 마음의 준비를 해야 하기 때문이다."

나는 소피를 안심시키고 애인보다 남편에 대해서 책임을 진다. "그가 그대에게 충실한 것과 같이 자신에게 충실하다면 2년 후에 그대의 남편이 되어 있을 것입니다." 그렇게 되고 보니 소피는 유카리스(텔레마쿠스에 나오는 여주인공)의 원한을 생각해 내고는 자기가 실로 유카리스의 입장에 처했다고 생각한다.

"소피, 에밀과 책을 맞바꿔 보시오. 그에게 그대의 《텔레마쿠스》를 주어 그가 텔레마쿠스와 같은 사람이 되도록 하시오. 에밀은 그대에게 《스펙테이터》를 드리도록 하겠습니다. 그것을 읽고 정숙한 아내의 의무를 연구하시오. 2년 후에 그 의무가 그대의 의무가 된다는 것을 생각하시오." 이런 교환은 두 사람에게 신뢰를 주고 즐거움을 주었다. 마침내 작별의 날이 왔고 소피의 아버지는 엄숙한 어조로 나에게 말했다. "당신의 제자가 내 딸의 입술에 약혼의 표시를 하였음을 기억하여 주십시오." 에밀은 격정에 사로잡혀 흥분하고 동요되어 제정신이 아니었으나 소피는 창백하고 침울하여 반짝임이 사라진 눈과 어두운 시선으로 아무것도 보지 않는다. 에밀은 그것을 보고 가슴이 에이는 듯한 느낌을 받았다. 나는 겨우 그를 그곳에서 끌어낸다.

여행에 대하여

청년이 여행하는 것이 좋은지 나쁜지에 대해 여러 가지 논의가 분분하다. 그러나 여행에 관한 문제를 제기하는데 있어 제대로 교육받고 양육된 사람이라면 자국의 사람만 알면 충분한가 아니면 널리 인간이라는 것을 아는 것이 중요한가의 문제로 발전하면 논쟁의 여지도 없어진다.

그러나 인간을 연구하기 위해 세계를 두루 돌아다닐 필요가 있을까? 지식을 얻고 공부하기 위해서는 여러 나라를 돌아다니는 것만으로 충분치 못하며 여행하는 방법을 알아야 한다. 관찰하기 위해서는 보는 눈이 필요하며 알고자하는 대상으로 눈을 돌려야 한다. 문화가 가장 낮은 국민이 대체로 가장 현명한 국민인 것과 마찬가지로 가장 적게 여행하는 국민이 가장 좋은 여행을 하는 것이다. 고대인들은 여행하는 일도 드물었고 책을 읽는 일도 드물었지만 현대까지 남아있는 그들의 책을 보면 동시대인들이 관찰한 것보다도 더 잘 상대방을 관찰하였음을 알 수 있다.

여행을 통해 얻는 교훈은 그 여행을 계획한 목적에 따라서 얻어진다. 그 목적이 하나의 철학체계를 세우는 것이라면 여행자는 그가 보고자 하는 것 이외에는 아무것도 보지 못할 것이다. 통상이나 기술도 여러 국민들을 융화시키지만 국민들을 연구하는데 방해가 된다.

생활하기에 가장 쾌적한 장소를 선택하기 위해서는 거주가 가능한 모든 곳을 아는 것이 유익하다. 국토를 보기 위한 여행과 국민을 보기 위한 여행은 다르다. 전자의 목적은 항상 호기심이 많은 사람들의 목적이며, 그들에게는 후자의 목적은 부수적인 것에 불과하다. 철학적인 고찰을 하려는 자에게는 정반대가 되어야 한다. 어린이는 인간을 관찰하기에 앞서 사물을 관찰한다. 제대로 된 인간은 우선 자신과 같은 동포를 관찰하고 그런 후에 시간이 남으면 사물을 관찰한다.

그러므로 우리가 만족스럽지 못한 여행을 했다고 해서 여행이 무의미하다고 단정하는 것은 잘못된 추론이다. 그러나 여행의 유익함이 있다해도 모든 사람에게 적합하지는 않다. 확고한 자신을 지녀 그릇된 가르침을 받아도 마음이 흔들리지 않고, 부도덕한 예를 보아도 유혹되지 않는 사람에게만 적합한 것이다.

목표가 없는 지식의 습득은 무의미하다. 나는 확실한 필요를 청년에게 준 다음 지식을 구하도록 하고 싶은데, 바르게 선택된 그 필요가 지식의 성질을 결정하게 될 것이다. 이성에 의해서 이루어지는 모든 일은 규칙이 있어야 한다. 타인과의 물리적 관계와 정신적 관계를 통해서 자신을 고찰한 뒤에는 시민과 사회적인 관계에 있어서의 자신을 고찰해야 한다.

예를 들어 에밀에게 이렇게 말할 것이다. 자네는 이제 법률적으로 자신의 재산을 스스로 처리할 수 있으며 자신의 주인이 될 나이에 가까워지고 있다. 이제부터 사회 속에서 혼자 있는 자신을 발견하게 될 것이다. 자네는 한 가정을 이루고자 계획하고 있는데 그것은 훌륭한 계획이며 인간의 의무이기도 하다. 그러나 결혼하기 전에 어떤 인간이 되고 싶은지 어떤 수단으로 생계를 유지할 것인지를 먼저 알아야만 한다.

그리고 그에게 상업을 하건 공직에 종사하건 재계에 있건 간에 재산을 유리하게 운용할 수 있는 모든 수단을 설명해 준다. 그리고 그것들은 모두 하나같이 그를 위험으로 몰아넣고 불안정한 의존상태에 빠뜨리고 그의 도덕과 감정과 행동을 남들의 본보기나 편견에 따르도록 강요하는 것을 가지고 있음을 그에게 보여줄 것이다. 그는 나에게 말할 것이다.

"뭐라고요? 선생님이 말씀하시는 그 훌륭한 직업들과 세상 사람들의 어리석은 편견이 나와 무슨 관계가 있지요? 나는 친절하고 올바른 인간이 되는 것 이외에는 다른 영광을 모릅니다. 나는 노동에 의해 날마다 새로운 식욕과 건강을 획득하면서 사랑하는 사람과 함께 독립해서 사는 것 이외에는 행복이라는 것을 모릅니다. 제가 바라는 것이라고는 단지 이 세상의 어느 구석에 있을 작은 농토밖에는 없습니다. 그것을 잘 일구는데 모든 노력을 기울일 것입니다. 소피와 나의 토지만 있으면 충분합니다."

그렇다. 사랑하는 친구여! 현자의 행복은 자기 땅과 아내만으로 충분하다. 그러나 그러한 보배는 자네가 생각하듯 아무에게나 주어지는 것은 아니다. 자네의 농토? 에밀! 자네는 그것을 어디서 찾아내려 하는가? 대지의 어느 한 구석에서 이렇게 말 할 수는 있겠지. "나는 나의 주인이고, 내 땅의 주인이다." 어디로 가면 누구에게도 해를 끼치지 않고 자유로이 살 수 있는지 누가 알겠는가? 우리가 "내가 밟는 땅은 내 땅이다!"하고 말할 수 있는 나라는 도대체 어디에 있을까?

사랑하는 에밀! 나는 자네보다는 경험이 많다. 그러므로 그 계획의 어려움을 더 잘 안다. 그러나 그 계획은 훌륭하고 명예로우며 실제로 자네를 행복하게 해줄 것이다. 그러니 그 계획을 이루도록 함께 노력해 보자. 나는 제안이 하나 있다. 내가 방금 말한 모든 위험을 피해서 자네가 가족과 함께 행복하게 살 수 있는 땅을 유럽의 어딘가에서 찾는 일에 자네가 돌아올 때까지의 2년을 바치도록 하자.

이 여행으로부터 돌아왔을 때 에밀이 정부와 대중의 풍습과 모든 종류의 국가의 준칙에 관한 문제에 대해 정통하지 못한다면 에밀에게는 지성이, 나에게는 판단력이 결여되어 있음이 분명할 것이다.

사회계약의 성질을 살펴보고 이에 따라 정부 기구의 모든 책략과 작용이 형성됨을 알게 될 것이다. 주권의 진수를 조사하고 이로부터 피치자와 주권자 사이에 공공체로써의 행정과 법 집행이 매개체로 있음을 알게 될 것이다. 이와 같은 연구를 계속하면 시민의 권리와 의무가 무엇인지를 알게 될 것이며, 그 권리와 의무의 분리가 가능한지를 알게 될 것이다. 또한 조국이 무엇이며 무엇으로 형성되어 있는가, 사람은 저마다 조국을 가지고 있는지 아닌지를 알게 되는 것이다.

이를 통해 각종 시민사회를 고찰한 후 그것들을 비교하고 그것들의 관계를 관찰할 것이다. 마지막으로 동맹이나 국가연합에 의한 방안을 검토하고 어떻게 건전한 연방적 협동체제를 확립할 수 있으며, 영속성을 가져다주는 것이 무엇인지 주권을 잃지 않고 어느 정도로 국가연합의 권리를 확장할 수 있는가를 연구할 것이다. 그런 후 전쟁에 관한 참다운 원칙을 세울 것이다.

나는 그에게 《텔레마쿠스》를 읽히고 그의 여행을 계속 시킨다. 우리는 저 행복한 도시 살렌툼과, 많은 불행을 경험했기 때문에 현자가 된 선량한 이도메네우스를 찾으러 간다. 도중에서 우리는 많은 프로테실라스를 만나지만 필로클레스는 만나지 못한다.

다우니아인들의 왕인 아드라스테도 만나지 못할 것이다.

모든 나라의 수도는 여러 민족들이 섞여있고 풍습이 혼합되어 있다. 그곳은 여러 국민을 연구하기에는 적합하지 못하다. 그 국민의 정신과 풍속을 연구하려면 깊은 시골로 가야 한다. 수도는 지나가면서 구경하면 되지만 그 나라를 관찰하려면 시골로 가야 한다. 깊은 고장에 사는 사람이라야 국민의 특성이 잘 나타나고 혼합되지 않은 순수함을 지니고 있는 것이다.

우리는 진정한 사랑이 청년의 마음에 얼마나 큰 영향을 미치는 가 알지 못한다. 청년을 지도하고 있는 사람들도 청년 이상으로 참된 사랑을 못해서 그것을 잊어버리기 때문이다. 그러나 청년은 사랑을 하지 않으면 방탕하기 마련이다.

이제 우리는 마무리할 때가 되었다. 에밀을 소피에게 데리고 가자. 그는 떠나기 전과 조금도 다름없는 다정한 마음과 보다 더 명석해진 정신을 가지고 그녀에게 돌아간다. 그리고 여러 정부의 온갖 결함과 여러 국민들의 모든 미덕을 알게 되었다는 큰 소득을 가지고 자기 나라로 돌아가는 것이다. 나는 또 그가 어떠한 국민을 막론하고 훌륭한 사람들과 교제하여 서로 우의를 교환할 약속까지 하게 해 주었다. 그리고 나는 그가 이러한 교제를 편지를 교환함으로써 계속 유지해 나가는 것이 좋다고 생각한다. 멀리 떨어진 나라의 사람들과 서신왕래를 하는 일은 유익하고 유쾌한 일일 뿐 아니라 국민적 편견의 지배를 제거해 주는 좋은 수단이기도 한 것이다.

우리는 2년 가까이 유럽의 크고 작은 나라들을 돌아다니면서 주요한 외국어도 몇 가지 깨우쳤고, 여러 나라의 자연, 정치, 예술, 인물 등에 관한 진실로 흥미 있는 사실들을 살펴보았다. 에밀은 초조한 마음으로 우리가 돌아갈 때가 가까웠음을 나에게 깨우쳐 주었다. 그래서 나는 이렇게 말했다. "친구여, 자네는 이번 여행의 중요한 목적을 기억하고 있겠지? 자네는 구경도 하고 관찰도 했다. 이러한 관찰의 결과는 무엇인가? 어떤 결심을 하게 되었는가?"

"저는 선생님이 키워주신 인간 본연의 모습 그대로 살아갈 것이며, 자연과 법이 나에게 준 자유의지 이외에는 다른 어떤 속박도 더하지 않겠다는 결심을 했습니다. 사람들이 만들어낸 제도 속에서 그들이 하는 일을 검토하면 할수록 사람들이 독립하려는 지나친 욕망 때문에 스스로 노예가 되고 있다는 것과, 자유를 확보하려는 지나친 노력 때문에 오히려 그들에게 주어진 자유마저 상실하고 있다는 것을 알았습니다.

인간이 자유로워지려면 아무것도 할 필요가 없다고 생각했습니다. 즉 인간은 자유로워지려는 희망을 포기하지 않는다면 그것으로 충분합니다. 나는 이번 여행에서 내가 충분히 차지할 수 있는 땅이 어느 한 모퉁이에라도 있는가를 찾아보았습니다. 그러나 어디를 가야 인간들과 섞여 살면서도 그들의 정념에 물들지 않을까요? 모든 것을 충분히 검토해 보니, 나의 희망 자체가 모순되어 있음을 깨달았습니다. 왜냐하면 내가 다른 어떤 것에도 의존하지 않는다 해도 적어도 내가 정착할 땅에는 의존할 수밖에 없기 때문입니다.

우리의 탐구의 원인이 나의 재산이었다고 기억합니다. 선생님은 부와 자유를 동시에 소유할 수 없다는 것을 분명히 설명해 주었습니다. 그러나 나에게 자유로우면서 동시에 아무런 부족도 느끼지 않기를 바랐던 선생님은 양립할 수 없는 두 가지를 원했던 것입니다. 왜냐하면 나는 자연으로 돌아가서 자연에 의존해야만 비로소 인간의 속박에서 자유로울 수 있기 때문입니다. 나는 재산의 유무에 관계없이 자유로울 것입니다. 나는 어떤 특정한 나라, 특정한 지역에서만 자유로운 것이 아니라 세계 어디서나 자유로울 것입니다. 나는 어떠한 편견도 갖고 있지 않습니다. 내가 아는 것은 오직 필연의 속박일 뿐입니다. 나는 이미 필연의 속박에 견디는 것을 태어날 때부터 배웠으며, 죽을 때까지 그 사슬에 묶여있을 것입니다.

이 세상에서 나의 위치가 무엇이겠습니까? 내가 어디에 있건 그것이 내게 무슨 상관입니까? 사람이 있는 곳이라면 어디든지 나는 형제의 집에 있는 것입니다. 내게는 일할 수 있는 팔이 있으므로 그것으로 살아갈 것입니다. 죽음을 언제 맞이하든 죽음에 대한 공포는 없습니다. 죽음이란 살아가기 위한 준비를 하는 나를 덮치지는 않을 것이니까요. 죽음은 또 내가 살아온 것을 방해하지도 않을 것입니다.

아버지, 이것이 나의 결심입니다. 그러나 만일 나에게 사랑이 없다면 나는 인간의 상태에 있으면서도 신처럼 무엇에도 의존하지 않을 것입니다. 실제적인 것 외에는 바라지 않는 나는 운명과 싸울 필요가 없기 때문입니다. 적어도 나를 영구히 속박하는 것은 단 하나밖에는 없습니다. 그것은 내가 영원히 지고 다녀야할 속박이지만 나는 그것을 자랑으로 생각할 수 있습니다. 그러므로 이제는 나에게 소피를 주십시오. 나는 자유롭습니다."

"사랑하는 에밀! 자네에게서 어른스러운 말을 듣고 어른스러운 감정을 보게 되어 대단히 기쁘다. 또 지나친 무욕도 자네 나이에서는 그렇게 나쁠 것도 없다. 자네가 아버지가 되면 그런 생각도 줄어들 것이고 그때쯤 자네는 한 집안의 좋은 아버지로서 현명한 사람으로서 마땅히 갖추어야할 모든 것을 갖추게 될 것이다. 오늘날의 여러 가지 사회제도를 올바르게 보기만 한다면 너는 부당한 신뢰는 갖지 않으리라는 것을 알고 있었다. 법의 비호 아래서는 아무리 자유를 열망해 보았자 그것은 헛되다.

자유로운 인간은 어디서나 자유를 지니고 다닌다. 비열한 인간은 어디서나 노예상태에 있다. 내가 만일 시민의 의무에 대해서 자네에게 말을 한다면 자네는 아마도 조국이 어디 있냐고 물을 것이다. 그리고는 나를 당황하게 만들었다고 생각할 것이다. 그러나 자네 생각은 잘못이다. 왜냐하면 조국이 없다는 사람에게도 고향은 있을 것이다. 거기에는 역시 정부와 법이라는 것이 있어서 그 아래서 평온하게 살아왔을 것이다.

오, 에밀! 자기가 살고 있는 땅에서 아무런 혜택도 받지 않았다는 선량한 인간이 어디 있겠는가? 그 땅이 어떤 곳이건 사람은 그 땅에서 인간에게 가장 귀중한 것, 즉 자기 자신의 행위에 대한 도덕성과 미덕에 대한 사랑을 얻는 것이다. 내가 어디에 있든지 그것은 나에게 아무런 의미도 없다고 말해서는 안 된다. 자네에게는 자기의 모든 의무를 다할 수 있는 곳에 있어야 한다는 것이 중요하다. 그리고 자네의 의무 중의 하나는 자네가 태어난 고향을 사랑하는 일이다.

자네는 사람들에게 진실을 말해야 하는 괴로운 일은 맡고 있지 않으니 동향 사람들에게 가서 그들과 함께 즐겁게 살며 친밀한 교제 속에 그들의 우정을 가꾸어 주라. 그들에게 은혜를 베풀고 모범이 되라. 자네가 보여주는 모범이 어떤 책들보다도 그들에게는 도움이 될 것이다.

나는 자네와 소피가 그들의 소박한 시골집에서 주변 사람들에게 많은 도움을 줄 것이며, 또 많은 활기를 심어줄 것이며, 불우한 농부들의 식어버린 열정을 다시 북돋울 수 있을 것이라고 상상하면 마음이 감동하지 않을 수 없다. 인구는 늘어나고 토지는 풍요해지며, 대지는 새로운 단장을 하여 풍부한 수확은 노동을 축제로 바꾸어 전원의 잔치 속에서 그 모든 것을 다시 일으켜 준 사랑스러운 한 쌍의 부부 주위로 환성과 축복의 소리가 울려 퍼지는 광경이 눈에 보이는 것만 같다.

그러나 에밀, 그런 즐거운 생활을 위해서 언젠가 힘든 의무가 자네에게 주어진다 해도 그것을 싫어해서는 안 된다. 로마에서는 쟁기를 잡고 있던 사람이 행정관이 되었다는 사실을 상기하기 바란다. 만일 통치자 또는 국가가 조국을 위한 봉사로 자네를 필요로 하면 모든 것을 버리고 주어진 자리에서 시민으로서 명예로운 의무를 다하라. 그러나 그렇게 겁낼 필요는 없다. 이 시대에 사람이 있는 이상 국가를 위해 봉사하라고 자네를 찾아오지는 않을 것이다."

에밀이 소피에게 돌아왔을 때, 두 사람을 결합시키는 부부애의 시작을 묘사하지 않는 것일까? 지금까지 나는 아무리 즐거운 것이라도 유익하다고 생각되는 것만 언급했다. 이제는 펜이 지쳐 버린 듯한 느낌이 든다. 이 일을 미완성으로 남겨두지 않기 위해 결말을 지어야 할 때가 왔다.

마침내 나는 에밀의 인생에서 가장 아름다운 날이, 내 생애의 가장 행복한 날이 찾아오는 것을 본다. 나는 이제 그 동안의 보살핌에서 오는 성과를 맛보기로 한다. 이 훌륭한 두 사람의 결합은 백년해로로 맹세된다. 두 사람은 부부가 된 것이다.

결혼 당일 신랑 신부에게 어떤 말을 해야 좋을지 아는 사람은 거의 없다. 어떤 사람은 거추장스런 예의만 차리는가 하면, 또 어떤 사람은 불필요한 잔소리를 하는데 이것은 둘 다 적절하지 않다. 오히려 두 사람이 차분히 자기들의 일을 생각하게 하고, 일종의 매력이기도 한 어떤 동요에 잠길 수 있도록 그냥 가만히 두는 편이 좋다.

매듭이란 너무 단단하게 매면 끊어지는 법이다. 결혼의 매듭도 필요이상으로 졸라매면 그렇게 된다. 결혼의 정절은 모든 권리 가운데 가장 신성한 것이다. 구속과 사랑은 일치할 수가 없다. 또 쾌락이라는 것도 마음대로 얻어지는 것이 아니다. 소피! 얼굴을 붉히고 부끄러워할 것은 없다. 그러나 이것은 자네들의 일생의 운명에 관한 문제이다. 그러므로 이런 중대한 문제는 남들이 아닌 남편과 아버지 앞이므로 참고 들어야 한다.

싫증은 소유보다는 종속에서 온다. 그래서 남자들은 아내보다도 애인에게 훨씬 오랫동안 애정을 품게 되는 것이다. 권리는 상호간에 지니는 욕망이다. 자연은 그 이외의 권리는 인정하지 않는다. 법도 이 권리를 제한할 수는 있어도 확장할 수는 없다. 관능의 쾌락은 그 자체가 매우 감미로운 것이다. 내 아들이여, 결혼에 의해서 마음은 연결되어도 육체는 묶이지 않는다. 자네들은 서로 정절을 지켜야 되지만 환심을 살 필요는 없다.

사랑하는 에밀, 자네가 진정 아내의 연인이기를 바란다면 그녀가 언제나 자네의 주인인 동시에 그녀 자신의 주인이게 하라. 행복한 연인으로 있어라. 그 무엇도 의무로 강요하지 말라. 아무리 작은 호의를 베풀더라도 그것이 권리가 되어서는 안 된다. 오직 감사에서 우러나는 호의여야 한다. 결혼을 했더라도 두 사람의 욕망이 일치했을 때만 쾌락이 허락된다는 것을 결코 잊어서는 안 된다.

쓸모 있는 사람이 되기 위해서는 사랑스러운 사람이 되어야 하며, 미덕을 위해 교태를 사용하고 이성에 어울리게 하기 위해 사랑을 이용하는 사람이 되어라. 그러나 이러한 기술이 언제까지나 도움이 되리라고는 생각하지 말아야 한다. 아무리 신중을 기해도 향락이란 진정한 즐거움을 파괴하고 무엇보다도 사랑의 즐거움을 일찍 잃어버리게 한다. 그러나 사랑이 충분히 계속된 뒤에는 온화한 습성이 생겨서 사랑의 공백을 채워주게 되고, 열정과 격렬함 대신에 신뢰의 매력이 생긴다.

아이들이 태어나면 그들은 부모의 사랑에 더 강한 줄이 되어 두 사람 사이를 이어준다. 그때가 되면 초기의 신중한 태도 대신 그대들 사이에는 더 없는 친밀한 관계가 이루어질 것이다. 이미 침대를 따로 쓸 필요가 없다. 그야말로 반쪽이 되어 그대가 없이는 그가 견딜 수 없도록, 그대가 그로부터 떠나기가 무섭게 자기 자신으로부터 떠나는 것 같은 기분이 들도록 만들라. 집에서 즐거움을 느끼는 남편은 아내를 사랑하게 된다. 지나친 경계는 그에게 상처를 주게 된다. 건강을 염려하여 그의 행복을 희생시킬 필요는 없다.

사람은 스스로에게 부과한 멍에를 견뎌야 한다. 토라진다고 더 사랑을 받게 되리라는 상상은 하지 마라. 사랑하는 에밀, 사람은 한평생 충고와 지도가 필요하다. 나는 지금까지 자네에게 이 의무를 다하기 위해 최선을 다했다. 이것으로 나의 오랜 작업은 끝났고 이제는 다른 한 사람의 작업이 시작된다. 나는 오늘로서 자네가 내게 위임했던 권위를 사임한다. 그리고 이제부터는 여기 이 여인이 자네의 수호자인 것이다.

몇 개월이 지난 어느 날 아침, 에밀은 나의 방에 와서 나를 껴 안으며 말한다. "선생님, 선생님의 아이를 축복해 주세요. 선생님의 아이가 곧 아버지가 되는 명예를 가질 것 같습니다. 오, 얼마나 염려가 되는지 모르겠습니다. 그리고 우리에게는 선생님의 존재가 얼마나 필요하게 될지 모릅니다. 아버지를 길러주신 선생님께 그 자식까지 키워달라고 바랄 수는 없지 않습니까? 설령 선생님처럼 훌륭하신 분을 제 자식을 위해서도 선택할 수 있다고 하더라도 그와 같이 신성하고 즐거운 의무를 나 외의 다른 사람에게 의탁하고 싶지 않습니다. 그러나 선생님께서는 젊은 교사들의 스승이 되어주십시오.

우리에게 충고를 주시고 지도해 주십시오. 우리는 선생님의 지도를 따를 것입니다. 제가 살아있는 한 저는 선생님이 필요합니다. 한 인간으로서의 의무를 부여받은 오늘 저는 과거의 그 어느 때보다도 선생님을 필요로 하고 있습니다. 선생님은 의무를 다 하셨습니다. 선생님의 뒤를 따를 수 있도록 이끌어 주십시오. 그리고 선생님, 이제는 편히 쉬십시오. 이제는 쉬실 때가 되셨습니다."

1712년 6월 28일 스위스 제네바 출생.

1720년 (8세) 이즈음 아버지와 문학·역사·플루타크 영웅전 등을 읽으며 감동 받음.

1722년 (10세) 10월 외삼촌 베르나르에게 맡겨지나 사촌 아브람과 함께 제네바 근교의 신교목사 랑베르시에 씨 집에 보내짐. 자연의 아름다움에 감동 받게 됨.

1724년 (12세) 겨울, 제네바로 가 외삼촌 베르나르와 지내다 법원 서기의 조수가 됨.

1726년 (14세) 3월 5일 아버지 리옹에서 재혼.

1728년 (16세) 3월 제네바를 떠나 방랑생활을 시작. 안느시에 도착해 퐁피뇽 사제 소개로 바랑 부인(29세)을 만남. 부인의 주선으로 트리노의 구호소에 들어가 카톨릭으로 개종. 3개월 뒤에 베르셀리스 부인의 하인 노릇을 함. 이즈음 겜므 신부를 알게 되어 구봉 신부의 비서가 됨.

1729년 (17세) 6월경 안느시의 바랑 부인 집으로 가 기숙. 신학을 배우고 라자리스트의 신학교에 들어가 음악가 르케트르의 지도 받음.

1731년 (19세) 6월 파리로 가서 군인의 종복이 됨. 7월부터 파리, 리옹, 샹베리에를 돌다 9월에 샹베리에의 바랑 부인 집에 정착. 10월 사브와 왕국의 지적조사관에 근무함.

1732년 (20세) 지적조사과를 그만두고 음악교사가 됨. 바랑 부인의 애인이 됨.

1737년 (25세) 6월 화학실험 사고로 일시 실명. 7월 말 어머니의 유산 상속을 위해 제네바로 감.

1738년 (26세) 봄 샹베리에로 돌아가나 바랑 부인의 사랑이 식었음을 알고 레 샤르메트에서 자기 교육 몰두.

1739년 (27세) 3월 혼자 레 샤르메트에서 독학. 이해 런던에서 '바랑 남작 부인의 과수원' 간행.

1741년 (29세) 레 샤르메트에서 병이 남. 8월에 파리 도착. '악보의 신 기호안'을 과학아카데미에 제출. 이듬해 '현대 음악론'으로 출판, 디드로와 사귐.

1743년 (31세) '보르도 씨에게 보내는 편지' 출판. 6월 베네치아 주재 프랑스 대사 몽태규 백작의 비서가 돼 9월 베네치아 도착.

1744년 (32세) '정치제도론', '사회계약론'의 최초 구상. 8월 대사와의 의견 충돌 사직. 정치와 인간에 대한 불신으로 10월 파리로 돌아옴.

1745년 (33세) 3월 하숙집 하녀 테레즈 르바쇠르(23세)와 사귐. 오페라 '사랑의 시신'을 완성 상연. 디드로, 콩디약들과 사귐. 연말 볼테르와 라모의 합

작오페라 '라미르의 잔치'의 개작 청탁. 볼테르와 편지 교환.

1746년 (34세) 겨울 테레즈와의 사이에 첫 아이가 탄생하나 고아원에 맡김. 이하 다섯 아이가 같은 방법으로 버려져 영원히 행방불명 됨.

1749년 (37세) '백과전서'의 음악 부문 집필. 10월 뱅쎈느로 옥중의 디드로를 만나러 가다 디종 아카데미 현상모집 논문제목 '학문과 예술의 발달이 도덕의 순화에 기여했는가 아닌가'에 응모하기로 결심. 논문을 집필. 겨울 테레즈와 살림 시작.

1750년 (38세) 7월 디종아카데미에 '학문과 예술론' 당선. 연말 제네바의 바리요 서점에서 출판.

1751년 (39세) 자기 개혁 결심 프랑퀴이의 비서를 사직. 악보필사로 생계. 봄 세 번째 아이 고아원 보냄. '학문과 예술론'의 반론, '그림에게 보내는 편지'로 응수.

1752년 (40세) '보르도 씨에게 보내는 회답' 출판. 오페라 '마을의 점쟁이' 작곡, 10월 상연 호평, 국왕의 알현 거부 연금신청을 받아들이지 않음. 연말에 떼아뜨르 프랑세즈에서 오페라 '나르시스' 상연. '나르시스 서문' 씀.

1753년 (41세) 11월 디종 아카데미의 현상논문에 응모를 결심하고 구상함. '프랑스 음악에 관해서'의 편지를 출판해 오페라 극장 무료입장권 정지 당함.

1754년 (42세) 4월 현상 제2논문 '인간 불평등 기원론' 완성. 6월, 테레즈와 제네바로 향함. 도중에 샹베리에서 바랑 부인 만남. 8월 제네바에서 재 개종한 뒤 시민권 다시 얻음. '정치제도론' 초고 착수. 10월 파리로 돌아가 '인간 불평등 기원론' 레이 서점에 넘김.

1755년 (43세) 4월 20일 '인간 불평등 기원론' 레이 서점 간행. 가을 에피네 부인의 에르미타쥬를 봄. '정치경제론' '백과전서'에 발표.

1756년 (44세) 4월 9일, 테레즈, 그녀의 어머니와 에르미타쥬로 옮겨 삶. 쌩 뻬에르 신부의 '영구 평화론', '다원 의회론(多元議會論)' 발췌를 씀. 8월 '섭리에 관한 편지' 볼테르에게 씀. 여름부터 가을까지 '신 엘로이즈' 인물 구상.

1757년 (45세) 1월, 두데토 부인 에르미타쥬를 방문. 봄 두데토 부인과 사랑에 빠짐. 11월, '소피에게 보내는 편지-도덕서한' 씀. 12월 에르미타쥬를 떠나 몽루이로 옮김.

1758년 (46세) 3월, '연극에 관한 달랑베르에게 보내는 편지' 완성(레이 서점에서 간행). 9월 '신 엘로이즈' 완성 서점 통보. '에밀' 집필.

1760년 (48세) '에밀', '사회계약론' 집필. 11월 '신 엘로이즈' 레이 서점 초판 발매에 앞서 파리 루앙 서점 이름으로 발송하나 검열에 걸림.

1761년 (49세) 1월 '신 엘로이즈' 출판, 파리에서 발매하여 성공을 거둠. 6월 중병,

죽음이 가까워진 것을 알고 테레즈를 룩상브르 부이에게 부탁, 부인은 고아원에 맡겼던 루소의 맏아들을 찾으려 했으나 실패. 여름 '에밀', '사회계약론' 완성. 11월, '에밀' 인쇄 늦어져 음모로 의심함. 12월 레이, 루소에게 자서전 권고.

1762년 (50세) 1월, '마르제르브 장관에게 보내는 네 통의 편지' 집필. 4월 초 '사회계약론' 출판. 5월 말 '에밀' 출판. 6월 초 '파리의 편지'를 씀. 소르본느와 고등법원 '에밀' 금서처분, 루소 체포령 내림. 9일 루소, 쉬스베르누 공화국으로 도망감. 제네바에서도 상기 두 서적에 대해서 금서처분. 7월 스위스를 떠나 프러시아 왕의 영지 모티에로 가 스코틀랜드의 세습원수 대공령의 총독인 조지 키스의 보호 받음. 바랑 부인 사망.

1763년 (51세) 3월, '파리 대주교 크리스토프 보몽에 대한 변박서' 출판. 4월 뇌샤텔 시민권 취득. 5월 제네바 시민권 포기.

1765년 (53세) 3월, '산으로부터의 편지'가 파리에서 분서처분. 10월 초 베른 시회로부터 퇴거 명령. 10월 말 베를린 향해서 출발. 스트라스부르에 도착. 12월 '고백' 집필에 필요한 자료를 스위스의 친구 뒤뻬루에게 부탁.

1766년 (54세) 1월 4일 흄 일행과 파리 떠나 1월 13일 런던 도착. 2월 테레즈 옴. 흄과 다툼. 웃톤의 다벤포드 집에서 '고백' 제1부를 씀.

1767년 (55세) 3월 조지 3세로부터 연금 받음. 5월 초 테레즈와 웃톤 출발. 6월 21일 파리 근처 콩티공의 트리에 성 도착. 가을 병. 11월 '음악 사전' 출판.

1768년 (56세) 봄, '고백' 등 모든 원고 고메르 퐁떼느 수도원의 나따이야끄 부인에게 맡기고 트리를 떠날 결심. 파리에서 '고백'이 평판에 오름. 6월 루소 혼자서 리옹 감. 부르그완 마을에서 테레즈와 정식 결혼수속 밟음.

1770년 (58세) 4월 몬칸을 떠나 리옹으로 감. 오페라 '피그마리옹' 완성. 6월 파리로 가 거주. 12월 '고백' 완성, 아는 사람들을 모아 낭독회 개최.

1775년 (63세) 10월 오페라 '피그마리옹'을 본인에게 알리지 않고 떼아뜨르 프랑세즈에서 상연, 대성공을 거둠. '루소, 장 자끄를 심판하다—대화' 완성.

1776년 (64세) 2월 24일 '대화' 원고 노트로 담므 성당의 대제단에 바치다가 실패. 10월 산책 도중 다침. 루소의 죽음 소문으로 남. 연말부터 '제2의 산보'를 씀.

1778년 (66세) 봄까지 '제8~제10의 산보(미완) 씀. 5월 미간행 원고 '고백', '대화' 등 친구 뽀르 무르뚜에게 맡기기 위해 그의 아들에게 맡김. 5월 20일 지라르뎅 후작 호의로 근처 에르므농빌의 후작 저택으로 옮김. 7월 2일 아침 산책 후 테레즈와 식사. 오전 11시 발작이 일어나고 세상을 떠남. 7월 3일 우돈 데드 마스크 만듦. 7월 4일 에르므농빌 공원 포플라 섬에 유해 안장(1794 유해를 빵떼옹으로 옮김).